中國倫理思想研究文叢

三 編

王澤應 主編

第 **8** 冊

當代中國慈善倫理研究

郭祖炎 著

花木蘭文化出版社

國家圖書館出版品預行編目資料

當代中國慈善倫理研究／郭祖炎 著 -- 版 -- 新北市：花木蘭文
化出版社，2015〔民 104〕
目 4+180 面；19×26 公分
（中國倫理思想研究文叢 三編；第 8 冊）
ISBN 978-986-404-237-1（精裝）
1. 公益事業 2. 專業倫理
190.9208   104012133

ISBN- 978-986-404-237-1

9 789864 042371

中國倫理思想研究文叢
三 編 第八冊   ISBN：978-986-404-237-1

當代中國慈善倫理研究

作　　者　郭祖炎
主　　編　王澤應
總 編 輯　杜潔祥
副總編輯　楊嘉樂
編　　輯　許郁翎
出　　版　花木蘭文化出版社
負 責 人　高小娟
聯絡地址　新北市中和區中安街七二號十三樓
　　　　　電話：02-2923-1455／傳眞：02-2923-1452
網　　址　http://www.huamulan.tw 信箱 hml 810518@gmail.com
印　　刷　普羅文化出版廣告事業
初　　版　2015 年 9 月
全書字數　163064 字
定　　價　三編 12 冊（精裝）新台幣 22,000 元

當代中國慈善倫理研究

郭祖炎 著

作者簡介

郭祖炎，男，湖南省永興人，倫理學博士。現爲清華大學人文學院博士後，兼任全國多家公益慈善機構研究員。主要研究領域爲政治哲學、倫理社會學、風險社會與公益慈善理論。先後在《道德與文明》、《倫理學研究》等報刊發表學術論文30餘篇。主持第56批中國博士後科學基金資助項目1項，參與國家社會科學基金重點項目、一般項目各1項。

提　　要

　　當代中國慈善事業的新生與逐步發展，既是改革開放形成的重大成果，也是中國社會文明進步的重要標誌。然而，近年來層出不窮的慈善亂象與慈善醜聞卻違背了慈善本然的道德價值，這一悖謬現象提醒我們：慈善呼喚倫理！

　　本書以論證「慈善倫理何以可能」爲理論邏輯起點，從慈善的基本概念出發引申出慈善倫理的概念，並從學理和實踐兩個層面論證了慈善倫理的成立。其次，通過對中西方慈善倫理的思想資源進行歷史考察與比較，理清了慈善倫理思想資源的發展脈絡、主要內容、基本特徵；得出了對構建中國現代慈善倫理的有益啓示。再次，分析了當代中國慈善事業發展狀況及倫理缺失。通過對當代中國慈善事業的倫理缺失進行剖析，充分證明了加強當代慈善倫理研究的必要性。最後，提出了構建符合當代中國慈善事業發展的現代慈善倫理體系。該體系由現代慈善倫理的基本理念、現代慈善倫理倡導的行爲規範和現代慈善倫理構建的制度保障三個方面構成，是一個集「理念、行爲、制度」三位於一體的理論體系。

　　作者期待，本書能推動中國慈善事業的相關理論研究，並對解決當代中國慈善事業發展存在的倫理問題提供理論依據和決策參考。

目次

導　論

第一節　研究背景：慈善呼喚倫理

2008 年 5 月 12 日，中國發生了「汶川」特大地震，其慘烈程度足以震撼整個世界。人們在抗震救災的活動中有錢出錢，有力出力。來自全國各地的善款、善物紛紛送達災區，給受災同胞送去了溫暖，送去了愛心，中華民族的「仁愛」、「互助」精神可謂表露無疑。在這場偉大的抗震救災鬥爭中，中華民族守望相助，譜寫了一曲民族精神的悲壯之歌。也正是以此爲契機，慈善的重要性在國人心目中得到了高度的認可，中國慈善事業發展隨之上陞到了一個嶄新的高度。近年來，全國各類慈善組織接受的捐款、捐物數量急劇上陞。尤其在 2010 年 9 月 29 日「蓋茨、巴菲特」慈善晚宴後，中國慈善事業受人們關注程度達到了頂峰。

但中國慈善的發展終究難以一帆風順。2011 年 6 月 21 日，新浪微博上一個名叫「郭美美 Baby」的網友頗受人關注。這個自稱「住大別墅，開瑪莎拉蒂」的 20 歲女孩，其認證身份居然是「中國紅十字會商業總經理」，輿論界對其眞實身份也眾說紛紜。有網友稱她是中國紅十字會副會長郭長江的女兒，由此招致眾多網友對中國紅十字會的非議。雖然，紅十字會事後對「郭美美」事情進行了相關澄清，但始終還是無法消除人們對慈善機構的疑慮，慈善隨之陷入了信任倫理危機。一波尚未平息，「盧美美」又粉墨登場了。盧美美是繼郭美美之後慈善領域的又一朵「網絡奇葩」。在中國一些地方農民工

子弟學校遭遇生存危機的背景下，她牽扯出的「中非希望工程」及其背後運作的龐雜關係網引起人們的極大關注。在這裏人們更多質疑的是盧美美的慈善動機和財富來源，以及是否想假借慈善之名來發不義之財等。從中國紅十字會的「郭美美事件」到中華慈善總會的「尚德詐捐門」，再到中國青少年發展基金會的「中非希望工程——盧美美」事件，慈善信任風暴愈演愈烈，公募慈善組織成爲「眾矢之的」。

也許陳光標早已看到公募慈善組織公信力的缺失問題，於是，他刮起了「陳光標」式慈善，意即高調慈善。這一路來，對「陳光標」式慈善，讚賞者有之，批評者亦有之。讚賞者認爲陳光標高調慈善喚起了國人的慈善意識，尤其給富人行善做出了先鋒表率，極大地推動了中國慈善事業的發展；批評者則認爲「陳光標」式慈善是暴力慈善，是以犧牲受贈人的尊嚴來獲得自身滿足的暴力慈善方式，從長遠看來不利於慈善事業的發展，不利於公民社會的成長。由此，「陳光標」式慈善引起了國人對「慈善方式失調」的熱烈討論。

其實，近些年來，不管是官方與非官方、公募與非公募慈善組織，還是具體的施助者和受助者都時常受人詬病。「假慈善」、「僞慈善」、「詐捐」、「裸捐」等慈善亂象不斷衝擊大眾的視覺神經，引發人們的熱議。質疑者與被質疑者都陷入了一場進退兩難的尷尬境地，使人們對本來就是一種道德行爲的中國慈善陷入了深深的反思。

面對中國慈善出現一系列令人費解而又尷尬的慈善亂象事件，人們不禁要問，中國慈善究竟怎麼了？參與慈善活動的主體誠信出了問題嗎？慈善活動主體道德動機何爲？慈善資源配置的公平性何以體現？慈善活動中施助者與受助者之間的「平等與尊嚴」怎樣才能得到有效維護？在這寒冷的慈善多天裏——慈善呼喚倫理！呼喚從倫理學視域去研究分析當前中國的慈善亂象，呼喚用倫理道德來規範中國慈善。在此般背景下，開展慈善倫理之中國研究，構建中國現代慈善倫理無疑就顯得迫在眉睫而又意義重大。

第二節　研究的理論與現實意義

慈善作爲一種特殊的社會現象與社會活動，同樣需要倫理道德來予以規範。慈善倫理研究是一個嶄新的研究課題，在當代中國慈善事業發展的大背景下，進行當代中國慈善倫理研究具有重要的理論與現實意義。

一、理論意義

慈善倫理研究具有重要的理論意義。第一，拓展了應用倫理學研究的領域和方向。應用倫理學是研究將倫理學的基本原則應用於社會生活的各領域，對其進行道德審視的科學。我們很長時間以來認爲慈善本身就是道德的。而近年看來，在中國慈善事業發展的過程中，倫理缺失情況層出不窮，「假慈善」、「僞慈善」成爲人民關注的熱門話題。在這種情況下，從倫理學角度出發對慈善進行研究就顯得尤爲必要，慈善倫理研究將有利於拓展應用倫理學的研究領域，豐富應用倫理學的理論內容。第二，慈善倫理研究是對慈善理念、慈善行爲、慈善制度和慈善組織研究的進一步充實與深化。對於慈善行爲、慈善制度和慈善組織的研究，不能僅僅關注於如何提升慈善的經濟效益，而是要研究慈善行爲、慈善制度和慈善組織的價值尺度，正確處理慈善活動中的各種道德關係和道德問題。毋庸置疑，慈善倫理研究成爲了慈善行爲、慈善制度和慈善組織研究的有益補充。

二、現實意義

慈善倫理研究也有著十分重要的現實意義。突出表現爲：第一，加強當代中國慈善倫理研究有利於推動中國現代慈善事業更好更快發展。眾所周知，慈善事業的健康發展，離不開慈善倫理的規範和導向。尤其是在當代中國慈善倫理缺失的今天，加強慈善倫理研究，構建一套符合當代中國實際的慈善倫理體系，必然會更好地促進中國現代慈善事業的健康發展。第二，加強當代中國慈善倫理研究有利於社會的和諧穩定。世界諾貝爾經濟學獎獲得者、美國經濟學家劉易斯曾說：「收入分配的變化是最具有政治意義的方面，也是最容易誘發嫉妒心理和社會動蕩混亂的方面。」〔註1〕在當前中國收入差距、貧富差距日益拉大的今天，慈善倫理所提出的倫理價值理念，所倡導的行爲規範就是要促使富人們及時行善，行符合倫理道德的善舉，眞正實現由富人向善人的轉變。只有更多的富人投身於慈善活動中來，弱勢群體的救助才越有保障；只有弱勢群體感受到社會大家庭的溫暖與幫助，社會的和諧穩定才更有前景與保障。第三，加強當代中國慈善倫理研究有利於促進我國公民道德建設。在現實社會中，人人都有需要幫助的時候，助人與互助理應成

〔註 1〕〔美〕劉易斯：《發展計劃》，何寶玉譯，北京：北京經濟學院出版社 1988 年版，第 186 頁。

爲人們重要的生活信條。慈善事業是凝聚愛心和道義的事業。通過加強慈善倫理研究，構建中國現代慈善倫理體系，有利於引導公民尤其是富人積極參與慈善事業，不斷培養助人與互助的友愛社會氛圍。通過加強公眾的道德認知來帶動社會大眾的道德實踐，明確慈善既爲公民道德義務又爲公民道德權利的雙重性質，這對於推動公民道德建設無疑具有重要的現實意義。

第三節　國內外研究現狀

　　可查閱的相關文獻資料中，大多數學者的研究主要集中在慈善問題本身，國內外直接以「慈善倫理」爲研究對象的資料相對較少。其大致情況，概述如下：

一、國內研究現狀

　　1、關於中國傳統文化中的慈善倫理思想的研究。研究儒家傳統倫理思想的楊勝良從「仁」之思想入手，著重研究了從「愛親」到「博愛」，從「同情」到「義務」與「責任」，從追求個人美德到追求社會公正，從「民本主義」到「人本主義」的現代的轉化之路。〔註2〕陳繼紅、辛曉紅則選擇了「親親」發展到對路人「愛」的情感生成和「家庭－宗族－天下」之共同體觀念的形成的兩個研究視角，系統地證明了儒家「親親」思想和現代慈善倫理兩者是可以通約的。〔註3〕夏明月，彭柏林強調儒家慈善倫理思想的核心是「仁愛」。它是蘊含了「仁者愛人」的公益慈善理念和「天下爲公」的公益慈善倫理追求的思想理論體系。從某種意義上來說，儒家慈善倫理思想具有豐富的現代公益慈善倫理內涵。〔註4〕

　　2、關於中國當前慈善倫理的研究。周中之在《當代中國慈善倫理的理想與現實》一文中認爲：加強當代中國慈善倫理建設必須以人生觀、財富觀爲突破口，以誠實守信爲重點，以尊重人格爲前提，實現理想與現實的統一。具體由三部分組成：一是建立與現代慈善事業發展相適應的財富倫理。二是建立與中國傳統文化相適應的感恩倫理。三是建立以制度支持爲核心的誠信

〔註2〕楊勝良：《論儒家慈善倫理的現代轉化》，《道德與文明》2010年第1期。
〔註3〕陳繼紅、辛曉紅：《從「親親」之愛到路人之愛——儒家「親親」思想與現代慈善倫理通約的可能性進路》，《江漢論壇》2012年第3期。
〔註4〕夏明月、彭柏林：《論儒家公益慈善倫理思想》，《倫理學研究》2012年第3期。

倫理。〔註5〕程立濤在《愛心實現與慈善救助的現代意義》一文中論述了慈善倫理的道德基礎。即以慈愛和同情爲基礎的情感倫理是慈善事業發展的內在支撐；人道主義的理性義務觀爲慈善行爲提供了情感約束與外在規範；慈善事業的道德價值目標則體現在互助行爲的總體交換中。〔註6〕

　　彭柏林所著的《當代中國公益倫理》一書較爲系統地論述了公益倫理。其一，提出了公益倫理的概念。公益倫理是指在公益活動中調節公益行爲主體和客體各方面關係的道德原則與規範的總和；公益倫理具有無償性、人道性和自律性等特點。其二，分析了公益倫理主張的權利和義務。作者認爲，公益倫理主張的權利主要是指弱勢群體在社會生活中作爲人而應當平等享有的，並應由道德來聲張和保障的地位、自由和要求；公益倫理主張的最基本義務是指對弱勢群體給予倫理關懷和道義救助，維護和保證弱勢群體的道德權利，幫助他們過上合乎人類尊嚴的生活。其三，探討了當代中國公益倫理原則和價值取向。作者認爲當代中國公益倫理的基本原則是以弱勢群體爲本。具體而言，至少應包含公平、仁愛、奉獻和誠信等倫理要求；其價值取向主要有實現社會公共利益、促進人的幸福和發展、維護社會公平和正義、推動社會進步與和諧。其四，總結了當代中國公益倫理面臨的主要問題與挑戰。面臨的主要問題有：誠信問題、參與公益活動的自覺性問題、公益資源配置的公平問題和公益活動中施助者與受助者的權利、義務及其關係問題等；面臨的挑戰主要表現爲：全球化時代中國傳統公益倫理面臨著認同困難；社會主義和諧社會的構建對公益倫理提出了新的要求；當前的公益倫理理念迫切需要與公益事業的發展相適應。其五，提出了當代中國公益倫理構建的視角。認爲當代中國公益倫理的構建視角至少應包括傳統視角、全球視角和現實視角。〔註7〕然而，彭柏林對公益倫理的具體內涵沒能給以清晰的界定，且未能對如何構建中國現代公益倫理進行闡釋，表述過於籠統，邏輯不夠嚴密。然毫無疑問，作爲公益倫理一部分的慈善倫理研究必然要以此研究爲基礎拓展慈善倫理的深度與廣度。

　　3、從學理上對慈善倫理基礎、倫理動機、倫理原則的研究。在慈善倫理

〔註5〕周中之：《當代中國慈善倫理的理想與現實》，《河北大學學報（哲學社會科學版）》2011 年第 3 期。

〔註6〕程立濤：《愛心實現與慈善救助的現代意義》，《河南師範大學學報（哲學社會科學版）》2006 年第 3 期。

〔註7〕彭柏林：《當代中國公益倫理》，北京：人民出版社 2010 年版。

基礎研究方面，史竟豔提出現代慈善事業的理論基礎是建立在人與人之間平等關係上的人本思想。〔註8〕李永華則認爲在當前中國傳統慈善逐漸過渡到現代慈善的時期，現代慈善倫理無疑需要批判性繼承傳統的個人德性倫理。此外，還需要努力建設基於社會正義的規範倫理體系，以期適應現代慈善事業組織化、規模化、公共化和普遍化特徵，進而實現完整、理想的現代慈善倫理生態的目標。〔註9〕鄭雄飛著重對慈善事業的倫理基礎進行了研究，認爲該根基在於個體的利他傾向與社會共同體的天然責任。〔註10〕

在慈善倫理動機研究方面，武曉峰談到了情感、理性、責任是個人慈善行爲的倫理動因；〔註11〕畢索華從義、利、愛三個維度論證了企業慈善行爲的倫理動因；〔註12〕劉美玲則認爲感恩與責任既是個人慈善行爲的倫理動因又是一種倫理困境〔註13〕等。

在慈善倫理原則研究方面，劉美玲探討了當前中國慈善事業的五項基本原則。同時，她還分析了慈善事業參與主體所應當遵循的基本原則。〔註14〕盧德之則認爲慈善基金會在運行過程中應當遵循以下五大倫理原則，分別是：誠信原則、專業原則、規範原則、透明原則、高效原則。〔註15〕

4、關於宗教慈善倫理的研究。宗教的傳統血液無時無刻不在人類的慈善活動中流淌著。因而，關於宗教慈善倫理的研究十分豐富。

其一，佛教慈善倫理。王衛平、鄭碧強、葛慧燁、張志雲、王豐等認爲

〔註8〕 史竟豔：《人本價值——現代慈善事業的倫理基石》，《理論界》2011 年第 4 期。

〔註9〕 李永華：《構建基於個人德性和社會正義的現代慈善倫理》，《廣州大學學報（社會科學版）》2012 年第 8 期。

〔註10〕 鄭雄飛：《慈善事業的倫理根基和理性建構研究》，《學術研究》2011 年第 12 期。

〔註11〕 武曉峰：《情感、理性、責任：個人慈善行爲的倫理動因》，《道德與文明》2011 年第 2 期。

〔註12〕 畢索華：《義、利、愛：企業家慈善行爲的倫理考察》，《南京社會科學》2009 年第 3 期。

〔註13〕 劉美玲：《感恩與責任：慈善事業倫理困境解析》，《鄭州大學學報（哲學社會科學版）》2009 年第 3 期。

〔註14〕 劉美玲：《當代中國慈善事業倫理原則探究》，《鄭州大學學報（哲學社會科學版）》2010 年第 3 期。

〔註15〕 參見盧德之：《資本精神》，北京：中國社會科學出版社 2007 年版，第 212～221 頁。

佛教的慈悲、布施、報恩、因果觀念是古代慈善事業的重要思想基礎。〔註16〕張國剛提出了《佛說諸德福田經》中福田思想對中國古代慈善救濟事業的興起具有鼓勵、倡導作用的觀點。〔註17〕余日昌研究了苦難觀，認爲它對濟世的必要性進行了深刻的解釋。此外，佛性論指導了濟世的可能性；善惡觀是濟世行爲的行爲指南；涅槃則是濟世的最終目標。〔註18〕何建明深入研究了中國佛教的慈悲救世的思想傳統。認爲宋明以後佛教流行的功德報應觀念是佛教慈悲思想染上了濃厚的功利主義色彩的主要原因。這也最終導致了佛教文化的衰敗。同時，他還探討了近代中國西學東漸和社會轉型中發起的現代人間佛教運動，闡明了慈善事業逐步成爲佛陀教化的根本目的的過程。〔註19〕

　　其二，道教慈善倫理。諶娟論證了道教慈善事業是我國宗教慈善事業的一個有機組成部分。並且提出了「陰騭陰德、陰功有報」的價值觀；「天人感應、善惡報應」的承負觀；「勸善行善，修道成仙」的終極觀是道教慈善事業的思想基礎的觀點。〔註20〕同時，她還認爲道教慈善體現了道教「濟世利人、齊同慈愛」的社會關愛，突顯了道教「濟人之急，救人之危」的社會價值。〔註21〕李玉用則認爲道教自誕生之日起就與慈善事業結下了不解之緣。他指出，老子在《道德經》中提出的「善者吾善之，不善者吾亦善之，德善」；「善建者不拔，善抱者不脫，子孫以祭祀不絕」等關於「善」的主張，無疑是道教慈善的重要思想源頭。〔註22〕

　　其三，基督教慈善倫理。畢索華研究員認爲基督教思想是以慈善爲中心

〔註16〕王衛平：《論中國古代慈善事業的思想基礎》，《江蘇社會科學》1999 年第 2 期。鄭碧強：《佛教慈善思想的內涵》，《中國宗教》2007 年第 6 期。萬慧華、王衛平：《儒、佛、道思想與中國傳統慈善事業》，《文化學刊》2007 年第 5 期。

〔註17〕張國剛：《〈佛說諸德福田經〉與中國慈善事業》，《史學集刊》2003 年第 2 期。

〔註18〕余日昌：《佛教慈善的理論支撐》，《南京工業大學學報》2009 年第 3 期。

〔註19〕何建明：《中國佛教慈善思想的現代傳統》，《中國哲學史》2009 年第 3 期。

〔註20〕諶娟：《當代中國道教慈善事業研究 —— 以成都道教爲樣本》，《青海社會科學》2012 年第 1 期。

〔註21〕諶娟：《齊同慈愛，濟世利人 —— 成都道教界的慈善事業》，《中國宗教》2012 年第 1 期。

〔註22〕李玉用：《論道教參與公益慈善事業的歷史傳統與現代實踐 —— 以江蘇茅山道院參與公益慈善事業爲中心》，《中國道教》2012 年第 5 期。

的。他認爲猶太教的公正觀念賦予了窮人表達願望、要求關愛的合理性；希臘文明中不求回報的慈愛觀爲基督教慈善觀奠定了思想基礎；耶穌的教導與實踐是基督教「給與」的宗教意義的體現；而中世紀基督教神學的發展，使慈善的神學意義得到最終確立。總而言之，慈善行爲代表著上帝的愛。〔註 23〕陳凱鵬論證了慈善觀念是基督教「博愛」倫理體系的重要組成部分，它背負著讓信徒在上帝面前得到救贖的神聖使命。同時，在中古西歐混亂不堪的社會環境下，慈善成爲了教會構建宗教「神聖秩序」核心價值體系的一種手段。〔註 24〕

5、關於西方慈善倫理思想的研究。楊龍波從慈善本質、慈善目的、慈善義務等方面對康德的慈善倫理思想進行了詳細的梳理。他指出康德在論證慈善本質是倫理的基礎上，闡釋了他所定義的慈善倫理思想是包含著重視人的自由和尊嚴，積極實現人的德行和至善等豐富的哲學內涵。〔註 25〕戚小村提出了正是因爲西方各種慈善倫理思想的碰撞、辯證，才提供了巨大的慈善倫理動力和思想源頭，確立了相關的慈善目的與倫理理想，進而促進了西方慈善事業發展的觀點。他總結了人文主義、以托馬斯等人爲代表的空想社會主義、以休謨和盧梭等人爲代表的情感主義、以邊沁和穆勒等人爲代表的功利主義、以哈齊生爲代表的利他主義、以赫胥黎和克魯泡特金等人爲代表的進化主義等西方慈善倫理流派。〔註 26〕當然，對於上述研究，筆者認爲把這些思想作爲慈善倫理的思想資源也許更爲確切。

6、關於慈善概念與慈善理念的研究。慈善概念與慈善理念本身就包含著很多的倫理意義，是慈善倫理的重要範疇。關於慈善概念，眾多學者的研究都有所涉獵。比如，清華大學李強指出：「慈善不是指對熟人的幫助，父母與孩子、夫妻之間本身就是一個經濟實體。慈善是對一個陌生的人，是對一個和自己本來沒有親友、血緣關係的人伸出援助之手」。中國人民大學鄭功成，側重於從社會保障的角度出發闡釋慈善。他認爲：在經濟學的意義上，實際上慈善事業也是社會的再分配，它可以被認爲是社會道德事業和社會保障體

〔註 23〕畢索華：《論基督教的慈善觀》，《南京社會科學》2006 年第 12 期。
〔註 24〕陳凱鵬：《試論中古基督教的慈善觀念》，《黑龍江史志》2009 年第 22 期。
〔註 25〕楊龍波：《康德慈善倫理思想探微》，《學術界》2011 年第 10 期。
〔註 26〕戚小村：《西方近代公益倫理思想主要流派分析》，《湖南社會科學》2006 年第 2 期。

系的必要組成部分，也是在社會捐贈這一經濟基礎之上的社會性的捐助活動。〔註 27〕陶海洋認爲慈善有廣義和狹義之分。廣義上的「慈善」大致分爲以下幾個層次：其一，慈善這種道德觀念已具備一定的體系。從傳統層面上來講，可以將慈善視爲一種社會公德系統，其根基是同情弱者、友善互助等情懷，並與儒家人倫主義理想、有關宗教教義相交融；從現代層面上來講，慈善傳承了古代精神文明，彰顯了人道主義。其二，慈善歸根結底是以社會活動的形式表現出來，實踐慈善的途徑不但包括募捐，還包括義務性質的演出、拍賣、診察疾病等活動。其三，將慈善理解爲一項事業，則表現爲個人、團體、機構以及政府秉承慈善精神積極開展公益性質的經濟、社會等方面活動，以及修建福利設施。狹義上則可把「慈善」簡述爲不求回報地救弱勢群體於水深火熱之中的人類所特有的道德行爲。總而言之，陶教授定義的慈善是一種多樣化慈善實踐主體進行的社會道德行爲，是以對需要得到物質或精神上救助的群體伸出援手爲主要內容。〔註 28〕關於慈善理念，學者大多結合現代社會的特點，提出了現代慈善的一些理念。比如，北京師範大學中國公益研究院院長王振耀就給現代慈善界定了十大基本倫理理念：1、捐贈者應感恩受助者提供了實現自己愛心的機會；2、社會對捐贈者寬容，避免過高道德標準導致虛僞或者慈善暴力；3、推崇高調的慈善個性；4、鼓勵民間對捐贈者形成善意的慈善壓力；5、鼓勵民間出現發達的公益組織體系；6、爲個人和企業慈善提供免稅回報；7、社會用重稅手段向富人施壓，而不是道德說教；8、保護尊嚴，杜絕揭露慈善者的隱私；9、捐贈權高於社會知情權，比起捐贈者更多監督受助者；10、鼓勵全民參與慈善，全面慈善優於富人慈善。〔註 29〕

　　7、關於中國慈善事業思想史的研究。慈善思想史裏面蘊含著豐富的慈善倫理思想。王衛平作爲該研究的主要代表人物在自己論文中總結了中國傳統慈善事業的思想基礎，它們包括：1、自西周起產生的以民爲本的思想。2、孔孟儒學派的仁義、仁政學說。3、佛教教義的慈悲精神和善惡報應學說。4、宣揚倫理道德的民間書籍所反映的道教思想等等。〔註 30〕周秋光、曾桂林合

〔註 27〕鄭功成：《構建和諧社會》，北京：人民出版社 2005 年版，第 447 頁。
〔註 28〕陶海洋：《慈善事業及其社會功能》，《社會科學家》2008 年第 2 期。
〔註 29〕北京師範大學中國公益研究院：《中國公益事業年度發展報告（2011 年）》，北京：北京師範大學出版社 2012 年版，第 186 頁。
〔註 30〕王衛平：《論中國古代慈善事業的思想基礎》，《江蘇社會科學》1999 年第 2

作出版了專著《中國慈善簡史》。《簡史》共 11 章 40 萬字。全書主體分為五個部分：緒論篇、淵源篇、古代篇、近代篇、當代篇。在緒論篇中，介紹了慈善的相關概念、對象、內容以及慈善史研究現狀；在淵源篇中，分析了中國古代思想家的慈善思想，尋求了中國慈善思想的淵源；在古代篇、近代篇、當代篇中，具體概述及論析了幾千年來中國慈善事業發展演變的脈絡、狀況及特徵。〔註31〕

特別值得一提的是，近年來，公益慈善界的一些專業人士和專家學者對慈善事業的發展也提出了很多具有重要價值的思想觀點。主要包括：華民慈善基金會理事長盧德之提出了現代慈善「純粹性、法制性、組織性、基金性、民間性、志願性」六大特點，並在此基礎上形成了「三願（純粹慈善、尊嚴慈善、幸福慈善）」、「三忌（忌政治化、商業化、娛樂化）」、「三治（德治、法治、聖治）」、「三公（公權、公益、公民三者關係）」、「三家（職業慈善家、慈善職業家、慈善理論家）」等「五個三」的現代慈善理念。〔註32〕南都公益基金會理事長徐永光設想了現代慈善的結構圖：即以慈善組織為圓心，以慈善文化為半徑，左為捐贈（資源供應）方，右為受助（公益項目）方，上為政府（含法律、政策），下為大眾傳播。〔註33〕這無疑是對中國慈善事業發展作出了頂層設計，勾畫了中國慈善改革路線圖。鄧國勝積極倡導「建立慈善組織平等競爭機制」；金錦萍則提出了「捐贈減免稅不是優惠而是政府責任」的觀點；俞可平提出了「社會善治需要官民共治」的理念；資中筠認為「社會文化精神是慈善發展的基礎」；王名則提出「公民社會可產生於現行體制放開放活」的新論斷。不一而足，這些思想觀點必定對推動中國現代慈善事業的發展具有積極重要的意義。

二、國外研究現狀

縱觀國外研究，涉及慈善倫理相關問題研究的著述與論文也相當豐富。其研究成果主要包括：

期。
〔註31〕 周秋光、曾桂林：《中國慈善簡史》，北京：人民出版社 2006 年版。
〔註32〕 參見盧德之：《資本精神》，北京：中國社會科學出版社 2007 年版。以及盧德之搜狐博客：http://hmludezhi.i.sohu.com/
〔註33〕 參見徐永光：《走出困境、回歸民間——關於中國慈善體制改革》，《中國黨政幹部論壇》2011 年第 12 期。

1、關於慈善正當性與合理性質疑與證明的研究。西方學界很早就開始質疑和證明慈善正當性與合理性問題。在這一問題方面頗有建樹的阿爾伯特‧安德森（Albert Anderson）爲了探求慈善倫理思考和實踐到底具有何種含義，採用了各類方法，建立了各種古代及現代的模型。他理清了康德的倫理思想和約翰‧斯圖亞特‧穆勒的倫理觀點之間的關係，創造性地分析了道德責任是什麼？能給大多數人帶來最大的善的是何人？以及在兩者之間應該如何選擇的問題。阿爾伯特‧安德森以促進人們對決策進行反覆思考以及爲他們的決策指引方向爲目標，將上述概念充分應用到我等所知的各個領域，例如不以營利爲目的的開發人員、志願者和組織。總體看來，阿爾伯特‧安德森重提亞里士多德對責任概念的界說，並以此把握慈善準確的意義。喬納森‧雷利（Jonathan Riley）則另闢蹊徑，運用法律手段來探討慈善正當性與合理性。他強調，慈善本身是善的，這一點無須佐證。然而，之所以如今社會的慈善捐贈活動具有爭議性，是因爲它們當中的很多觀點用正義概念做掩蓋，普遍具有隱蔽性。〔註 34〕

2、關於慈善動機的研究。研究慈善動機是研究慈善和慈善倫理的基礎。西方學界在這方面的研究成果如下：支持「道義論」觀點的學者有大衛（1964）、卡羅爾（1991）和伍德（1996）。他們分別提出了人道主義，企業社會責任，企業公民的觀點。支持「功利論」觀點的學者有凱姆（1978）、哈博（1998）、克魯泡特金（1902）、比爾和弗雷德里克（1993）、大衛‧瓦戈爾（David Wagner）。他們分別談到了未來利益，聲譽動因，互助法則，倫理利己主義，補償論的觀點。其中，大衛‧瓦戈爾的補償論解析了卡內基式的慈善是爲了減輕私人佔有大量財富的罪行，彌補從社會所汲取的資源。〔註 35〕支持「志願者服務的動機」觀點的羅伯特 S.奧格爾維（Robert S. Ogilvie）深入分析了人們願意做志願者，從事慈善活動的內在動機。以該分析爲基礎，他還解釋了人們是怎樣建立社區的，其原因有哪些；該地的志願者在參與慈善活動的過程中是怎樣推動道德進步與開創公民社會的，其原因有哪些。爲了解決上述問題，羅伯特 S.奧格爾維花費大量時間研究紐約的志願者和流浪者的夥伴關係。他最終得出了夥伴關係等志願者項目有利於志願者本身和社

〔註 34〕 Dwight F.Burlingame, *The Responsibilities of Wealth:2nd Annual Symposium on Philanthropy*: Papers, Bloomington: Indiana University Press,1992.
〔註 35〕 David Wagner, *What's love Got to Do with It?: A Critical Look at American Charity*, New York: New Press,2000,p94.

會的進步，美國道德對造福社區和謀求民主社會的良好發展起到了不可忽視的作用。〔註36〕

　　3、關於文化與慈善互動關係的研究。慈善的發展與整個人類歷史進程中的文化和文明是分不開的。反而言之，慈善文化的欣欣向榮是慈善事業健康發展的基礎。然而人們大多關心文化在社會中的作用，對慈善在人類生活中的功能卻不甚瞭解。佩頓（Payton）和穆迪（Moody）的研究能夠幫助人們更好地理解文化與慈善的互動關係，更進一步體會慈善的重要意義和使命。他們對慈善的實質是什麼？慈善為什麼會存在？當人類希望世界越來越幸福美好的時候為什麼會想進行慈善等問題做了基礎性的解釋。〔註37〕托馬斯‧亞當（Thomas Adam）對19世紀的萊比錫城、多倫多、紐約、波斯頓等地進行了調研。試圖弄清楚新興的企業家和實業家團體為了獲得社會認同，掌握文化與政治方面的領導權，而與已有的老一輩的精英團體進行利益角逐的情況。隨著歐洲關於建設文化、公益組織與公共社區服務機構思想的傳入，新舊兩代的企業家們開始在慈善領域你追我趕。例如，大都會藝術博物館的開創人考慮到新建博物館在資金方面的安全問題，大力倡導該館會員為德國藝術博物館捐款，支持博物館的工作。他還舉出了文化借貸和向外國輸出文化的例子，試圖證明慈善具有把經濟資源轉化成文化資源的功能，它在促進社會的文化建設中起到不可估量的作用。〔註38〕

　　4、關於財富與慈善倫理關係的研究。德懷特 F.伯林蓋姆（Dwight F. Burlingame）等學者著力研究財富與慈善倫理關係等慈善前沿問題，在富人是否應當把獲得的財富運用到社會福利建設，積極回報社會方面展開了激烈的爭論與研討。書中對安德魯‧卡內基（Andrew Carnegie）的「財富的福音」理念進行了詳細的闡述。歷史學家巴里 D.卡爾（Barry D. Karl）則反覆分析了卡內基提到的「道德責任」倫理。〔註39〕為對富人承擔的社會責任問題方面的研究提供了資料。路易斯 W.奈特（Louise W. Knight）的獨到之處是在對簡‧

〔註36〕 Robert S. Ogilvie, *Voluntarism, Community Life, and the American Ethic*, Bloomington: Indiana University Press, 2004.

〔註37〕 Robert L.Payton, Michael P.Moody, *Understanding Philanthropy: Its Meaning and Mission*, Bloomington:Indiana University Press,2008.

〔註38〕 Thomas Adam, *Buying Respectability:Philanthropy and Urban Society in Transnational Perspective,1840s to 1930s*, Bloomington: Indiana University Press,2010.

〔註39〕 Dwight F. Burlingame,*The Responsibilities of Wealth: 2nd Annual Symposium on Philanthropy: Papers*, Bloomington: Indiana University Press,1992.

亞當斯（Jane Addams）事例進行剖析後，認為慈善責任並不像卡內基所說的
那樣，而是有另一種解釋。對企業慈善史的研究也關係到財富與慈善倫理的
問題，研究這方面的學者有肯尼斯‧福克斯（Kenneth Fox）。他認為如果遵照
卡內基的慈善信條，企業捐贈是不能成立的。〔註40〕亞瑟 C.布魯克斯（Arthur
C. Brooks）則對美國的參與慈善者和不參與慈善者在社會上成功的概率對比
進行調查。得出了積極參與慈善捐贈的人更容易在社會上獲得成功，因為他
們有仁慈之心，樂觀向上，容易獲得別人的信任和支持。

　　5、關於策略慈善的研究。現今歐美社會中，慈善被賦予了更多的目的。
特別是慈善組織在進行慈善事業的同時還要學會謀求自身的健康發展，在策
略化的實行和評估的保障下開展慈善活動。瑪麗蓮‧菲舍爾（Marilyn Fischer）
通過探討招募資金的倫理決策概念，力求建立一種指導非營利組織去爭取捐
款，有效開展慈善活動的倫理決策模型。他倡導要採用倫理決策決策模型來
聚集資金，以及當投資方要進行慈善捐贈時，有必要在考慮其基本的價值許
諾、組織職責、勞動關係和個人信譽的基礎上採取倫理平衡和捐贈決策的手
段。〔註41〕富有批判精神的威廉‧達蒙（William Damon）在文中表示有不少
慈善組織的慈善捐贈並不是沿著他們設計好的路線行事，甚至會出現誤入歧
途的狀況。他客觀地列舉了造成上述情況的原因，並找尋到了出路。威廉‧
達蒙不但指出了一條在召集慈善專業人才的同時，加快完善慈善理論、倫理
規範建設的踐行路線，而且還提出了關注受助者的需求和困難的新思路。此
外，他還利用各種事例來說明道德問題在慈善活動中並沒有想像的那麼重
要，最為關鍵的是要運用策略來推動道德行為建設。〔註42〕

　　6、關於宗教慈善的研究。宗教慈善是慈善事業不容小覷的一支有生力
量。一方面，大力發展宗教慈善是宗教團隊造福社會的重要方式，與自身發
展息息相關。另一方面，社會也離不開宗教慈善。沃倫 F. 里奇曼（Warren F.
Richman）追本溯源，對西方傳統文化解釋慈善方面，以及接受西方傳統文化
薰陶的人們是怎麼憑藉做善事與服務他人來體會「善」之意義進行分析。作

〔註40〕 Dwight F.Burlingame,*The Responsibilities of Wealth:2nd Annual Symposium on
　　　　 Philanthropy: Papers*, Bloomington: Indiana University Press,1992.
〔註41〕 Marilyn Fischer, *Ethical Decision Making in Fund Raising*, NJ: John Wiley &
　　　　 Sons Inc,2000.
〔註42〕 William Damon, *Susan Verducci,Taking Philanthropy Seriously: Beyond Noble
　　　　 Intentions to Responsible Giving,* Bloomington: Indiana University Press,2006.

者在解決這些基本問題的同時，還著重探究和對比了猶太教慈善、伊斯蘭教慈善、佛教慈善、印度教慈善、印第安宗教慈善等各種宗教慈善〔註43〕，瑪麗 J. 奧茨（Mary J. Oates）的研究表明：美國的宗教慈善由來已久，天主教徒很早就有計劃地支持和開展各種慈善活動。代表著天主教的捐助途徑的醫院、孤兒院、養老院、學校等機構也在教會的逐步發展下不斷發揮著社會作用。當然，這種前進並不是一帆風順的。在關於經濟、政治、文化等不穩定的因素時常會導致教會自發地對慈善義務、捐贈先後次序、恰到好處的慈善組織規模，以及政府對宗教慈善資源的管控的範圍問題等各方面進行廣泛的爭辯和討論。此外，作者還提到了美國天主教對教會的慈善活動、慈善文化、存在於統一管理慈善和民主做慈善之間的彈性空間等進行了詳細的記載。〔註44〕舍維什（Schervish）和 凱斯‧惠特克（Keith Whitaker）則選擇從基督教的傳統中提取利於檢討財富和捐贈關係的思想源頭。兩位學者在探討基督教思想的同時，先後對亞里士多德、阿奎奈、伊格內修斯、盧瑟、卡爾文以及喬納森‧愛德華茲等人的思想展開了分析。他們的研究對於我們考察人們在人類生活的最終目標和願望上的想法是否一致？是怎樣判斷關懷、慈善、友誼、愛的價值先後的？如何認識目前存在的人類資源？如何尋求一種在人類活動過程中聯繫和履行現存的資源和人類最終目標之間的方法等問題起到了重大的作用。〔註45〕戴維 H.斯密斯重點談論了亞伯拉罕傳統之下的宗教與慈善兩者的關係。他在各個研究的捐贈者上都加上了享有一定程度的原始權利和自然的關係的假定標籤，運用哲學、神學思維提出了事實究竟如何？向哪些人群捐助為好？捐出多少財物和時間是恰當的？企及上帝的力量和捐贈之間究竟有何種聯繫等諸多問題。給與宗教慈善有關的所有具有反省精神的慈善人、慈善組織、慈善研究人員帶來了強烈的思想衝擊。〔註46〕此外，學者羅伯特 L.佩頓（Robert L. Payton）提出了加強對宗教慈善本源的研究是打造更

〔註43〕 Warren F.IIchman,*Philanthropy in the World's Traditions*, Bloomington: Indiana University Press,1998.

〔註44〕 Mary J.Oates,*The Catholic Philanthropic Tradition in America*, Bloomington: Indiana University Press,1995.

〔註45〕 Paul G.Schervish,Albert Keith Whitaker, *Wealth and the Will of God: Discerning the Use of Riches in the Service of Ultimate Purpose*, Bloomington: Indiana University Press,2010.

〔註46〕 David H.Smith, *Religious Giving: For Love of God*, Bloomington: Indiana University Press, 2010.

具有效率，以及更具有擔當的自由慈善的唯一途徑。〔註47〕

　　7、關於婦女慈善的研究。在慈善和慈善事業發展的過程中，婦女慈善起到了巨大的推動作用，因而，許多學者在研究慈善之時，婦女慈善是繞不過去的主題。安德里亞・沃爾頓（Andrea Walton）闡明了婦女用勤勞和智慧為女性教育的發展與慈善事業的前進做出了不可磨滅的貢獻。在幫助女性接受良好教育方面，婦女的志願活動和當地教育機構一樣是慈善活動的主力軍。婦女慈善主要關注的是當地活動對慈善的影響，而較少涉及國際活動；重視捐時，少依靠財政撥款。值得注意的是，婦女慈善的研究一改以往枯燥的慈善理論分析，而採用大量生動有趣的關於慈善人的故事敘述來講明婦女慈善的發展過程，證明婦女在慈善開展與促進女性教育等方面的重要影響。譬如，關於女性慈善家奧里維・塞琪（Olivia Sage）和瑪莎・貝利（Martha Berry），以及女教師津田梅子和凱瑟琳・比徹爾（Catharine Beecher）的私人生活、思想歷程的研究材料較多。給 19 和 20 世紀的慈善活動賦予了個性化的色彩。〔註48〕凱思琳 D.麥卡錫（Kathleen D. McCarthy）為了更好地理解婦女慈善在推進政治、文化多樣性建成，更為深入地分析了女性把促進捐款捐物捐時等慈善活動和倡導建立 NGO 作為重要的方式和橋梁，來尋求自身的社會、政治和文化定位。凱思琳 D.麥卡錫強調，美國社會下的婦女，更多是為了打造一種與男性在經濟和政治領域地位作用相似的平行權力結構，而積極投身於慈善事業。無論是修女、女教師，還是女政治家，越來越多的女性希望通過參與非營利組織來獲得發表意見的權利和參與公共決策的權利。〔註49〕

　　8、關於慈善思想史的研究。謝里雲德（J. B. Schneewind）等學者從西方基督教所倡導的「博愛」思想與救濟窮人的意識出發對西方的慈善思想演進史進行了研究。他將慈善思想的變遷劃分為古代時期、中世紀時期、早起現代時期和維多利亞時期這四個時期。並且嚴謹地運用歷史學和哲學的觀點來分析這四個時期的慈善思想的衝撞與轉變。作者在文中探求和剖析正義與慈

〔註47〕 Dwight F.Burlingame, *The Responsibilities of Wealth:2nd Annual Symposium on Philanthropy: Papers*, Bloomington: Indiana University Press,1992.
〔註48〕 Andrea Walton, *Women and Philanthropy in Education*, Bloomington: Indiana University Press, 2005.
〔註49〕 Kathleen D.McCarthy, *Women, Philanthropy, and Civil Society*, Bloomington: Indiana University Press,2001.

善的思想的同時，也花了較大篇幅解析慈善認知、慈善動機和慈善捐助三者之間的關聯問題。〔註50〕麥坎茨・安妮 E.C（Mccants Anne E.C）詳細論述了在 17 至 18 世紀這個時間段，荷蘭阿姆斯特丹等地方的市民從事慈善活動的狀況。探討了當時的慈善組織是怎麼建立建設起來的？以及救助孤兒的活動是怎樣開展並蓬勃發展起來的問題。W.K.約爾丹、卡瓦羅、T.M.薩弗利、P.加維特等人分別對不同時期的倫敦、意大利、德國、弗洛倫薩的慈善團體、公益組織進行了調查研究。爲後人繼續研究慈善提供了寶貴的資料。

　　總結國內外研究現狀，是開展本文研究的一項基礎性工作。通過對比可知，國內外的先行研究毫無疑問具有一定的現實價值，對後人的研究起到了重要的借鑒作用。然若細究起來則會發現存在著諸多不足，尤其表現爲對各自傳統慈善倫理挖掘不夠，對中西方優秀倫理思想資源的相互借鑒不足，與時代精神結合不緊，最重要的是沒有從宏觀結構上來構想慈善倫理的基礎問題。尤其在當代中國慈善倫理研究方面比較匱乏，學者的研究大多關注點而忽略面，缺乏整體的宏觀性。也正是因爲學術界對當代中國慈善倫理以及有關中國慈善問題研究的不足與相關研究的深度不夠，才使得本文有了研究的空間與意義。筆者認爲，加強當代中國慈善倫理研究與構建中國現代慈善倫理體系要體現「古今貫通，中西融匯」的總特徵。應重點從慈善倫理的價值理念、行爲規範、制度環境三個方面去進行理論論證與路徑建構，從而建立一個完整的中國現代慈善倫理體系。

第四節　研究思路、內容與方法

一、研究思路

　　本文以論證「慈善倫理何以可能」爲理論邏輯起點，結合倫理學、社會學、政治學、歷史學、經濟學等多學科的理論，採用理論與實踐相聯繫的方法，使用分析與實證的手段，站在本土和全球相結合的視角對中國慈善倫理進行了系統的梳理和研究。其基本研究思路是：慈善倫理研究的背景 —— 慈善倫理成立的理論論證 —— 慈善倫理思想資源的歷史考察與比較 —— 當代中國慈善倫理的現實狀況 —— 中國現代慈善倫理體系的構建。

〔註50〕Schneewind,J.B （ed）, *Giving: Western Ideas of Philanthropy*, Bloomington: Indiana University Press,1996.

二、研究內容

文章的主體由四個部分組成，重點討論了以下問題：

1、關於慈善與慈善倫理的學理分析。首先，通過全面總結關於慈善概念的多維表述，以及比較分析慈善與公益之間的關係，科學界定了慈善的概念。在此基礎之上，通過對慈善和倫理關係的分析，提出了慈善倫理的概念，分析了慈善倫理的層次和特點。最後，從理論和實踐兩個層面論證了慈善倫理何以成立。

2、對慈善倫理的思想資源進行歷史考察與比較。該部分分析總結了中西慈善倫理思想資源的發展脈絡、主要內容和基本特徵；同時，對中西慈善倫理思想資源作出比較分析，以挖掘出對構建中國現代慈善倫理和發展中國現代慈善事業的有益啟示。

3、當代中國慈善事業的發展狀況及其倫理缺失的分析。當代中國慈善事業的發展是良好的。這主要體現在各方參與慈善熱情、慈善組織發展、慈善方式創新、慈善政策法規革新等方面。但是，中國傳統慈善向現代慈善轉型過程中出現的諸如政治、經濟、文化等現實難題還是造成了一系列的倫理缺失。主要包括慈善活動中的誠信缺失、慈善資源配置缺乏公平、慈善制度缺乏公正、慈善主體的道德自覺性不高與動機不純、慈善方式失調等。這些倫理缺失，可以說是理念落後、行為失範以及制度保障不足等綜合作用的結果。

4、關於中國現代慈善倫理體系構建的探討。這是本文的重點同時也是落腳點──構建中國現代慈善倫理體系。在清晰界定什麼是現代慈善的基礎之上，提出了構建中國現代慈善倫理的基本視角應包括傳統與現代相結合、世界化與本土化相結合、市場經濟與道德平衡相結合的三重視角。基於上述構建視角，按照從抽象到具體的邏輯思路對中國現代慈善倫理體系的構建提出了以下創新性觀點：一是提出中國現代慈善倫理的「資本精神、大愛無疆、契約精神、責權結合」四大基本理念。二是提出中國現代慈善倫理倡導的「動機合理、獨立自主、誠實守信、平等相待、務實創新」的慈善主體行為規範和「感恩圖報、自立自強、誠實守信、珍惜關愛、回報社會」的慈善客體行為規範。三是提出中國現代慈善倫理構建的制度保障。現代慈善制度重點包括建立國家層面的慈善制度和現代慈善組織制度，後者又集中表現為建立現代慈善基金會制度。總之，中國現代慈善倫理體系就是從現代慈善的「理念、行為、制度」三個方面加以總結、深化、提升的理論體系。

三、研究方法

問題引路，方法先行。文章是否鮮活有神需仰賴於方法灌以血液、精髓。每項研究都有特定的研究對象以及基於闡述研究對象內在的邏輯特徵需要而採用的研究方法。本文所採用的主要研究方法如下：

1、歷史辯證法。本課題以歷史與現實，理論與實踐相結合的思維方法，從「實然」、「應然」的視角出發，在廣闊的歷史背景下探析「慈善倫理」對中國現代慈善事業「和諧性」的實然分析。通過當前社會道德建設和對中西方慈善倫理思想資源的再認識，積極探索中國現代慈善事業既好又快發展的「應然」之途。

2、文獻研究法。本書是對慈善倫理進行研究，因此必須對與慈善相關的文獻進行深入分析，綜合歸納，得出科學的結論。力求做到在研究過程中更多地汲取國際理論前沿成果和經典著作的思想與智慧，深化本研究的理論內涵。

3、系統分析法。運用系統思維，通過歸納和演繹、分析和綜合以及抽象與概括的方法對研究對象及相關的資料進行思維加工，去粗取精、去偽存真，從而揭示慈善活動中的倫理意蘊和道德價值，並闡明其內在的規律。

4、跨學科研究法。論文涉及哲學、倫理學、社會學、政治學、歷史學等多個學科，因此必須採用跨學科的研究方法，把握論文的正確方向。

第一章　慈善與慈善倫理概述

　　在深入探討當代中國慈善倫理的其他問題之前，先弄清楚慈善以及慈善倫理的概念是尤為重要的。關於「慈善是什麼？」，國內外學者已給出了多種解釋與界定。本章擬在這些研究基礎上闡發自己的看法，並對當前學術界少有論及的慈善倫理概念進行界定。慈善事業的健康持續發展離不開慈善倫理的支持與指導。然而，一般認為慈善本身就屬於道德範疇，那慈善倫理的概念何以成立呢？為了使本文——當代中國慈善倫理研究得以有效展開，論證「慈善倫理何以可能」是必須解決的首要問題，也是本章所要探討的重要主題。

第一節　慈善是什麼

　　從邏輯意義而言，概念是形成判斷和推理的前提，因而界定清楚慈善的概念是對整個論題進行準確論述的前提。這是本文首先需要探討的問題。

一、關於慈善概念的多維表述

　　任何一種概念都是一定歷史階段客觀現實在人腦中的觀念反映。由於社會現實環境的差異與人們認識的時代限度，對事物本質屬性與特有屬性的把握必然存在局限性。隨著時空的推移，概念必跟隨實踐的發展而發展。慈善是一個較為寬泛的概念。人們對慈善概念有著多維的表述。

　　（一）慈善的釋義及其源流

　　在中國古典書籍中，「慈」、「善」二字最初是分開使用的，且它們分別具

有自身的意義。

「慈」就其源流來說，一般有三種：一是特指慈母，亦即對母親的尊稱。二是如《新術‧道術》所說：「親愛利於謂之慈」指父母的愛。三是指孝敬奉養之意。如《莊子‧漁夫》云：「事親則孝慈」說的正是此意。而後，「慈」又引申出仁慈、憐愛之義。譬如在《說文解字》中，許慎即說：「慈，愛也」。西漢的賈誼深得「慈」的意義之精妙，他在《新術‧道術》說：「惻隱憐人，謂之慈」。漢人劉熙在其所著的《釋名‧釋言語第十二》中則說：「慈，字也。字，愛物也」。我們可以從中看出，「慈」是「愛」的意思，慈已由狹義的父母之愛擴展到了全社會人與人之間、以及人對物的關愛，體現了大愛的理想追求。可見，在中國古代的典籍中，「慈」之含義的變化與引申是多方面的。

「善」的意義在中國古代也被作為獨立的詞來看待。正如許慎的《說文解字》中所說：「善，吉也；從言從羊，此與羲美同意」。「善」的本義是「吉祥」、「美好」。而後引申為和善、親善、友好之意，如中國另一部古代典籍《管子‧心術下》中所說：「善氣迎人，親如兄弟；惡氣迎人，害於戈兵」即是此意。此外，從孔夫子「與善人居，如入芝蘭之室，久而不聞其香，即與之化矣」語言中，處於現實中的人類同伴或許更能體會「善」的價值意義。〔註1〕

而把「慈善」二字組合使用則開始於魏晉南北朝時期。《魏書‧崔光傳》曰：「寬和慈善，下柞於物，進退沉浮，自得而已」。這是現有可查資料中關於「慈善」二字合成使用的最早載錄。在這一時期，「慈善」已經生成了博愛之意，它意在表明人們內心因已生成了無私之愛所以能夠做出幫助他人的行為。顯然，「慈善」一詞已經獲得了「志願」的意義，而不包含任何強迫的意思。總之，「慈善」這一概念共存於古代中國的儒學、釋學、道學之中。三大文化體系基於各自理論對「慈善」進行的闡釋與闡發，使「慈善」的內涵在社會實踐與文化演進的過程中獲得了極大的豐富。

直至現代中國，人們對「慈善」的詞彙解釋基本沿襲了古代「慈善」的意義闡釋。《現代漢語詞典》中寫道：「慈：①和善；②（上對下）慈愛；③指母親；④姓。」〔註2〕「善：①善良；②善行；③良好；④友好，和好；

〔註1〕周秋光、曾桂林：《中國慈善簡史》，北京：人民出版社 2006 年版，第 1～3 頁。

〔註2〕中國社會科學院語言研究所詞典編輯室：《現代漢語詞典》（修訂本），北京：商務印書館 1996 年版，第 205 頁。

⑤熟悉；⑥辦好，弄好；⑦擅長，長於；⑧好好地；⑨容易，易於；⑩姓。」
〔註3〕「慈善：對人關懷，富有同情心。」〔註4〕顯然，根據以上解釋，「慈」
既指富有同情心，又包含利他行為。而「善」則是「惡」的反面，是個體良
知和愛心的實踐體現。故慈善便可理解為人的愛心與良知的結合。

　　把目光轉向西方世界，則發現「慈善」的英文表達有「Charity」和
「Philanthropy」兩個詞。〔註5〕「Charity」一詞源自於拉丁語「Acritas」，是
「發自內心」（from the heart）而表現出的「博愛、寬容、同情」等。Philanthropy
則源自於希臘文 philanhtropos（philo+anhtropos）。「Philo」為「愛、喜歡」（love）
之意，「Anhtropos」為「人、人類」（mankind）之意。所以，兩個詞根合在一
起，philanhtropos 的意思是「熱愛人類」（Love for mankind），表示了「博愛主
義」、「人道」、「善心」的道德涵義。

　　在希伯來文中，慈善對應的是「Tsedakah」，是公義行為（righteous action）
的意思。猶太人的慈善觀念正是源於詞根「Tsadak」，即「公義」（to be just or
righteous）。一般說來，「Tsadak」指一般意義上的、抽象的公義原則。如「公
義（Tsadak）從天而現」（《詩篇》85：11）；「公義（Tsadak）和公平是你寶座
的根基」（《詩篇》89：14）。相反，「Tsedakah」則指具體的公義行為，和個人
的行為緊密相連，如「你當守公平、行公義（Tsedakah）」（《以賽亞書》56：1）。

　　從上述對「慈善」一詞的中西方語源、釋義分析可以看出，「慈善」一詞
雖然複雜多變，但其基本的意義卻始終包含著「愛心、良知」、「憐愛、仁慈」
和處於「志願」的「善行」。當然在不同的語言與文化傳統中，「慈善」語義
的側重點有所不同，漢文化重「仁慈」，希臘文與拉丁文重「博愛」，猶太文
重「公義」。

（二）學術界對「慈善」的多維解釋

　　直至現代，隨著社會經濟的發展，人們對「慈善」一詞的理解趨於深入。

〔註3〕中國社會科學院語言研究所詞典編輯室：《現代漢語詞典》（修訂本），北京：
　　　　商務印書館 1996 年版，第 1102 頁。
〔註4〕中國社會科學院語言研究所詞典編輯室：《現代漢語詞典》（修訂本），北京：
　　　　商務印書館 1996 年版，第 205 頁。
〔註5〕charity 譯為同情心，仁慈，慷慨，慈善機構。philanthropy 翻譯為「慈善之心」
　　　　（尤指表現在積極助人上）。Arley Gray, Della Summers 主編：《朗文當代英漢
　　　　雙解詞典》，鄭榮成、王瑞、段世鎮等譯，北京：外語教學與研究出版社 2005
　　　　年版，第 188 頁和第 896 頁。

基於社會財富分配差異的原因，社會對慈善產生了巨大的需求。正是在此意義背景下，人們對「慈善」的理解上陞到了對「慈善事業」的認識。

圍繞著「慈善是什麼？」的問題，國內外學術界給出了多種多樣的解釋。總體而言，基於當今學界研究的需要，大體將「慈善」分為廣義的慈善和狹義的慈善。所謂廣義的慈善，其概念的外延並不僅限於對自然人的直接救助或援助。隨著學術研究的拓展而延伸至環保、文化傳承等原屬「公益」概念的領域。與此相對，狹義的慈善則限於對自然人的救助或援助。〔註6〕在西方，其代表性觀點主要有：《猶太百科全書》（Encyclopedia Judaica）對「慈善」定義是：義務地捐贈財物以救濟貧困的和需要幫助的人。〔註7〕《猶太教百科全書》（The Encyclopedia of Judaism）給「慈善」下的定義是：作為一種個人的責任，所必須履行的捐贈錢物或提供服務給所有需要幫助的人。〔註8〕英國《2006 年慈善法》中對「慈善」的定義為：一個組織或者信託為了慈善目的或公共利益所從事的公益事業。並列舉了 13 種慈善目的，最後一條兜底條款，即「符合本法的其他目的」。〔註9〕Payton and Moody 認為「慈善是為了公共利益的私人時間或貴重物品的捐贈」。〔註10〕此外，德國萊比錫大學教授貝克爾（Gary Becker）則用更為學術的語言給慈善下了定義。他認為：「如果將時間與產品轉移給沒有利益關係的人或組織，那麼，這種行為就被稱為『慈善』或『博愛』。」貝克爾在這個定義中指出了慈善的兩個特點：第一，慈善是一種志願的行為，它絕對沒有強制的成分，這種本質特徵使得它完全不同於國家的稅收。第二，慈善是針對沒有利益關係的人或組織的。當然，貝克爾這樣界定慈善是為了把社會性、慈善性行為和家庭內部或親屬關係內部的互助行為區別開來。〔註11〕

在中國學界，「慈善」則往往停留在狹義的概念裏。「慈善」的核心被強

〔註6〕劉太剛：《非營利組織及其法律規制》，北京：中國法制出版社 2009 年版，第 242 頁。

〔註7〕*Encyclopedia Judaica(Volume5)*, Keter Publishing house Ltd. Jerusalem, Israel, 1972, p338.

〔註8〕*The Encyclopedia of Judaism*, New York: Oxford University press,1995,p71.

〔註9〕*The Charities Act 2006:A Practitioner's Guide*, Bloomington: Legalease, 2007, p23.

〔註10〕Payton,R.L., Moody, *Understanding Philanthropy: Its Meaning and Misson*, Bloomington: Indiana University Press, 2008, p35.

〔註11〕〔德〕加里·貝克爾：《人類行為的經濟分析》，王業宇、陳琪譯，上海：三聯書店 1995 年版，第 321 頁。

調爲慈善救助、慈善捐贈。其代表性觀點有:《中國大百科全書》給「慈善」下的定義爲:私人或社會團體基於慈悲、同情、救助等觀念,爲災民、貧民及其他生活困難者舉辦的施捨、救助活動的統稱。原中華慈善總會會長崔乃夫認爲:「慈善就是有同情心的人們之間的互助行爲,就是人幫人的活動。也即一部分人幫助另一部分人,反過來又是那一部分人幫助這一部分人的活動。無論是通過何種方式進行表述,我們說慈善就是公眾以捐贈款物、志願服務等形式關愛他人、奉獻社會的自願行爲。」〔註12〕清華大學李強教授則指出:「慈善不是指對熟人的幫助,父母和孩子、夫妻之間本身就是一個經濟實體。慈善是對一個陌生的人,對一個和自己本來沒有親友、血緣關係的人伸出援助之手」。中國人民大學鄭功成教授側重於從社會保障的角度出發對慈善進行闡釋。他認爲:「在經濟學的意義上,實際上慈善事業也是社會的再分配,它可以被認爲是社會道德事業和社會保障體系的必要組成部分,也是在社會捐贈這一經濟基礎之上的社會性的捐助活動。」〔註13〕湖南師範大學周秋光教授則認爲:「慈善是指在政府的倡導或幫助與扶持下,由民間的個人或團體自願組織和開展活動,對社會中遇到災難或不幸的人,不求回報地實施救助的一種高尚無私的支持與奉獻行爲。」〔註14〕也有學者認爲:「慈善即是指人們對社會弱勢群體的同情心,以及爲實現自己的慈善意願而直接付出的行爲或爲之建立的慈善機構」〔註15〕

通過上述對「慈善」的現代解釋,我們可以看到,人們從當前社會的發展中已經充分意識到了慈善的現代意義。總體上來說,在不同的人類歷史時期,不同的國度,慈善概念會隨著時空語境的變化而不斷增添富於時代特色的新內涵。

二、公益與慈善關係之認識

分析當今學術界對慈善概念的解釋後,我們知道要明確界定「慈善是什麼?」,則準確認識「公益」與「慈善」的關係就顯得極爲重要。當前,國內學術界和新聞媒體時而將「慈善」、「公益」、「公益慈善」、「慈善公益」加以

〔註12〕徐麟:《中國慈善事業發展研究》,北京:中國社會出版社 2005 年版,第 28 頁。
〔註13〕鄭功成:《構建和諧社會》,北京:人民出版社 2005 年版,第 447 頁。
〔註14〕周秋光、曾桂林:《中國慈善簡史》,北京:人民出版社 2006 年版,第 6 頁。
〔註15〕孟令君:《中國慈善工作概論》,北京:北京大學出版社 2008 年版,第 4 頁。

區分，時而又將它們混淆為同一概念使用，這無疑造成了公眾對兩者關係認知上的困難。其實，在中西方文化語境以及公益慈善事業實踐中，「公益」與「慈善」兩者關係一直處於對立與糾纏之中。

西方文化中對「公益」與「慈善」哲學意義的區分，可從迥異歷史與社會文化中尋根溯源。美國早期清教徒牧師 John Winthrop 和 Cotton Mather 個人所著宗教文獻中，John Winthrop 將公益宗教化定義為「美國公益的真正建立者……那些穿越大西洋的人們想要建立一個與原來的家鄉完全不一樣，比它還好的新家園」。〔註16〕公益內涵一般包括：「志願捐贈、志願服務、志願組織，主要是要利於他人；而（慈善是）……公益的孿生妹妹，公益與慈善在西方文明中糾纏不清整整大約 3500 年」。〔註17〕

美國公益概念與世界範圍內的慈善概念不同，尤其與歐洲對慈善的理解完全相反。歐洲傳統意義的公益更注重公共美德，參與魅力，社區改善與靈活性，而慈善更為注重私人與個體維度。〔註18〕在現代美國語境中，「……公益意味著由基金會、公司和私人捐贈者支持的非營利組織有價值的服務和致力於解決重大社會問題而提供的實質支持。」〔註19〕相反地是，「慈善……類似於正義關注財富分配的人類道德，更為關注每個個體的精神或道德條件」。〔註20〕慈善經常指向特殊群體的基本生存需要，「……公益比慈善涵蓋領域更為寬廣；貧困問題已不是公益唯一的或者甚至主要的關注對象；廣義公益目標致力於改善人們的生活質量」。〔註21〕

一般而言，公益與改善公共利益機構特徵密切相關。與此不同，慈善需要解決的是短期生存問題。慈善與公益是截然不同的兩個概念，雖然公益一詞現在經常被用來涵蓋兩個方面的內容。在現代語境下，慈善是公益的一部

〔註16〕 Bremner, Roabert H, *American Philanthropy*, Chicago: University of Chicago Press, 1988, p7.

〔註17〕 Payton, R.L, *Philanthropy: Voluntary Action for the Public Good*, New York: Macmilla, 1988, p32.

〔註18〕 Boorstin,D, *"From Charity to Philanthropy." In B.O'Connell (Ed.), America's voluntary spirit*, New York: foundation center, 1963, pp129-141.

〔註19〕 Wolpert,J, *Patterns of Generosity in America*, New York: The Twentieth Century press, 1993, p5.

〔註20〕 Schneewind,J.B (Ed.), *Gving: Western Ideas of Philanthropy*, Bloomington: Indiana University Press, 1996, p54.

〔註21〕 Bremner,Roabert H., *American Philanthropy*, Chicago: University of Chicago Press, 1988, p3.

分，而且僅僅只是一小部分。公益比滿足窮人需要服務的慈善外延要寬。公益主要通過直接稅制而不是間接稅制滿足需要。〔註22〕

　　慈善在中國歷史悠久，文化底蘊深厚。「慈善」與「公益」兩個概念最初是日本學者劉岡幸助在其著作《慈善問題》一書中提出的。他將「Philanthropy」譯為「慈善」，「Public welfare」譯為「公益」，後為中國學者所借鑒。傳統中國文化並沒有對慈善涇渭分明地劃分「Philanthropy」和「Charity」。從某種意義而言，傳統中國文化中的慈善更接近「Charity」的意義。主要體現在遭遇重大災害事件時，古代中國的政府與民間士紳共同承擔社會責任，實施社會救助。此時「公」與「私」已完全融合，統稱為「慈善」。實際上，古代中國在觀念領域也未曾意識到需要將二者進行嚴格區分。隨著全球一體化的發展，社會力量的不斷壯大，人們才開始借鑒西方關於二者分辨的意識和標準，進行了粗線條的區分。但對於究竟如何區分可謂眾說紛紜。學者韋燁認為公益與慈善的區別是：其一，公益偏重「公共」維度，強調平等主體之間的關係；慈善具有「公共」與「私人」雙重向度，強調對弱勢群體或個人的救助。其二，「慈善」較「公益」更具有文化性與思想性內涵。其三，現代慈善開放性兼具「公益性」特徵。因此它更傾嚮用現代慈善理念來解讀當代中國公益慈善事業的現實。〔註23〕有學者認為與其耗盡心思界定和解釋模糊不清的「公益」與「慈善」，不如努力推動創造或發展事物前進的新規則。〔註24〕

　　當前中國社會正處於區域發展不平衡的差異化狀態，在東部沿海發達地區的慈善主體在對社區等其他公共領域所進行的改善社區環境，提升人們的生活質量等活動，無疑呈現出西方語境下的「公益」特徵。然在西部貧困地區，無論是沿海發達地區的慈善資源的輸入，還是本土化的人們互助行為，其關注的核心都在於解決人們的基本生活需要，關注個體基本生存環境的改善，此時主要呈現出西方語境下的「慈善」特徵。同時，隨著科技進步，信息、知識愈來愈在社會發展中發揮重大作用，傳統「邏各斯主義」的思維範

〔註22〕Kelly K., *Effective Fund-Rasing Management*, New Jersey: Lawrence Erlbaum Associates, Publishers, 1998, p5.

〔註23〕韋燁：《中國慈善基金會法人制度研究》，北京：中國政法大學出版社 2010 年版，第 30～33 頁。

〔註24〕楊團、葛道順：《中國慈善發展報告（2009）》，北京：社會科學文獻出版社 2009 年版，第 4～5 頁。

式越來越受到挑戰，諸多處於對立的事物開始向其對立面尋求和解或融合，原來涇渭分明的事物愈來愈趨向模糊。模糊反而成爲現代事物的一種常態化存在。

三、本文對慈善概念的界定

應當指出，上述對慈善概念的論述都具有一定的理論合理性。從中我們也可以看到，慈善體現的是一種助人與互助的觀念，在這種觀念之下指導的一種行爲，一種昇華了的事業，而這種行爲背後的動機也應是無我與爲人，即無私的奉獻。爲了使本文的觀點得以準確的論述，筆者認爲非常有必要結合國內外學術界關於「慈善」的現代解釋，以及「慈善」與「公益」關係的辯證認識，對「慈善」作一個清晰的界定，以便全面回答「慈善是什麼？」這樣的一個首要問題。

筆者認爲：「慈善」作爲人類所特有的一種道德現象與社會活動，是指公民個人或組織在良心、慈悲、憐愛等道德心理驅動下基於人道主義精神，通過某種方式或途徑而自覺自願地向社會弱勢群體中非親人、非利益關係的人或組織，不求回報地實施救助與援助的民間行爲或活動。

給「慈善」下了定義後，還有必要對「慈善」的「應然」狀態作一個說明：第一，慈善應是在「慈悲、憐愛、良心」等道德心理驅動下的一種自願的善舉，此乃慈善活動發生的心理基礎。很難想像一個沒有愛心的人僅依靠外在的強制力就能夠做出慈善義舉。第二，慈善應是一種意志自由且動機單純的道德行爲。這裏有兩種情形需予以說明，即強迫的慈善和動機不純的慈善都不屬於真正意義上的慈善，更多會轉化爲一種「交易」。比如，某些人做慈善僅僅是爲了某種榮譽以利於自己個人或企業發展等，這顯然不屬於慈善，而是一種交易。第三，慈善的受助對象應是非親人和非利益關係的人或組織。之所以如此界定，是爲了將慈善行爲與家庭成員或親屬關係內部間的互助行爲區別開來。試想幫助自己的親人能說是對親人慈善嗎？這顯然不符合中國應有的文化氛圍；而救助與援助利益相關的人或組織，又有利益交換或動機不純之嫌。第四，慈善物應形式多樣，可包括資金、勞務、精神、實物等方面；慈善物可通過募捐、義演、義賣、義診、義工等方式予以實現與傳遞。第五，慈善作爲一項事業，慈善參與主體應具有多樣性，可以是公民個人、企業、慈善組織、其他法人與非法人組織等，即從人性本善的角度來

分析，人人可慈善，人人可成為慈善主體。第六，慈善實施方式、模式應是多種多樣的，可以是「陳光標式」直接慈善，也可以像「盧德之式」慈善一樣，自己建立現代慈善基金會行善等。

誠然，關於慈善本質屬性的認識對於準確理解慈善概念尤為重要。慈善本質上是一種民間社會行為，而不是政府行為。這主要是指辦慈善的善款善物，即善源，必須來自於民間，而不是來自於政府的財政收入和其他公有財富。第一，政府用國庫裏的錢扶貧、救濟弱勢群體，那不是慈善，而是政府應盡的救濟責任。因為政府收了人民的稅，就理所當然要保護這個國家人民的生命財產安全，讓全體國人過上幸福尊嚴的生活。第二，國有企業做善事也不屬於慈善，因為國有企業所有財產本身屬於國家、屬於全體國人，其所創造的財富應該上交國庫由政府進行再分配，國有企業未經人民同意直接把企業財富用於做慈善本身就破壞了公平正義。當然，如果是企業員工自願捐出的善款善物以企業名義做善事，那也屬於慈善。鑒於中國的複雜國情，在這裏需要特別說明的是，如果政府成立的慈善組織用民間的錢去救人扶貧，那亦可稱之為官辦慈善。公募慈善基金會（比如中華慈善總會）是在行使慈善活動，因為它的善款善物來自於民間。

此外，慈善內涵的界定，必然涉及到慈善主體與慈善客體。同時由於本文所研究的是中國慈善倫理，因而從倫理關係角度出發，分析與界定慈善活動中的主體與客體就顯得尤為必要，這也是本文下一步論述得以成立的理論前提。慈善作為一種救助與援助性活動，參與方必然包括施助方與受助方。於此，筆者認為施助方即為慈善主體，受助方即為慈善客體。

第一，慈善主體之確定

所謂慈善主體就是施助方，即從事慈善活動的公民個人與社會組織。在當代中國，不同學者對慈善主體有不同的界說。一是在與彭定光教授的討論中，彭教授認為所有參與慈善施助活動的人和慈善組織以及慈善組織中的工作人員都是慈善主體。筆者實難同意此觀點，筆者以為慈善組織中的工作人員不能視為慈善主體。理由有兩點：其一，官辦慈善組織裏的很多工作人員屬於事業編制，甚至屬於公務員，具有與政府官員一樣的身份；其二，慈善組織中的工作人員就像其他行業工作人員一樣，要求他們遵守職業道德規範便足矣。二是一些學者提出慈善主體只有慈善組織。比如許琳教授就認為當代中國慈善事業的主體包括：專門的慈善機構（中華慈善總會）、國際性的人

道主義的組織（紅十字會）、其他參與慈善活動的非盈利性公益社會團體（中國殘疾人福利基金會）。〔註25〕對於此種觀點，也許陳光標會第一個站出來反對，因爲陳光標顯然屬於慈善主體。三是有學者認爲從善款善物來源的角度來看，慈善主體就只有公民個人。筆者認爲該觀點具有一定的合理性，但仍不完善。

　　針對以上幾種不同的觀點，並結合目前中國慈善實際，筆者從善款善物來源以及把慈善作爲一種活動，從活動實施主體二者結合的視角來界定慈善主體。筆者認爲慈善主體應由以下三類組成：第一類是公民個人；第二類是慈善組織〔註26〕，包括具備法人資格的公募慈善組織和非公募慈善組織以及因各種原因未在民政部門登記註冊但符合慈善組織定義的民間自發組建的慈善「草根組織」，它們都通稱爲 NGO（non-governmental organization）；第三類是其他參與慈善活動的組織，包括爲了救助他人而臨時開展慈善活動的具備法人資格的企業、學校等組織，也包括不具備法人資格的組織，比如數個公民成立的臨時組織等。在此還需特別說明的是：第一類和第三類慈善主體可以分爲直接參與慈善活動或通過向慈善組織捐贈而間接參與慈善活動的公民個人和組織兩種。總而言之，慈善參與主體具有多元化的特點。

　　第二，慈善客體之確定

　　慈善是一個施助方與受助方共同參與的互動過程。從參與慈善活動的相關方來看，慈善活動中的客體即爲受助方，包括需得到救助與援助的被稱爲弱勢群體的公民個人與社會組織。於此，如何區分與定義弱勢群體顯然是科學界定慈善客體的重要內容。

　　其一，弱勢群體是一個相對的觀念，與「貧困」一詞密切相關。在特定的社會背景下，貧困總是與當時的社會生活水平密切相關。換言之，沒有永恒不變的絕對貧困，只有在一定的時空範圍內相對穩定的貧困存在，即有絕對貧困與相對貧困之分。與此相對應的是，弱勢群體也具有相對性，即可分爲絕對意義上的弱勢群體和相對意義上的弱勢群體。慈善活動的救助對象主要是一定歷史時期的絕對弱勢群體。當然也不排斥對相對弱勢群體的救助，

〔註25〕許琳：《論中國當代慈善事業參與主體》，《西北大學學報（哲學社會科學版）》2000 年第 3 期。

〔註26〕本文所討論的慈善組織，主要是指從事公益性活動的社會組織，屬於「大慈善」概念。

只要符合慈善主體的主觀救助意願也是可以納入慈善救助視域的。

其二，區別對待主觀弱勢群體和客觀弱勢群體。在現實生活中，不是對每個貧困的人都應提供無限制的幫助。比如說懶漢，通常說「慈善養懶漢」，這是現代慈善需盡力避免的。對於弱勢群體，慈善是基於同一性正義出發對弱勢群體的利益補償機制。但是，其所面對的弱勢群體卻存在現實的差別。準確來說，弱勢群體可分為客觀弱勢群體和主觀弱勢群體。客觀弱勢群體是指天災人禍等不可抗拒的外力作用造成的自身貧困而淪為弱勢群體；主觀弱勢群體則是由於自身主觀動機上的不努力、不勤奮、懶惰等造成的自身貧困，而成為的弱勢群體。對此，在慈善活動中，需對二者加以區別對待。對於客觀弱勢群體並且主觀希望改變現狀的要積極加以救助與援助，大力開展「授人以魚且授人以漁」式的可持續救助，真正實現由「輸血」轉變為「自身造血」的功能。而對於主觀弱勢群體則只需從人道主義原則出發，為其提供基本生活資料，使其生命得以延續即可。儘量避免「慈善養懶漢」，以提高慈善資源的有效利用。

第三，慈善主客體的相對性

隨著現代社會的不斷發展，傳統慈善那種施助方與受助方面對面直接的救助方式已與現代慈善所要求的施助方與受助方相分離的慈善方式不相符。現代慈善特有的社會分工表現為：一部分人致力於創造財富，慈善組織則致力於使用財富。後者拿出前者不具備的時間和精力，幫助前者在有意義的領域，將前者積纍的社會財富以通過救助弱勢群體的方式回饋給社會。從這特有的社會分工可以看出，慈善組織具有成為慈善主客體的相對性：一方面，當它接受公民個人或組織捐贈的善款善物，以及接受資助型基金會資助時，便為慈善活動中的客體；另一方面，當它使用接收的善款善物對社會弱者進行直接救助與援助時，便成為了慈善活動中的主體。比如，孤兒院、養老服務中心等，它們在接受某些公民個人和組織捐贈時是慈善活動中的客體；而當孤兒院、養老服務中心對孤兒、老人進行救助時便轉變為慈善活動中的主體。當然，慈善主體（施助方）中的公民個人和其它參與慈善的組織則不具有相對性，它們始終充當的是慈善主體的角色。由此可見，慈善主客體的相對性是指慈善組織成為主客體的相對性。在一定條件下，慈善組織既可能是慈善主體，也可能是慈善客體，它具有雙重角色的性質。對於這一點務必有一個清晰的認識。

要清楚認識慈善主客體的相對性，對「何為慈善組織？」這一問題的回答就顯得尤為重要，同時也必須對這個概念進行清晰的界定。不同國度對慈善組織有不同的界定。在我國，依據《社會團體登記管理條例》、《基金會管理條例》和《民辦非企業單位登記管理暫行條例》，由各級民政部門註冊登記的社會組織可分為三種形式：社會團體（社會團體法人）、基金會（社會團體法人）、民辦非企業單位（法人、合夥或個體）。每種形式又可按照國際非營利組織分類標準（ICNPO），以活動領域的不同對社會組織進行分類。目前採用的是五大類、十四小類的分類標準，包括：經濟類（工商服務業、農業及農村發展）；科學研究類（科學研究）；社會事業類（教育、衛生、文化、體育）；公益慈善類（社會服務、生態環境）；綜合類（法律、宗教、職業及從業者組織、國際級涉外組織、其它）。

按照這種細分類的統計方法，中國慈善組織僅為社會服務和生態環境兩個子類組織。而根據我國的實際國情以及現在通行的劃分原則，把民間興辦的社會事業類組織也劃入了慈善組織的範疇。其對慈善組織劃分的依據為：以該組織設定的目標是否符合慈善公益理念來劃分。只要社會組織的目標指向社會整體、奉獻者以外的社會特定人群，或者持有某些對社會和人類發展更為長遠的目標，就可以承認這個組織的設立不是為了自己或者自己所在的團體、社區，而是為了社會進步，就符合慈善公益目標，也就可以成為慈善公益組織。〔註 27〕因此，從我國目前慈善法律法規不完善的實際情況來看，慈善組織大致可以分為以下兩大類：一類為「法定組織」，即官方正式認可的慈善組織。具體而言，是指依據現有法律法規登記註冊的包括各類基金會、學會、聯合會、協會、研究會、民辦非單位等法人組織。一類為「草根組織」，即民間自發組建，且因各種原因未能在民政部門獲得法人資格，但符合慈善組織定義的組織。這些組織的發展宗旨就是慈善公益，且組織實施了數以萬計的慈善項目。

總而言之，作為道德活動的慈善，它反映了人們之間建立在「良心、慈悲、憐愛」等道德基礎上的一種互助、互愛的關係，由對這種關係的認識而產生的自覺自願的互助行為；同時慈善又是一種「人」對於「人」的心態，涵蓋了同情心、憐憫心、仁愛之心、博愛之心等豐富內涵的「善的心態」。慈

〔註27〕 參見楊團主編：《中國慈善發展報告（2012 年）》，北京：社會科學文獻出版社
2012 年版，第 68～69 頁。

善是公民權利、公民義務以及仁愛理念的結合，核心是「社會責任」、「人文關懷」和「新財富精神」，體現的是人的一種「善待別人，善待社會，善待自然」的內在精神。當慈善被視作一項整個社會、民族的共同事業時，慈善的道德活動便從「個體化」的人與人之間的關心、愛護、同情，上陞爲全社會的共同心理與共同行爲。慈善也就被賦予了社會心理、社會倫理道德和社會行爲的意義。伴隨著這一意義，「慈善」必然就體現了捍衛人類基本人權、維護個人幸福尊嚴、促進社會公平正義、推動社會和諧進步的當代價值。

第二節　慈善倫理是什麼

　　學術界對「慈善倫理是什麼？」少有論及。對於該問題，本節將主要從慈善倫理的概念、慈善倫理的層次以及慈善倫理的特點三方面予以回答。

一、慈善倫理的概念

　　要界定慈善倫理是什麼？首先得對「倫理」有一個認識。「倫理」一詞，在中國典籍中解釋很多，通常說的「倫理」，就是統類條理的意思。「倫」按東漢經學家鄭玄在爲《孟子》作注時所說，倫即序，侖者輩也之序，就是秩序、序次，是「識人事之序」，是「從人從侖」。「倫」是對人與人的相互關係的一種界定。「理」就是道理和規則，「倫理」則是在處理人與人的相互關係時所應遵循的道理和規則。倫理和道德之間又是什麼關係呢？「倫理指一定社會的基本人際關係規範及其相應的道德原則」〔註 28〕。這表明，一方面倫理是道德的上位概念，是社會的人際「應然」關係，對這種「應然」關係的概括就是道德規範，主體在道德實踐中把道德規範內化爲自己的德性，外化爲自己的德行。另一方面，倫理是「人際」的，是爲了協調人與人之間的關係。通俗的說，由「倫」生「理」，由「理」成「道」，由「道」化「德」，這就是隱含在倫理與道德之中的密不可分的內在聯繫。「理」的產生源於「倫」，源於人與人之間的社會關係。「理」是爲「倫」服務的，「理」的喪失就是對「倫」的破壞。我們的行爲所當遵循的「理」實質上表達的是我們在社會生活中怎樣才能處理好與自己相關的各種人倫關係，表達一種道理，其目的就是爲了使這些人倫關係處於融洽和諧的狀態之中。

〔註 28〕參見朱貽庭：《倫理學大詞典》，上海：上海辭書出版社 2002 年版，第 14 頁。

總之，「倫理」作爲一系列指導行爲的觀念，是從概念角度上對道德現象的哲學思考。它不僅包含著對人與人、人與社會和人與自然之間關係處理中的行爲規範，而且也蘊涵著依照一定原則來規範行爲的深刻道理。比如，「天地君親師」爲五天倫；又如，君臣、父子、兄弟、夫妻、朋友爲五人倫。忠、孝、悌、忍、信爲處理人倫的規則。從學術角度來看，人們往往把「倫理」看作是對道德標準的尋求。毫無疑問，慈善作爲人類特有的一種社會現象與社會活動，必然會有一定的道德源泉和道德動力去推動慈善行爲的產生；而同時作爲一種慈善主體與慈善客體共同參與的互動活動，必然也會像其它人類社會活動一樣體現出應有的道德意蘊與道德道理，同時也應有一定的倫理道德規則對其加以規範。結合對「倫理」的理解，「慈善倫理」既含有慈善主體和慈善客體在慈善互動過程中所體現出來的道德意識、道德心理、道德選擇和道德行爲的意義，也含有救助與援助弱勢群體的慈善活動中的人際「應然」關係以及概括這種「應然」關係的道德原則和規範的意義。

據此，筆者認爲：「慈善倫理」是探討慈善活動的道德價值生成、選擇和評價慈善活動的道德價值標準，闡發合乎當代社會發展客觀需要的關於慈善事業的特殊道德規範的理論體系。它要分析和揭示如何促進慈善主體行善的道德自覺性以及在對弱勢群體實施人道救助的慈善活動過程中，調節慈善主體和慈善客體各方面關係的道德原則和規範的總和；是慈善主客體各種道德意識、道德意志、道德選擇、道德行爲的綜合體現；是依據一定社會倫理道德的基本價值觀念對慈善救助活動的客觀要求所進行的理性認識和價值昇華；是集「理念、行爲、制度」三位於一體的理論體系。

簡單而言，慈善倫理就是一種以慈善方式如何實現既快又好幫助最需要幫助的弱勢群體的理論。慈善倫理的「快」的意義體現爲如何實現讓慈善主體主動積極、及時快速的行使善舉的道德自覺，主要表現爲慈善活動的道德促進因素；「好」的意義則體現爲如何使慈善救助過程達到一種「應然」的理念和行爲倫理規範以及符合理想的慈善制度要求。爲了更全面說明慈善倫理是什麼，在接下來兩小節將從慈善倫理的層次和特點予以展開論述。

二、慈善倫理的層次

「慈善倫理」是社會道德體系的重要組成部分。從文化大概念來說，慈善倫理也屬於文化的範疇。因爲所有的文化都是與人連在一起的，不與人連

在一起的就不是文化，所以文化就是「人化」，「人化」就是「非獸化」。從這個意義上講，慈善倫理也就是「人化」，是一種行為、制度模式，一種道德心理積澱。人類從野蠻的狀態脫離出來，「人化」的目標是要使人類越來越文明，慈善就是人類文明的一種表現。慈善倫理就是圍繞著慈善這個主體內容產生且逐漸形成的一種思想理念。慈善倫理從裏到外，具體可以分為三個層次，即觀念層、制度層、行為層。

1、觀念層面──慈善倫理的深層

主要是指慈善活動的道德促進因素以及在慈善活動中逐漸形成的應共同遵循的慈善意識、慈善理念、慈善目標等。慈善倫理的核心是無條件利他主義價值觀，一是慈善倫理在觀念層面就是要樹立純粹慈善的理念，積極倡導仁愛、濟貧恤弱、關愛社會弱者的精神，使慈善成為人們自發、自覺的道德追求。二是在尊重人、關心人，幫助人的基礎上，慈善倫理將個人內心的快樂幸福與救助他人的行為以及效果聯繫起來，強調「快樂慈善」、「幸福慈善」。三是慈善倫理要求人們能超越個體局限，以平等開放的心態去幫助受助者，從而形成平等互助的慈善倫理，發展「尊嚴慈善」。

2、制度層面──慈善倫理的中間層

是指在慈善倫理建設過程中，用於鼓勵、規範慈善行為的政策依據、法律法規、成文規定等。制度層面的慈善倫理分為三種類型：第一類是指導慈善事業發展的政策法規。第二類是規範慈善機構內部管理的規章制度。第三類是關於慈善的，社會上約定俗成的成文或不成文規定。在當前中國，慈善倫理的制度層面的發展目前還不健全，相關內容散見於法律、行政規章和政策性文件中，尚未形成一套鼓勵、支撐、監管慈善組織和慈善活動的制度保障。

3、行為層面──慈善倫理表層

理念是行為的嚮導，制度是行為的保障。理念與制度的優良與否必然會影響到行為的選擇與行為的實際效果。就慈善倫理的行為層面而言，由兩項內容組成：一是慈善主體行為規範，即施助方在慈善施助活動中面對受助方時應表現出何種行為規範，以符合慈善的本質要求。二是慈善客體行為規範，即受助方在接受慈善救助與援助時也應具有相應的行為要求。這一點在關注人權和注重以人為本的時代顯得尤為重要，比如受助方不能一味的卑微的接

救助，相反更應體現自立自強等的行為要求。

上述慈善倫理的三個層次是一個相輔相成、辯證統一的有機整體。一個富有慈善傳統的社會，一個「仁愛、誠信、人人向善」的社會，必然會有優良的慈善倫理精神。反過來，優良的慈善倫理精神又會促進「善」的慈善制度形成，並進而促使各種慈善主體依據「應然」行為規範積極投身於慈善事業的偉大實踐中來，創造出輝煌的慈善成就，在此基礎上又優化、提升該社會的慈善倫理價值理念與慈善制度。如此這般，形成一個循環往復不斷促進的永恒發展過程。

三、慈善倫理的特點

慈善倫理作為貫穿於慈善實踐活動並且支持著慈善行為的所有倫理道德的總和，顯然包含著眾多的要素。因此，在概念特點上，慈善倫理作為社會道德體系中的一個有機組成部分自然生成了自身的特質。在一般意義上，慈善倫理具有以下五個特點：

1、利他性

慈善倫理最基本的價值內核在於利他主義的價值觀。這種價值觀要求人們首先要自覺地認識到自身對於他人和社會的責任與義務，明白要在積極的利他精神的指引下，實現對於他人和社會的責任和義務。作為慈善倫理首要的價值核心，利他主義的價值觀十分強調人們的道德自覺和道德認識。它要求人們必須自覺地認識到自身對於他人和社會的道德義務，充分認識博愛、仁義、濟世、給予的價值和意義。

2、無償性

慈善本身就是倫理的，這一特徵不過是在說明慈善倫理包含著無償奉獻且不求回報的倫理要求。就慈善的道德實質而言，它實際上是無私的，是一種義務，也是一種責任。這種義務與政治義務、經濟義務以及法律義務不同，後者強調的是尋求某種回報和利益，而前者則不計報酬。它強調的是對自己部分利益的無私奉獻和犧牲。這一倫理要求人們在從事慈善活動時，絕不能夠千方百計地為自己積累財富，而是要通過自己的努力去幫助他們，使他們克服困難，走上正常的幸福的生活道路。在這裏，從事慈善活動的人們必須具備無私的慈善倫理精神。否則，他們的慈善活動的價值和意義就值得懷疑。

不僅如此，人們更應當看到施助者和受助者雙方是一種平等的關係，慈善主體決不能利用慈善去非法謀求自身的利益和榮譽。那種讓受助者感恩戴德的慈善行為並不是真正的慈善，他們已經遠離了慈善倫理的無條件利他的本質要求。

3、人道性

人道屬性是慈善倫理的又一特點。人道主義原則可以說是人類發展的一個永恆的道德原則，這一原則完全適用於慈善倫理。它表明在人類發展的任何一個時刻，即使是在慈善領域，人道主義原則仍然是人類永恆的道德原則。人道主義原則是一種絕對命令，它強調任何個人、任何群體都不能因貴賤、種族、性別、膚色的差異來區分，人們均應當享有做人的基本道德權利，享受基本的生存權、發展權以及其它一系列的權利。「每個人在追求自己的幸福時必須尊重他人的權利，不得有損於他人」，「人類共同體的任何人都不應對其他成員的命運漠不關心。」〔註 29〕人道性的要求就在於使得慈善主體能夠明瞭社會弱者同樣享有與強者一樣的人身存在和發展的基本權利。在此，對社會弱者的尊重與理解生成了慈善倫理的人道主義基本原則。

4、自律性

自律作為慈善倫理的內在特徵，也是整個人類社會道德的一般特點。眾所周知，與動物界的性質不同，人類道德的一般特徵必須有賴於自律性。這種自律性固然離不開他律的引導作用，然正是這種自律構成了人類道德的自覺。馬克思曾經明確肯定：「道德的基礎是人類精神的自律。」〔註 30〕相互類推，在慈善倫理中，同樣存在著自律的特點。不僅人們在決定從事慈善活動時以道德的自覺為原動力，而且慈善主體的自覺、自律同樣也貫穿於慈善活動的整個過程。反過來看，倘若慈善活動中缺少了慈善倫理的自律性質，那麼，非但慈善主體不能產生從事慈善活動的道德自覺意識，而且慈善實踐也會失去人類道德的一般意義與價值。

5、自願性

慈善倫理的自願性主要表現在兩個方面。一方面從慈善主體來說，慈善應是慈善主體出於慈愛之心、友善之情而自願自發的一種救助與援助行為。

〔註 29〕蕭雪慧等：《守望良知 —— 新倫理的文化視野》，瀋陽：遼寧人民出版社 1998年版，第 448 頁。
〔註 30〕《馬克思恩格斯選集》（第 1 卷），北京：人民出版社 1995 年版，第 15 頁。

公民是把從事慈善活動當作個人的責任，甚至可以說，這是一個社會慈善倫理被內化爲個人德行的結果。這種內化應該是一個柔性的過程而並非具有強制性，概括體現爲「自願性」。另一方面從慈善客體來說，接受救助與援助也應該是自願的行爲，而並非遭到強迫或被引誘接受。也就是說慈善客體既有接受救助與援助的道德權利也有不接受救助與援助的道德自由。

第三節　慈善倫理何以可能

上一節，筆者對「慈善倫理是什麼？」進行了闡釋。然而，很多學人可能就會繼續追問筆者，「慈善倫理」這一概念何以可能呢？如何從學理上及慈善實踐層面存在的倫理道德問題著手論證其成立呢？因爲一般意義而言，人們皆認爲慈善本身就是倫理道德的，故而慈善倫理概念不能成立。

從學理層面論證其何以可能，筆者以爲，應先對與慈善倫理密切相關的財富倫理有一個全面的認識。甚至可以認爲對財富倫理的闡釋本身就是「慈善倫理何以可能」的理論論證。慈善倫理與財富倫理密切相關，二者之間具有天然的淵源關係。因爲，財富既是財富倫理得以論述的前提條件，也是慈善賴以存在的重要前提和載體。唐凱麟教授認爲財富倫理是「指人們創造、佔有和使用財富的方式，以及與此相關的生產、分配、交換和消費過程中蘊含的倫理內涵和道德意蘊。它是人類在認識、創造、支配和使用財富的過程中，對個體與個體、個體與自然、個體與社會之間相互關係的一種觀念把握，是經濟行爲的價值依據，也是人類根據財富的本質要求去創造財富、積纍財富和使用財富的精神動力。」財富倫理要求人們從人的主體性出發，通過創造財富來發展自身的個性與潛能，通過合理運用財富來獲得生存的意義，以實現自身的價值。財富倫理要追求的是財富與人、財富與自然、財富與社會的和諧共生，促進社會的進步和人的自由全面發展。〔註 31〕由此可見，財富倫理是關於財富的創造、獲取與使用的善與惡的道德認知與道德判斷。

聯繫到人類社會對慈善的不斷需求與現實慈善活動中出現的慈善亂象與醜聞，「慈善倫理」亦可以理解是「人類爲什麼會產生慈善」和「人們如何做好慈善」兩方面的自在之理。將其與「財富倫理」的概念進行對比，我們可以清晰地發現：一方面，「人類爲什麼會產生慈善」理應屬於財富倫理的應有

〔註 31〕唐凱麟：《財富倫理引論》，《中國社會科學》2010 年第 6 期。

之義，也正是因爲慈善才使得財富具有了更多的道德價值與社會價值。而「人類爲什麼會產生慈善」，從學理上而言，它需從「財富的本質屬性使然、社會運轉的內在要求、慈善主體自身道德認知」三個層面去求索其自在之理。另一方面，「人們如何做好慈善」的自在之理則是指如何正確認識和處理慈善實踐活動中的倫理道德問題，使慈善達到一種「應然」狀態，以體現慈善「純粹、尊嚴、幸福」的當代價值。因此，對上述問題的闡釋構成了論證「慈善倫理何以可能」的整個論述。

一、財富的本質屬性使然

人類自古希臘的色諾芬把「財富」定義爲「對佔有者有用的好東西，如馬、羊、土地等」〔註32〕後，在歷經的漫長歷史歲月中，不同學科、不同學者都對「財富」作過研究，發表過看法，對它的爭論長達兩千多年，卻始終很難就財富概念達成一個基本的共識。其實，對財富的理解應該持有多維的視角。近年來，國內關於財富的討論有所發展。人們出於不同的研究目的，從不同的研究角度出發，給財富賦予了不同的定義。上海財經大學魯品越教授認爲財富就是物質財富，價值是分配財富的一種市場權力，即它本身不是財富，但是它被用來分配財富。比如，鈔票不是財富，而是得到財富的權力證書。中國社會科學院程恩富教授認爲財富具有物質和非物質兩種形式，非物質形式的諸如各種智力成果、各種才能等都屬於財富範疇。復旦大學孫承叔教授提出了財富有四個存在形式的觀點：財富作爲勞動成果，是人的本質的對象性存在；財富作爲商品，凝結著一般人類勞動的時間；財富作爲貨幣，是商品世界的上帝，並具有與任何商品交換的能力；財富作爲資本，意味著對勞動及其產品的支配權。東華大學賀善侃教授則認爲，財富應是物質財富和精神財富、自然財富和社會財富的有機統一。上海財經大學張彥教授認爲財富表現爲三種狀況：一是「不借人力」對人就有使用價值的天然財富；二是「借人力」才有使用價值的被創造的財富；三是前兩種財富的混合體，即天然對人就有使用價值的物以勞動爲中介變爲對人更有使用價值的物。〔註33〕結合

〔註32〕色諾芬：《經濟論・雅典的收入》，張柏健、陸大年譯，北京：商務印書館 1961 年版，第 2～3 頁。

〔註33〕董必榮：《財富：社會存在本體論追問 —— 全國財富哲學高級研討會述評》，《哲學研究》2011 年第 1 期。

上述分析，筆者以為，「財富」這一概念在人類話語體系中應有廣義和狹義之分。「廣義的財富」包括人類所能夠擁有的一切物質財富和精神財富，比如人的體力、才能、精神成果以及外在於人的自然資源等物質財富；「狹義的財富」則指人類僅僅能夠擁有的有使用價值的天然財富和通過人的勞動而創造的物質財富。

事實上，不管如何定義財富，無論財富以何種形式存在，財富都應具有以下基本特性：第一，效用性。財富首先要對人類有效用，無用的東西不會被看作財富。即財富必須具有使用價值，沒有使用價值的東西就不成為財富。就慈善而言，捐贈無用的東西給受助方，顯然也不能實現慈善的價值和意義。第二，物質性。財富總是以某種物質的形式存在著，這裏的物質是指物質的一般存在形式而不是個別的物質。第三，社會性。財富是最具社會性的社會存在物，不僅其生產、分配與消費具有天然的社會性，而且它也是最關乎人類本質的對象性存在物，彰顯了人類的生命存在與意義。正如馬克思所說，「人不僅是一種自然存在物……還是一種自為地存在著的存在物」，〔註34〕財富雖表現為效用，但「它是隱蔽在物的外殼之下的關係」，是「一種社會生產關係採取了一種物的形式。」〔註35〕因此，財富作為一種使用價值的同時也是一種社會關係的物化形式。喪失了社會性的財富會成為社會撕裂的源頭，財富的社會性是財富可持續增長的倫理根基，也是社會持久和諧之命脈。毋庸置疑，財富的本質屬性就是社會性，是一種物化了的社會關係。當然，財富的社會性是由財富與大自然的對象性存在關係、與財富的對象性關係和財富的創造者對象性關係所決定的，也是由人性的豐富性與超越性所決定，同時這也是人類歷史得以不斷前行的基本動力。

財富是慈善賴以存在的重要前提和載體，無財富則無慈善的可能。事實上，運用於慈善的財富主要還是通過人類生產勞動而創造的社會財富，即使是天然財富，也是一種勞動化了的自然財富，具有了人化的特點。因此，對社會財富的認識理應屬於慈善倫理的重要範疇。然社會財富從何而來？對這一問題的解答有助於正確理解財富的本質屬性。馬克思運用勞動二重性學說，科學地解釋了社會財富的來源問題。馬克思認為社會財富來源於勞動，從社會財富的使用價值方面來說，財富來源於不同生產領域的各種特殊形態

〔註34〕馬克思：《1844年經濟學哲學手稿》，北京：人民出版社2000年版，第105頁。
〔註35〕馬克思：《資本論》（第3卷），北京：人民出版社2004年版，第586頁。

的具體勞動；從社會財富的價值方面來說，則來源於勞動者的抽象勞動。從勞動的二重性出發，馬克思辯證地將社會財富理解爲一個統一體的二重性物。既然財富是一定生產關係下的勞動產品，那麼它既是使用價值，又是一種生產關係的物化形式。例如，馬克思將財富在資本主義下的具體形式——資本，既理解爲物，又理解爲資本關係的物化形式。〔註36〕

　　既然財富的本質屬性是社會性，財富是一種社會關係，財富是屬於全社會、全人類的。那麼人們所創造的財富也應當用於社會、服務於社會，服務於這種社會關係使其更好地發展。關於社會財富分配有「三次分配」的理論，因此，就找到了對社會財富通過第一、二次分配後的剩餘財富被積極投放於慈善領域現象合理的理論解釋。對於富人而言，富人只是財富的社會管理者，財富本質上還是屬於社會。如果富人不懂得把財富通過慈善用於社會，服務社會以維繫這種社會關係，久而久之，財富便會異化成爲社會撕裂的源頭，從而導致人的物化和異化，最終造成人與大自然、與他人、與自我的分裂，此時財富也就成爲損毀大自然、社會以及人性的異己力量。其變化過程將如馬克思所言，「物的世界的增值同人的世界的貶值成正比。」〔註37〕據此，財富的必然歸宿就是慈善，財富的本質屬性使人類產生慈善成爲了一種理論上的必然，慈善倫理便有了成立的理論邏輯起點。

二、社會運轉的內在要求

　　人們秉持「財富倫理」的精神創造了巨大的財富，使慈善有了現實的物質基礎。然慈善就會像雨後春筍般蓬勃發展嗎？從本質上來說，慈善成爲一項流行的社會事業，不完全由於富人的仁慈美德、高尚道德原因，而應上陞到一種更高的哲學高度——社會運轉的內在要求來理解。因此，從「差異與同一」視角出發，於哲學層面尋求慈善倫理的學理根據則不失爲明智之舉。

1、差異——社會發展的必然結果

　　隨著社會的不斷發展，人與人、群體與群體之間的差異必然會出現，表現在財富佔有方面的差異則尤爲突出。也正是由於這一差異的出現，使慈善具有一種可能性。差異作爲哲學的基本範疇，突出表現爲人類財富佔有方面

〔註36〕參見馬克思：《雇傭勞動與資本》，北京：人民出版社 1961 年版，第 25～27 頁。
〔註37〕《馬克思恩格斯選集》（第 3 卷），北京：人民出版社 1995 年版，第 267 頁。

的差異，即人類的經濟不平等或貧富差距。人類財富佔有差異具體表現為個
體與群體財富佔有差異兩個維度。第一，個體財富佔有差異主要是指先天差
異和後天差異。一方面，就先天個體差異而言，其一，表現為基因遺傳方面
的差異。部分人由於具有優良的遺傳基因，在某些方面擁有過人的天賦與才
能，而易於他人獲得財富，因而導致財富佔有方面產生差異。其二，表現為
代際遺傳因素方面的差異。有些人出生在社會財富佔有處於優勢的家庭，父
母將財產遺留給下一代，就會形成「富二代」；而有些人出生在社會財富佔有
處於弱勢甚至是貧窮的家庭，父母只有少量、沒有、甚至還有負資產留給下
一代，就會形成「窮二代」。顯然，以上兩類人在先天上對財富的佔有就已形
成差異。另一方面，就後天個體差異而言，主要表現在：由外部客觀環境、
個體受教育的程度、主觀努力程度以及偶然的運氣等因素影響所造成的個體
差異。譬如，一些人由於容易接受到良好的教育或者在社會中處於較好的職
業位置，擁有較好的發展平臺，再加上個人主觀上又比較積極努力等因素，
因此有更多的機會接觸財富和賺取財富，進而形成對財富佔有較他人處於優
勢。第二，就群體財富佔有差異而言，從國別來看，發達國家與發展中國家
之間存在差異；從區域來看，發達地區與欠發達地區存在差異；從行業來看，
壟斷行業與非壟斷行業存在差異；從群體來看，強勢群體（群體這一概念可
以涵蓋前面提到的國別、行業）與弱勢群體存在差異。〔註38〕弱勢群體形成
的原因是複雜的，既有自身的原因，比如好吃懶惰、賭博、吸毒等，也有社
會的原因，即沒有得到公平、公正的對待，例如受到性別、種族歧視等。以
上表明，人類財富佔有差異具有客觀性，現實性，具體性、普遍性，構成了
社會慈善的前提條件和現實根據。

誠然，貧富差距或者說人類財富佔有差異並不必然導致社會慈善行為的
發生。但是，無差異則無慈善，在共貧社會，有慈善需求，卻無慈善供給；
在共富社會，有慈善供給，卻無慈善需求。在共同貧困的社會，慈善缺乏賴
以存在的經濟土壤，此時的慈善只能是一種民間的、偶發的社會現象，而不
可能形成具有廣泛社會基礎的慈善事業。在共同富裕的社會，更不具備慈善

〔註38〕弱勢群體的「弱」是指達不到正常狀態，而不是與強勢群體相對比而言的弱。
強勢群體的「強」則是指超出正常狀態即擁有特權的狀態。當然，有時強勢
群體的「強勢」的獲得是以犧牲弱勢群體的權利為基礎的。就此而言，強勢
群體與弱勢群體的存在是制度上不正義的表現。

發生的前提條件。由此可見，只有個體與個體之間，群體與群體之間貧富差異的客觀存在，社會慈善才有其賴以存在的社會基礎。

2、同一 ── 社會發展的內在要求

正如前文所言及的，差異是慈善發生的前提條件與現實根據，但是有差異並不一定必然產生慈善。同一性才是真正通達差異與慈善的橋梁與紐帶，追求「類的同一性」是社會發展的內在要求，故而是慈善發生、發展的主體基礎及本質依據。

須知貧富差距與貧富差距持續擴大化是兩個問題。貧富差距的存在是社會發展的必然結果，而貧富差距擴大化關涉的是正義與社會穩定的問題。根據功利主義原則評判，貧富差距的存在既可能是善的也可能是惡的，而貧富差距持續擴大化則必然是惡的。社會財富差距持續擴大化，就會導致人類尤其是弱勢群體普遍「求同性」心理訴求的逐步上陞。差異產生比較，比較則容易形成心理位差，處於心理弱勢地位的個體或群體則會有尋求平衡的本能欲望與要求。因此，「求同」是弱勢群體面對差異或過度差異的普遍主觀心理傾向，或者說是一種本能反應。

具體而言，財富差異會導致經濟不平等，進而成為導致人格不平等的主導性因素，隨後人與人之間，群體與群體之間不和諧的關係就會出現。當面對人與人之間的差距時，人們心中自然而然就會產生這樣的疑問：既然同屬於一個地球上的人類，為什麼國家與國家之間的財富佔有差距卻如此懸殊？當美國人在華爾街小資地喝著咖啡的時候，許多非洲兒童卻因為飢餓面臨著死亡危險。既然同屬於一個國家的公民，為什麼區域與區域之間的貧富差距卻如此之大？當東部沿海發達地區的富人出入紙醉金迷的繁華高檔場所之時，西部欠發達地區的部分家庭的住房卻在風雨中飄搖。既然從事著同一種類的職業，為什麼個人收入差距卻令人歎為觀止？既然同是一個單位或公司的同事，為什麼勞動與資本、生產要素在薪酬中所佔比重的差別卻令人震驚？當董事長或總經理開著奔馳、寶馬在霓光燈下飛馳而過的時候，為什麼「血汗工廠」的女工們卻還在為了可憐的加班工資挑燈夜戰？

縱觀當今社會，多少富人為富不仁、一擲千金，寧願過著奢侈的生活也不願與窮人共享社會財富。面對富人的冷漠、社會的不公、無情的現實，處於社會底層的弱勢群體在「求同」心理訴求下，必然會憤然提出與富人共享財富的要求與口號。逼上梁山時甚至會起來造反，革富人的命，以暴力的手

段來實現財富的共享。回想中國歷史上發生的無數次農民起義和西方歷史上的工人革命以及現今局部衝突不斷、和平難尋的世界。追溯其緣由，其本質就是要求財富共享，實現人類「類的同一性」。因為「既然我們活不下去，那麼大家就同歸於盡」，處於底層的弱勢群體走投無路的時候必然會發出如此憤怒的嚎叫而起來造反革命。於是，社會就會陷入極度混亂之中，以至於無法正常運轉；世界便也會衝突不斷，戰爭風起雲湧，窮國和富國都陷入難以運轉和發展的狀態。

於是，為了維護社會的有效運轉和富人的自身利益不被暴力衝突所剝奪，處於財富佔有優勢的一部分有識之士便提出要拿出一部分財富與窮人共享。於此，富人和窮人達成了「財富共享」的基本共識，即富人拿出一部分財富通過慈善的方式與窮人共享社會財富。人的「類的同一性」訴求也就在不同程度上得到了滿足。正是在行慈善理念的倡導下，西方社會的國家福利制度得到極大的發展，民間慈善也蔚然成風，歷經戰亂的資本主義社會又得到了有序發展。一言以蔽之，慈善得以產生和發展，福利制度得以建立和推進，並不完全因為富人有多麼善良，多麼高尚，或是資本主義制度有多麼優越，其深層原因是社會發展的必然要求與維繫社會正常運轉的內在要求所致。當然，關於人類財富佔有求同性訴求滿足的途徑是多樣化的，而慈善卻是滿足這一訴求的有效形式。

綜上所述，社會慈善作為一種同一化的手段和方式，具有將人的類外差異、類中差異、個體差異進行調和、縮小的功能，從而對因類差異、群體差異以及個體差異過大而導致的非對抗性情緒衝突具有緩和作用；對於縮小貧富差距，緩解社會矛盾，促進社會和諧具有調節作用。因而，當差異與同一具有現實普遍意義時，慈善也就具備了現實普遍意義。於此，慈善與慈善倫理便成為了理論邏輯上的一種可能。

三、慈善主體自身道德認知

財富的本質屬性使慈善成為一種「必然」，社會的「差異與同一」性使慈善成為一種「必需」，同時為一種「可能」，若要使慈善成為一種「可行」，具有可行性，則必須上陞到分析慈善主體的道德認知，分析慈善發生的內在心理機制上來。因為，與上述富人為了避免被「革命」而被迫給窮人一部分財富分享不同，真正意義上的慈善是出於一種自身道德認知的自願捐贈。這就

上陞到了更高的一個層次。分析慈善主體自身道德認知亦可以理解爲論述慈善活動的道德基礎，有利於從學理上論證慈善倫理概念的成立。事實上，關於慈善主體自身道德認知並不具有統一的答案，人們在學術上也只能概要列舉其基本的屬性和要素。一般而言，慈善主體的道德認知主要包括對「慈愛、善良、同情、人道主義規約下的義務原則」等道德元素的認知。

　　1、慈善主體自身道德認知在於對「慈愛、善良、同情」等情感方面的認知。不應否認，慈善倫理首先是一種情感，而這種情感來自於人的心靈和靈魂深處。倫理學家沙甫慈伯利談到了人行爲的內在情感的內驅力。他認爲，人類的情感無非可以劃分爲三類。其一，是天然情感，是指社會個體有利於社會大眾的情感。其二，是自我情感，是指僅僅有利於社會個體的情感。其三，是非天然情感，是指對社會群眾和社會個體都沒有價值和意義的情感。〔註39〕而慈愛心作爲慈善活動的德行基礎之一，這種感情當然屬於天然情感。推而廣之，感激、憐憫、同情和仁愛均屬於對社會大眾有利的天然情感。它們在概念屬性上和慈愛均屬於統一序列的範疇。

　　倫理學家巴特勒的觀點發人深省。他提出了人性三分法的判斷，認爲人性的最高層次在於良心和反省，而處於中間層的則是自愛以及對他人的仁愛，處於最底層的是一般的感覺和情愛等。巴特勒一方面對這三種情感做出了細緻的劃分，另一方面又對它們相互之間的關係進行了深入的分析。他認爲處於中間階層的仁愛心既以一般的感覺和情感作爲基礎，又以自覺的理性亦即第三層次的人性作爲指導。〔註40〕因而，以理性爲指導的仁愛和自愛亦即利己和利他能夠完整地統一起來，共同構成慈善主體「慈愛」的道德元素。

　　西方另一位著名的倫理學家大衛·休謨力圖在人性辨析上超越利己和利他的二元對立的劃分法。休謨提出無論是利己還是利他的倫理情感，人們都存在著共同的情感體驗，這就是「同感理論」。在休謨看來，同感來源於人們的共同的感覺器官。在人們彼此交往時，這種共同的生理器官使得人們產生了相似的情感體驗，產生了所謂悲天憫人以及感同身受的情感體驗。〔註41〕在休謨看來，「同情是人性中的一個很強有力的原則。」〔註42〕對不幸者的同

〔註39〕宋希仁：《西方倫理思想史》，北京：中國人民大學出版社2004年版，第218頁。
〔註40〕宋希仁：《西方倫理思想史》，北京：中國人民大學出版社2004年版，第219頁。
〔註41〕宋希仁：《西方倫理思想史》，北京：中國人民大學出版社2004年版，第231頁。
〔註42〕〔英〕休謨：《人性論》（下冊），關文運譯，北京：商務印書館1980年版，第620頁。

情而產生的慈善義舉具有慈善的倫理道德意義。然另一方面,休謨並非將同情僅僅當做是慈善義舉的天然的道德基礎和情感。實際上,他沒有忽視同情等道德情感的社會性的屬性,提出了人們不應該只看到自身的幸福感,還應看到整個社會的正義和人道主義的習俗與特徵的觀點。他強調唯有如此,「每個人才能收穫互相保護、互相協助之果」。〔註43〕

雖然人們無法完全把握慈善主體內心的複雜世界,但是,慈善主體參與慈善肯定是出於一種對「憐憫、同情和慈愛」等的道德認知而做出的自願善舉。因為,人們很難想像一個沒有愛心而僅依靠外在的強制力就能夠做出慈善義舉的人。相反,唯有那些真正具有慈愛心,且對弱者懷有無比同情之心的人,才能夠真心實意持續對慈善事業付出心血。

2、慈善主體自身道德認知還在於對「人道主義規則制約下的義務原則」的認知。現實中,人們即便依靠同情心和慈愛心能夠產生一定的慈善義舉,然這種慈善義舉仍然具有短暫的屬性,難以實現長期化。為了有效促使人們的慈善行為達到規則化、長期化的目的,尋求慈善主體的另一個道德認知 —— 人道主義規則制約下的義務原則就顯得尤為必要。

在現代各國社會,人們對人道主義原則的理解固然有所不同。但是,對於人道主義原則作為慈善活動的道德基礎這一點,人們均能達成共識。人們已經把人道主義原則視為慈善活動的德行基礎,而人道主義原則也完全獲得了普世倫理的重要地位。

在人道主義者眼中,發現和創造自身的生活意義和價值固然構成了本身的義務要求。但是,人們也應當對他人發現和創造生活的價值同樣富有責任。〔註44〕然而,由於社會個體的年齡、能力、素質等方面的差異,即使人們能夠認識到自身的道德責任,但由於兌現慈善義務的能力的實際差異,他們也不能真正地實現慈善義務。換言之,這些人即便擁有了同等的道德權利,他們也不會實際地履行相應的道德義務。一言以蔽之,慈善行為的發生完全取決於個人的道德認知,取決於社會成員自身的道德境界。以此看來,義務原則無疑是慈善倫理所要倡導的。

〔註43〕 〔英〕休謨:《道德原理探究》,王淑芹譯,北京:中國社會科學出版社1999年版,第40頁。

〔註44〕 〔美〕保羅·庫爾茲:《21世紀人道主義》,蕭峰譯,北京:東方出版社1998年版,第379頁。

　　那麼，義務原則爲何能夠成爲慈善活動的道德基礎呢？所謂義務，眾所周知，是指社會個體所承擔的對整個社會以及其他社會個體的責任。義務本身可分爲消極義務和積極義務。所謂消極義務，主要是指法律義務，它是指社會個體承諾不對他人和社會造成傷害行爲；所謂積極義務，則是指社會個體能夠積極主動地承擔相應的社會責任和扮演相應的社會角色。〔註45〕作爲慈善主體道德認知之一，義務原則已經成爲慈善活動的普遍性要求。實際上，當零碎的、個體化的慈善行爲被統一起來，逐步轉化爲系統的、制度化和規模化的慈善事業時，這本質上已反映了慈善發展的一般規律，表明了慈善主體道德認知已經生成了理性化的社會要求。基於此，義務原則不容置疑地充當了慈善主體極其重要的道德認知元素。義務原則已經深深地滲透進了慈善活動的人道主義原則之中。換言之，人道主義原則所要求的義務德行構成了慈善活動的重要道德基礎。

　　在當今世界，能否兌現慈善義務已經成爲衡量一個社會公共道德水平的標準。隨著慈善事業專業化的形成，人類已經從「熟人社會」邁向了「陌生人社會」，標誌著人類社會文明的進步與發展。人們雖然相信愛心可以成爲人類社會的普遍情感，但是傳統社會的「他者」的存在仍然構成了對現代社會慈善倫理道德的挑戰。可以確信，當人類處於傳統社會，處於「人的依賴關係」的歷史階段時，人類由於生產範圍、交際範圍的狹小，即便存在著生產、生活的困難，他們也可以相互救濟與幫助，於是這種互助之心已根深蒂固，友愛相助成爲人們的習俗。然而，在現代社會，人們面臨的是陌生人。若想消除這種親疏關係的心理障礙，在慈善事業上將似乎與自己毫無瓜葛的這群人納入救助的對象，就必須經人道主義規則制約，在心理上形成慈善義務的德行與認知，樹立慈善倫理的概念與理念。

　　總而言之，慈善主體正是有了對「憐憫、同情和慈愛」、「人道主義規則制約下的義務原則」等的道德認知，才產生了一種慈善意識、慈善意志，並進而形成一種自願的慈善行爲。如此一來，才會形成「賺了錢主要不是爲了自己享用，而是爲了一個他所高度認可的神聖目的——慈善事業」的道德自覺。也正是因爲這種道德認知轉化爲了慈善義舉，慈善才具有了更多的倫理意義。

〔註45〕〔英〕A.J.M.米爾恩：《人的權利與人的多樣性》，夏勇、張誌銘譯，北京：中國大百科全書出版社1995年版，第35頁。

四、慈善活動中的倫理問題

通過以上三小節對「慈善倫理何以可能」的學理分析，筆者認爲還有必要對慈善實踐活動中存在的倫理道德問題作進一步的理論分析，以便更好地論證慈善倫理的成立。一般認爲慈善活動中的倫理問題包括道德關係與道德問題。在此，筆者將道德關係與道德問題合二爲一進行論述。

1、捐贈方與慈善組織之間的倫理問題。隨著社會的發展與現代社會分工越來越細化的趨勢，必然會出現一部分有錢人想捐贈款物做慈善，但又苦於時間不夠不能親力親爲，於是一些慈善組織便應運而生幫一些想做慈善但沒時間的人去行善。這樣在慈善實踐活動過程中便產生了捐贈方與慈善組織之間的合作關係。

這種合作關係一旦形成必然就會導致倫理問題的出現。存在於二者之間的道德關係與道德問題包括：第一，愛心也需要誠信，捐贈方與慈善組織之間的合作關係、誠信度如何直接關係到愛心能否得到充分而眞實的顯現。一方面捐贈方是否積極履行捐贈承諾，而不是光喊喊慈善口號，實際捐贈的善款善物卻大大縮水甚至一毛不拔，變成了「假捐」、「僞慈善」等；另一方面慈善組織是否言行一致，是否負責任地注重提升服務質量，而不是背棄誠信違規違法運作，通過侵蝕捐贈方的利益來獲取自己的不正當利益。第二，捐贈方與慈善組織二者的權利義務問題。即捐贈方享有什麼權利和履行什麼義務；慈善組織享有什麼權利和履行什麼義務；以及他們二者享有權利和履行義務的依據又是什麼等方面的問題。總之，捐贈方與慈善組織之間存在的道德關係與道德問題都需要慈善倫理作出回答，且都需要倫理道德加以審視與規範。

2、受助方與慈善組織之間的倫理問題。毫無疑問，建立良好的受助方與慈善組織之間的關係是實現捐贈方善良的慈善意願的重要平臺。在此種關係中，第一，受助方與慈善組織的責任與權利有何不同的問題；在救助與援助過程中受助方與慈善組織應遵守什麼樣的道德規範的問題。第二，爲了不傷害施助人的情感，受助方能否如實地提供自己的眞實、有效信息，並且確保所接受的善款善物眞正用於自己的生存和發展上，而不是違背慈善本義另作他用。第三，慈善組織能否本著對捐贈方負責任的態度，盡力做到其所捐贈的錢物用於眞正需要的弱勢群體，且按照當初捐贈時具體的協議規定盡可能地對受助方進行嚴格的監督並跟蹤調查善款善物的使用情況。所有這些本身

就是一個倫理問題，也都需要慈善倫理去加以規範和指導。

3、慈善組織以外的慈善主體與受助方之間的倫理問題。在慈善活動中，有些慈善主體由於捐贈給慈善組織而不直接與受助方產生關係。從尊重慈善意願的角度來說，也有很多慈善主體願意對受助方進行直接救助與援助，從而建立起一種直接的道德關係，比如陳光標與受助者之間的道德關係。在這種道德關係中同樣存在著如下幾點道德問題：第一，需要釐清施助方對弱勢群體的救助行為是道德權利還是道德義務，以及接受救助與援助是否是受助方的道德權利。第二，需要釐清施助方和受助方在慈善活動中享有何種權利和他們各自權利的依據；以及二者權利有何不同之處，二者的關係。第三，需要釐清施助方和受助方在慈善活動中應履行何種義務和他們各自履行義務的依據；以及二者履行的義務有何不同，二者的關係。此外，從倫理道德的意義上來看，施助方和受助方的權利和義務有何種關聯；從慈善活動互動中來看，二者應該遵守什麼樣的倫理道德要求，而不是施助者就高高在上，受助者就低聲下氣等。這些也都是需要慈善倫理作出回答的問題。

4、慈善主體參與慈善活動的道德自覺與道德動機問題。第一，我國公民和企業的慈善自覺意識相對薄弱，參與慈善活動積極性普遍較低。因此，如何正確看待財富人生，如何處理好追求物質財富和精神享受的關係，以及幫助社會大眾認識慈善活動對於實現個人和社會價值的意義，使人人形成參與慈善的道德自覺和為公益服務的道德觀念成為了慈善倫理的應有之義。第二，參與慈善活動的動機也是慈善活動中的核心倫理問題，並且道德自覺往往也與慈善主體的動機相關聯。中國古語云：「有心為善雖善不賞，無心為惡雖惡不罰」。這種傳統的道德評價思維模式深深地影響著國人對人們的日常行為的道德判斷。然隨著社會時代的變遷，這種道德評價思維模式顯然已不符合時代的要求。其實，政府、捐贈方、慈善組織、受助方等各自對具體的慈善行為有著不同的期盼，從而在具體的慈善活動中各方的動機是多元的。因此，如何協調慈善活動中各參與方的道德動機之間的關係，以及開展對具體的慈善行為進行道德的善惡評價乃是當代中國慈善倫理值得研究的一個重要問題。

5、慈善事業發展中的公平、公正問題。這主要包括慈善活動中資源分配的公平與慈善組織發展的制度公正問題。第一，慈善可以理解為第三次分配，這種分配雖然不是政府主導的行為，但同樣涉及資源配置的公平問題。

在慈善活動中所能支配的資源非常有限，因爲這本身是社會成員節儉行爲的成果。而基於慈善活動資源的這一特點，這些資源的配置便不僅關涉到施助方的愛心能否得到實現，更關涉到有限的資源能否發揮其應有的功能，從而實現慈善活動的目的。這無疑是慈善活動中一個不容迴避的重要命題。因此，如何使慈善資源得到有效利用，如何在當前條件下使慈善資源在面向官方與非官方、公募和非公募慈善組織時得到公平獲取，均成爲了慈善倫理探討的重要話題。第二，要形成一種生動的慈善參與局面，慈善事業的發展有賴於大力發展各類慈善組織。在當前的國情下，如何形成一種同時有利於官方與非官方、公募和非公募慈善組織發展的公正慈善制度，也是慈善倫理研究的一個重要問題。

從以上四小節對「慈善倫理何以可能」的論證中，我們可以看到，一方面，作爲人類爲什麼會產生慈善的「財富本質屬性使然、社會運轉的內在要求、慈善人自身道德認知」三個理論層面的論述充分說明了慈善倫理成立的學理基礎。而如何提升這些理論內涵，促使人們形成一種道德自覺，從而更加積極主動及時行善，本身也是慈善倫理的應有之義和急需積極倡導的倫理精神。另一方面，在當今慈善實踐活動中出現的慈善亂象，比如「假捐」、「詐捐」、以及喊口號式的「裸捐」、「慈善組織、捐贈方、受助方三者之間出現的尷尬與爭執」等不正是道德自覺性不高、道德動機不合理的生動體現嗎？不正是慈善誠信缺失與慈善發展體制、機制不公與不健全的生動體現嗎？不一而足，這些都是當前中國慈善倫理缺失的表現。所以，即使把「慈善」作爲一種特殊的社會活動與現象來看待，對「慈善」加以倫理審視也是十分必要的。系統的審視與論證得出的便是認爲原本就是道德的「慈善」似乎已經變得不那麼純粹。在當今功利主義盛行的社會，人們對究竟什麼才是真正意義上的慈善陷入了認知上的困惑。面對慈善亂象的時代，「慈善」無疑需要倫理道德加以規範和指導，這樣便產生了慈善倫理理論論述的需要，凸顯了構建慈善倫理的必要性與重要性，也構成了慈善倫理成立的現實基礎。毫無疑義的，不管是從對慈善倫理成立學理上的論證還是聯繫當今中國慈善活動的實際狀況，「慈善倫理」不但是可能的而且是完全成立的。因爲慈善倫理的終極目的就是要消除當今中國慈善的困惑，使「慈善」還原到「應然」的狀態，從而更好地推動中國現代慈善事業不斷發展。

第二章　中西慈善倫理的思想資源
及其現代啓示

慈善倫理思想資源古已有之。概而言之，慈善倫理的思想資源主要包括中國傳統慈善倫理思想資源和西方慈善倫理思想資源。這兩種思想資源既存在著相似點，又包含著不同的特徵。構建中國現代慈善倫理必須有賴於對兩者的辯證分析，有賴於慈善實踐的觀照，捨此之外，別無他途。因此，追溯中西慈善倫理思想資源也可以理解成是爲構建中國現代慈善倫理做理論資源的準備。

第一節　中國傳統慈善倫理的思想資源

中國傳統慈善倫理思想資源起源於古代氏族社會，發展至近現代已經取得了較爲完備的理論形態。應當肯定，中國傳統慈善倫理思想資源具有豐富的內容，它幾乎涵蓋了諸子百家的基本思想，構成了中國現代慈善倫理的源泉之一。

一、主要內容

慈善倫理思想資源的起源和慈善實踐的萌芽具有同步的特徵。總體看來，和慈善實踐一樣，慈善倫理思想資源也是起源於農牧社會。法國的阿爾貝特・史懷澤描述了人類歷史發展的過程性質。他認爲：「人類並非從來就具有人道理想，它的實現是個歷史過程。」〔註1〕在人類歷史發展的早期，人類

〔註 1〕〔法〕阿爾貝特・史懷澤：《敬畏生命》，陳澤環譯，上海：上海社會科學院出

實際上處於野蠻狀態，和動物、野獸毫無二致。人與人之間遵循的是弱肉強食的叢林法則。人性中彌漫的是獸性而非人道的制約原則。人們之間常常爭鬥、仇殺，社會毫無秩序。所幸的是，伴隨著社會生產力的發展和人類文明的進步，人道主義的原則逐步擡頭，終於迎來了人類慈善倫理的曙光。

農牧文明產生了慈善倫理思想資源，但這一思想的產生並非是一蹴而就的。在人類文明逐步發展的歷史進程中，人的勞動和實踐的發展推動了人的社會意識的進步。在此之中，人的慈善倫理意識也逐步萌發。人類已經漸漸認識到，人們之間唯有以友善取代仇殺、以合作代替衝突，才能得到更好的發展。這正如漢代名儒董仲舒所說的，在父母兄弟的人倫秩序和君臣的等級尊卑下，才能產生合理和秩序井然的社會。「燦然有文以相接，歡然有恩以相愛，此人之所以貴也。」〔註2〕伴隨著農牧文明的向前邁進，在災難頻發的中國古代社會下慈善活動得以相應的發展。於是，和慈善實踐相伴而生的慈善倫理思想資源也得到了極大的豐富。中國古代社會慈善倫理思想資源在氏族社會主要表現爲「損有餘而補不足」〔註3〕的觀念。而至原始社會末期，在對自然和祖先崇拜的過程中，人們逐漸地生成了圖騰崇拜。這種圖騰崇拜使得慈善倫理的思想資源獲得了較爲明晰的形態。在圖騰崇拜意識中，人們被要求要互助互愛，共同生活。以此看來，圖騰崇拜對慈善意識的產生具有直接的推動作用。〔註4〕除此之外，社會的習俗同樣對慈善倫理的產生造成了直接的作用。在當時，氏族成員被要求要團結互助，要尊老愛幼，以及要援助那些需要幫助的弱者。毫無疑問，氏族社會的這些淳美的風俗自然而然成爲了後世慈善倫理不竭的源泉。

在中國，明確的慈善倫理思想資源約產生於西周時代。著名的典籍《尚書》、《易經》等均有詳細的記載。譬如《尚書》一著就提出了「善心」的慈善倫理概念。該書清晰表明了懲惡揚善的基本思想，要求世人積德行善。這雖然是統治者的基本倫理統治理念，但是對於後世慈善倫理思想的發展具有重要的意義。毋庸置疑，中國古代慈善倫理的思想資源經由春秋戰國時期至秦始皇統一中國後幾千年封建社會以來都得到了不斷的完善與發展，形成了

版社 1992 年版，第 107 頁。

〔註 2〕 《漢書・董仲舒傳》。

〔註 3〕 《老子》第七十七章。

〔註 4〕 王處輝：《中國社會思想史》，北京：中國人民大學出版社 2002 年版，第 31 頁。

中國古代社會自身的慈善文化特色。倘若對內容極其豐富、龐雜的中國傳統慈善倫理思想資源進行總體梳理，便可知中國傳統慈善倫理思想資源主要體現在儒家、佛家、道家和墨家等思想方面。

（一）儒家：仁義之慈

儒家思想在兩千多年的中國社會中起到了歷史主導的作用。「仁愛」構成了儒家思想的內核，而「民本」以及「大同」等思想構成了儒家思想的基本內容。由於儒家思想注重「仁義」的特點，故我們將儒家思想關於慈善方面的思想歸結爲「仁義之慈」。

1、關於「仁愛」的思想

「仁愛」是儒家倫理思想的核心。儒家典籍對「仁」的意義做出了詳細的闡釋。孔子說「仁者，愛人」。〔註5〕許愼的《說文解字》說：「仁，親也，從人從二。」〔註6〕於此可見，「仁」一詞解釋的是二人以上的人際關係，它要求人們在人與人之間要學會「親」、「愛」，這構成了中國古代社會樸素的人道主義觀念的濫觴。當然，儒家的「仁愛」觀念並沒有離開它所闡述的社會的基本秩序。「仁」必須遵循孝悌的人倫秩序，其中首要的人際關係就是「血親關係」。當孔子把「仁愛」思想進行推延，擴展到人類社會的整個群體時，這一思想的道德價值便得到了昇華。《論語》提出：血親之愛當然可以做出「泛愛眾」的推廣，「泛愛眾而親仁」〔註7〕，而「泛愛眾」的標準就在於「禮」。孔子對此說道，「克己復禮爲仁」。〔註8〕在孔子看來，「仁愛」的範圍是極爲廣大的，它已經擴展爲人類整個社會的歷史範疇。「仁愛」做爲慈善倫理的基本概念，必須滲透進理性的思維。並且，若要實現「仁愛」理念，就必須憑藉「忠恕之道」。簡而言之，「忠恕之道」就是指「己欲立而立人，己欲達而達人。」〔註9〕這一觀念就是要求在人際人倫交往中，必須注意設身處地的爲他人著想，努力做到「己所不欲，勿施於人」，「君子成人之美」。應當肯定，孔子的這些思想爲「仁愛」慈善倫理觀的踐行找到了合理的路徑。

〔註5〕《論語·顏淵》。
〔註6〕許愼：《說文解字》，北京：中華書局1963年版，第161頁。
〔註7〕《論語·述而》。
〔註8〕《論語·顏淵》。
〔註9〕《論語·雍也》。

作爲孔子思想的繼承人，亞聖孟子找到了「仁愛」思想的人性論的基礎。孟子認爲，人性「善」構成了「仁愛」倫理的理論基礎。所謂人性「善」，就是指人性之中天然存在著的「惻隱之心」與「不忍之情」，這種人性善的本能構建了人的道德基礎。孟子說：「人皆有不忍人心者，今人乍見孺子將入於井，皆有怵惕惻隱之心。」〔註10〕孟子這裏提出的人性「善」的理論與西方思想家們倡導的「慈善」一詞具有相似的意義。兩者都強調人類慈善活動必須具備「慈愛」之心，都認同人的「善」，構成了人類德行的倫理基礎和原動力。休謨就曾提出：「憐憫與慈善關聯，慈善借一種自然的和原始的性質與愛發生聯繫。」〔註11〕孟子認爲，「仁愛」的倫理作用不僅僅存在於社會生活領域，起著調節人們的生活秩序的作用，而且存在於社會政治生活領域，對人們的政治行爲起著調控作用。他肯定，一旦君王將「仁愛」美德推己及人，推廣到社會政治領域並努力做到尊民、親民、愛民，那麼，天下大治的目標就會達到。「先王有不忍人之心，斯有不忍人之政矣，以不忍人之心，行不忍人之政，治天下可運之掌上。」〔註12〕所謂「保民而王，莫之能敵」就是這個意思。應該說「仁愛」思想構成了中國傳統慈善倫理思想資源的核心價值理念，對構建中國現代慈善倫理具有重要的啓示價值。

2、關於「民本」的思想

「民本」思想也是儒家思想的重要範疇。它和「仁愛」思想一樣共同構成了中國社會慈善觀的基本來源，也成爲中國古代社會政府慈善觀的重要基礎。實際上，由於中國古代慈善具有濃厚的官方色彩，從「仁愛」思想出發就能夠邏輯地得出「民本」的慈善倫理理念。早在殷商時期，「民本」思想就已經萌芽了。至春秋戰國時期，「民本」的思想在《國語》、《左傳》等典籍中都得到了充分的闡釋。《國語》明確提出「民爲邦本，邦寧則國固」。而到孔子和孟子時代，民本思想得到了更進一步的系統化。孔子認爲，爲政必須要以民爲本，並施以德政。他對季康子說：「子爲政，焉用殺？子欲善而民善矣。」〔註13〕孟子繼承了孔子的思想並進一步作了系統性的概括。他說：「民爲貴，君爲輕，社稷次之。」「得天下有道：得其民，斯得天下矣；得其民有

〔註10〕 《孟子·離婁下》。
〔註11〕 〔英〕休謨：《人性論》，關文運譯，北京：商務印書館1980年版，第420頁。
〔註12〕 《孟子·公孫丑上》。
〔註13〕 《論語·顏淵》。

道：得其心，斯得其民矣；得其心有道：所欲與之聚之，所惡勿施爾也。」〔註14〕並且認爲「保民而王」的基本途徑就是「爲民制產」。作爲儒家學說的三聖，荀子繼承和發揚了孔子和孟子的思想，提出君主如同舟楫，而民眾猶如行水的論斷。荀子甚至認爲民本思想就是體現爲實實在在的扶危濟困的慈善實踐。他說，君主就是要使百姓「節用裕民，而善藏其餘，歲雖凶敗水旱，使百姓無凍餒之虞。」〔註15〕惟其如此，方能實現老有所養、幼有所扶的理想社會。

　　「民本」思想在後來的中國社會中發揮了積極的作用。正是在這一思想的指引下，唐太宗李世民看到了人民群眾的歷史作用，提出了君爲舟，民爲水，水能載舟亦能覆舟等觀點。在慈善實踐中，其後的歷代統治者也都受到「民本」思想的影響而十分重視推行「仁政」。一大批諸如慈幼局、養濟院、普濟堂等官辦慈善機構如雨後春筍般紛紛興起。直至近代，以「民本」思想爲指導的慈善制度作爲一項國家制度被確立起來。這些都充分證明了中國古代「民本」思想對慈善的深遠歷史影響。

3、關於「重義輕利」的思想

　　在兩千多年的封建社會的發展過程中，儒家「義利觀」對社會慈善實踐的發展起到了極大的推動作用。儒家「義利觀」強調在處理「義」和「利」的關係時，必須將「義」放在第一位，而把個人利益，即所謂的「利」放在第二位。孔子就曾經提出：「君子喻於義，小人喻於利。」〔註16〕應當指出，孔子的這一「義利觀」和他所倡導的「仁愛」思想是一脈相承的。正是由於強調個人對集體利益的服從，強調要「克己復禮」，因此「重義輕利」的思想才成爲邏輯的必然。孟子的「義利觀」與孔子的思想完全一致。孟子對義的內涵做出了價值觀上的挖掘。他認爲，吃喝玩樂與名利富貴都是暫時的，而道義的追求則是人生的主要目標。在孟子看來，義利之分已經成爲劃分君子和小人的重要標準。

　　正是在儒家「義利觀」的薰陶下，中國古代的慈善事業得到了大力的發展。人們常常在世事艱難之時能夠看到不少的開明人士舍利而取義。他們孜孜不倦地從事著慈善事業，在實踐上推動了中國慈善事業的發展。雖然「士

〔註14〕《孟子・離婁上》。
〔註15〕《荀子・王制》。
〔註16〕《論語・里仁》。

農工商」已成爲封建社會的階層序列，但以晉商、徽商等爲代表的商人階層，總能夠在國家危難、時運艱難、人民困苦之際扶危濟困，發起了令後人敬仰的慈善活動。不可否認，儒家「義利觀」是富有積極意義的，它構成了慈善倫理的重要範疇。

4、關於「大同」的思想

與西方社會柏拉圖提出的理想國極爲相似。中國古代的慈善觀也包含著自身的理想追求，這種追求就是「大同」，它是由以孔子爲代表的儒家提出的。《禮記‧禮運》描繪了具體的大同社會，文中寫道：「大道之行也，天下爲公，選賢與能，講信修睦。故人不獨親其親，不獨子其子，使老有所終，壯有所用，幼有所長，鰥、寡、孤、獨、廢、疾者皆有所養；男有分，女有歸。貨，惡其棄於地也，不必藏於己；力，惡其不出於身也，不必爲己。是故謀閉而不興，盜竊亂賊而不作，故外戶而不閉，是謂大同。」〔註17〕那麼，怎樣才能達到「大同」呢？孔子主張在財富佔有上必須實行均等的分配政策，以避免窮人和富人的兩極分化。他提出了儒家千百年來倡導的方法，即所謂「聞有國有家者，不患寡而患不均，不患貧而患不安。蓋均無貧，和無寡，安無傾。」〔註18〕孔子還十分推崇「三代之治」的國家管理模式，即「老者安之，朋友信之，少者懷之」。〔註19〕孔子認爲「三代之治」就是一個令人嚮往的和諧盛世。在那裏，人類可以實現貧富的無差別化，人與人之間均能和諧相處，老少都能得宜。

不可否認，儒家所倡導和追求的「大同」理想在現實生活中往往是幼稚和可笑的。它把理想更多地寄託在了平均主義上，具有空想的性質。但是，作爲慈善倫理的重要思想資源，儒家的「大同」理想反映了中華民族的美好嚮往。縱觀此後中國歷史的發展，中華民族始終沒有放棄對美好大同社會的孜孜以求。這當中既有陶淵明的《桃花源記》的絢爛的遐想，也有康有爲《大同書》的論證，還有洪秀全太平天國對男女平等、有田同耕的現實踐行。而在慈善的意義上，「大同」理想更成爲了不少有識之士現實中慈善追求的倫理導向。

〔註17〕《禮記‧禮運》。
〔註18〕《論語‧季氏》。
〔註19〕《論語‧公冶長》。

（二）佛教：修善濟世之慈

在中國傳統慈善倫理的思想資源中，佛家思想佔有重要的地位。在完成中國化之後，佛教思想與儒家思想雖有相似之處，但也有自身的特點。作為對中國社會思想影響最大的教派，佛教在產生後就積極地推進慈善事業的發展，因而包含著豐富的慈善倫理思想資源。

1、關於「慈悲觀」的思想

在佛教看來，「慈悲」反映了人們慈善修行的至高境界，表達了對世人深切的關懷，因而構成了世人積德行善、救苦救難的宏大誓願。所謂「慈」，即指關愛眾生、為他們帶來無盡的快樂和幸福。所謂「悲」，是指對眾生所受災難給予深切同情，並竭盡全力地救度其苦，使他們走上幸福的生活道路。正因為慈悲觀在佛教中佔據核心地位，反映了佛教的思想精髓，故佛教又被人稱為「慈教」。

具體而言，佛教「慈悲觀」的思想有著十分複雜的內容。一方面，佛教認為人生充滿了苦難和災愆，這就產生了擺脫苦難、救度世人的問題。另一方面，為配合這一任務的完成，佛教的慈悲思想在與儒家思想的碰撞與融合中完成了向大乘教義的轉換。佛家由此認為，慈悲觀的根本就是要解除眾生的苦難，就是要用出世之心關心眾生，使他們走出苦海而後享受快樂，把「度人與利他視為自度與自利」。這些都為救助社會弱勢群體使其擺脫困境找到了合理解釋，成為了中國慈善倫理寶貴的思想資源。

2、關於「修善功德」的思想

「善惡」也是佛教慈善觀的重要範疇，但佛教「善」的標準在於佛理，即要符合佛教的基本教義，符合宇宙真理和人的本性。佛教並不注重對未來幸福的祈禱，而是十分注重自身積累的善業。佛教認為，「善」是無條件的作為，比如《延壽經》就教導人們「如輕小善不成佛，是滅世間佛種。」〔註20〕因此，人一方面需要學習和明瞭佛經教義，另一方面更需勤於積累善業，以求功德圓滿。

佛教也非常注重行善的「布施」等方法。他們認為，人們修善、修行最根本的方法就是「修福田」。所謂「修福田」就是指如同農民播種耕地一樣，修善必須廣積善緣，務求引導眾生修行積德，遠離災愆。不可否認，佛教的

〔註20〕《延壽・萬善同歸集》。

這一觀念對推動慈善事業的進步有著特殊的意義。正是在這一思想的指引下，中國古代社會的富人一般都十分注重「福報」、「修福」。自漢唐以來，富人們非常支持民間慈善事業的發展，開展了濟貧、賑災、醫療等多方面的慈善活動。

3、關於「因果業報」的思想

與道家的神明監督觀相似，佛教找到了對眾生行為進行約束的道德力量，這就是「因果業報」說，亦稱「果報論」。所謂「業」，是指人們的一切言行和從事的所有活動的總和。第一，佛教認為「業」有三業之分，即「身、口、意」三方面。第二，佛教也認為業有三報。其一，為現報，即當下因善惡引起的樂與苦；其二，為生報，即今生善惡業造成的來生報；其三，為今生造業引起的千百生的受業。佛教強調今生造業在來世無窮遭受果報，由此形成了善惡果報無限循環的六道輪迴。雖然佛教的這一理論帶有命定論的色彩，但是其所倡導的慈善造業對中國慈善倫理的發展確實有著十分重要的意義。它告誡人們今生不能得到幸福，通過善業才能夠為後世累積幸福的果報；在慈善的倫理層面對人們的動機和行為具有導向作用。應該說，佛教的這一思想儘管包含著一些神秘論的觀點，但為中國慈善倫理提供了鮮活的思想資源，從客觀上促進了中國社會慈善事業的發展。

（三）道家：勸善成仙之慈

在中國古代思想中，道家和儒家、佛教一樣，並稱為中國的三大文化主幹。直至東漢末年，道教宣告成立，它標誌著道家已成為中國本土化的宗教。以《老子》、《莊子》、《黃庭經》、《抱朴子》等典籍為代表的道家與道教學說宣揚少私寡欲、自然無為，善惡報應、積德行善等觀念，構成了中國傳統慈善倫理思想資源的一個重要源泉。由於道教是以「道家」為源頭髮展而來的，很多學者也視二者為同一概念。故筆者於此把二者合為一體進行闡釋。

1、關於「見素抱樸，少私寡欲」的思想

在人性的問題上，老子認為人最初的本性是素樸且沒有過多私欲的。他十分反感社會的動亂不安，且認為造成人的浮華、多欲的根源在於社會的紛爭。因此，人最好回到那無私無欲的原始自然狀態之中。基於此，老子提出了自己的倫理道德觀。他認為在原始社會中，人的本性狀態最為自然。人們互相孝慈、互相幫助，人們之間融為一體，親密無間。在這裏，並不存在任

何的智慧、仁愛、禮節以及階級。老子強調，智慧和仁愛這些反人的自然本性的東西毀掉了一切。他說：「大道廢，有仁義；智慧出，有大僞；六親不和，有孝慈；國家昏亂，有忠臣。」〔註21〕對於「聖人」，老子也有自己的獨特看法。他認爲，聖人無欲，如同嬰兒一樣。因此，人類最好的狀態是回到無私無欲、沒有智慧存在的自然樸素的狀態。

　　老子對傳統的倫理觀持批判的態度。他提出了自己的「三寶」原則，即「一曰慈，二曰儉，三曰不敢爲天下先。」〔註22〕這裏的「慈」是道家的重要倫理準則。所謂慈，就是慈愛、慈善的意思。老子主張「慈」的倫理道德既要求人們之間要互相關愛，互存慈愛之心。而且要求統治者要善待民眾，愛惜百姓。在老子看來，聖人具有道德模範的意義，因爲聖人有完美的善的道德，他對人的慈愛是無條件的。老子說：「聖人常善救人，故無棄人；常善救物，故無棄物。」〔註23〕不僅對聖人，而且對普通的民眾，老子也提出了一定的慈善道德規範。他認爲，聖人的慈愛品質雖然不能完全爲普通人所傚仿，但是世人應當學會損有餘而補不足，尤其是那些富人更應當將財產無償地分給窮人，扶危濟困。老子的這些思想對後來的慈善發展產生了不可估量的影響，尤其對當今倡導富人積極投入慈善事業具有重要的現實意義。

　　2、關於「積德行善、勸善成仙」的思想

　　道家勸善成仙的觀點尤其引人矚目。道家看來，「道」的規律就是要引導人們善待芸芸眾生。老子認爲，對善人和不善之人都能夠做到慈愛，這是慈善的道德基礎。莊子贊同老子的觀點，提出了勸善得道並能羽化成仙的論斷。隨著其思想的發展和成熟，道教至唐代日益追求精神的成仙，而非肉體的得道。「欲求長生者，必欲積善立功，慈心於物，恕己及人，仁逮昆蟲，樂人之吉，愍人之苦，賑人之急，救人之窮……如此乃爲有德，受福於天，所作必成，求仙可冀也。」〔註24〕正是在這種追求精神羽化的過程中，道教逐步形成了勸善的倫理教化思想。

　　概而言之，道家與道教所大力倡導的積德行善的觀點主要包含以下幾個方面的內容。其一，認爲積德行善才能羽化成仙，而縱惡行兇則會與成仙的

〔註21〕《老子》第十八章。
〔註22〕《老子》第六十九章。
〔註23〕《老子》第二十七章。
〔註24〕《抱朴子・內篇》卷六。

本意背道而馳。道教強調，只有積德行善滿了八百，而與之相應的陰功累計三千，人們才會獲取成仙的機會。其二，道家十分強調捨己為人的犧牲精神，認為他人的生命更為重要。其三，道家由於強調聖人持而不據的觀點，因此在慈善事業上，他們也提倡功成身退的思想。譬如老子就認為：「生而不有，為而不恃，功成而不居。」〔註25〕其四，強調要體恤貧病者和孤老者，認為造福他人就是自己最大的幸福。

3、關於突出「神明監督，因果報應」的思想

道教的思想對儒家和上古思想也有所學習借鑒。譬如，將儒家倫理觀念和上古「神道設教」的觀念結合起來就形成了神明監督、因果報應的思想。道家並不一味地反對神明論，他們也設置了天神——司命，並指出司命能夠主宰人們的善惡懲罰。行善必能受到獎賞，而作惡也將受到司命的懲戒；行善者長壽消災，作惡者屢遭報應。這就是道教的「承負說」。雖然這種學說具有神秘性，但是對社會慈善事業的推進，對社會秩序的穩定確實起到了積極的作用。所謂「擡頭三尺有神明」，正是此意。

（四）墨家：兼愛之慈

除了儒、釋、道之外，筆者認為還要談談「墨家」思想。正如韓非子在《韓非子・顯學》中明確提到的那樣，在當時，墨子創立的墨家學派也是顯學。與儒家的不同點僅在於儒家構建了上層社會的道德文化，而墨家則主要側重於為底層平民階層提供道德文化的資源。

1、關於「兼愛」的思想

「兼愛」思想作為墨家思想的核心，它得到了此後的思想家們的贊同和認可。《呂氏春秋》和梁啓超的《墨子學案》都認為，墨家學派雖然包含有不同的綱領和觀念，但其核心觀點就是「兼愛」。

兼愛一詞由「兼」和「愛」共同組成，是墨子的獨創。「兼」即彼此、互相的意思，而「兼愛」就是提倡彼此相愛、互相救濟的意思。它由衷地反映了廣大底層人民群眾互相愛護、互相施救去實現自己理想的樸素的道德觀念。「兼愛」思想實際構成了墨子為實現理想而設計的理論工具，也是他們為之奮鬥的共同理想。他認為，治理天下必須尋根究底地找到國家陷於混亂的緣由。在他看來，天下紛紛擾擾的根本原因在於人們之間不能實現「兼相

〔註25〕《老子》第二章。

愛」。因此，根治社會弊病的救世良方莫過於「以兼相愛交相利之法易之」。
〔註26〕他設想，「視人之國，若視其國；視人之家，若視其家；視人之身，若視其身」，〔註27〕那麼，人世間的一切怨憤、一切仇恨都能得到化解，則「若此則天下治」。〔註28〕當然，墨子的兼愛思想和儒家的仁愛觀還是有差別的。後者強調按照尊卑貴賤和親疏關係確定人與人之間的仁愛關係，而前者則主張摒棄一切地位、身份、財富等差異的仁愛。顯然，墨家主張的無差別的兼愛更加符合現代慈善倫理的要求。

2、關於「貴義尚利」的思想

在「義和利」的關係上，墨家的觀點和儒家有所不同。概而言之，後者主張重義輕利，而前者則主張義利合一，主張貴義尚利。在墨子看來，「利」本身並不是罪惡的道德範疇，相反地，「利」也是善的道德德行。他強調，一切的行爲標準莫過於興利除害。「利」本身並不是惡，它是善，因爲「仁之事者，必務求興天下之利，除天下之害。」〔註29〕在這裏，墨家顯然將利人當做了實現善的重要手段。愛人就必須利人，而利人的目的不外乎愛人。在墨家的思想中，「兼相愛」和「交相利」已經實現了等同，「義」和「利」實現了匯通，貴義也就是尚利。當然，墨子的「利」並不就是一般意義的自私自利的個體利益，而更多的是指天下的大利，實現了天下的大利也就等於實現了大義。爲了實現這一倫理目的，墨子主張人們之間應當「交相利」，這就是說人們之間應當互相幫助、互惠互利，而不是漠不關心。墨子十分反對人們之間的「害人」、「害天下」的反道德行爲，認爲這是道德和不道德的區分標準。他強調，是否是公利的劃分標準，直接區分了人們的道德行爲，而那些利人、利天下的行爲就在於他們「財多，財以分貧也」。〔註30〕如果人們眞正具備了這樣的樂善好施的品性，則「饑者得食，寒者得衣，亂者得治」，天下何愁不能大治。

從積極的方面看來，墨家的「義利」觀顯然較儒家在今天更富有實踐的意義。它一方面不反對人們對金錢和財富的追求權利，認爲這樣有利於創造更多的社會財富，爲慈善事業打下堅實的物質基礎。另一方面，它又能夠將

〔註26〕《墨子‧兼愛中》。
〔註27〕《墨子‧兼愛中》。
〔註28〕《墨子‧兼愛上》。
〔註29〕《墨子‧兼愛下》。
〔註30〕《墨子‧尚賢下》。

人們對「利」的追逐和對慈善事業的追求統一起來。這不能不說是具有歷史的合理性，甚至可以認為它與文藝復興時期的人本主義具有相近的一面。此外，墨家十分強調「義」作為手段的重要性，認為「利」是「義」的內容和目的，「義」是實現「利」的手段。應當承認，墨家「義利」觀的這一理論特點對培養古代人民樂於助人、扶危濟困的慈善風尚發揮了重要的作用，產生了偉大而深遠的歷史影響。聯繫當今各種慈善主體參與慈善的「動機」，從墨家的「貴義尚利」思想出發無疑可以給予合理的解釋。

3、關於「賞善罰惡」的思想

徹底的天命論思想是墨家所堅決反對的。但是，墨家的賞善罰惡的思想同樣創造了客觀唯心主義的人格神——「天志」。墨子認為，不要認為「天」是沒有意志和靈魂的，因為「天」本身就有意志，倘若人們做了傷天害理的事情，上天就會懲罰他們；而相反地，倘若人們積德行善，做有關善的事情，那麼上天就會獎勵他們。「故置此以為法，立此以為儀，將以量度天下之王公大人卿大夫之仁與不仁，譬之猶分黑白也。」〔註31〕墨子還聯繫自己的「兼愛」的觀點，對此做出了進一步的理論發揮。他認為，「天志」就是要符合「兼相愛、交相利」的道德標準，否則，人們就會受到嚴重的懲罰，即所謂「反天意者，別相惡，交相賊，必得罰。」〔註32〕墨子進而認為即使在普通的民眾之中鬼神還是存在的。人們的一切行為都會遭到鬼神的監督，並會因自己的不善之舉而受到懲戒。

在這裏，墨家思想的階級局限性和歷史局限性得到了充分的暴露。作為小資產者的代表，墨子顯然無法掌控統治階級的善惡行為。他只能寄託所謂的天神的意志才能對統治者的行為作出善惡的裁決。然不可否認，墨子的「賞善罰惡」的思想對人們慈善行為的矯正還是具有一定的意義，尤其對於矯正當今的「偽慈善」無疑具有心靈的監督作用。

4、關於「志」、「功」以及「非攻」的思想

第一，墨家對人的道德行為的評判十分強調「動機和效果」的統一。墨子提出了「合其志功而觀」〔註33〕的思想。他認為，人們的動機和行為的效果都十分重要，不能拋開效果只談動機，也不能摒棄動機而只考量效果。在

〔註31〕《墨子・天志中》。
〔註32〕《墨子・天志上》。
〔註33〕《墨子・魯問》。

「志」、「功」的關係上，必須實現動機和效果的內在統一。此外，墨子還十分強調要努力使得「志」轉化爲「功」。至墨家思想發展的晚期，墨子就更爲強調務實的態度，突出了利他性，認爲一切主要看人們的實際行爲效果。而這一點對中國後世的慈善活動的實施起到了積極的推動作用，對慈善的道德評價給予了合理的解釋。第二，在「非功」的思想上，墨家主張不可濫殺無辜，而要體恤弱者、積極備荒。這對中國古代慈善救濟思想的發展起到了有力的推動作用。墨子認爲，五穀是人民群眾備荒救災的主要物資，因此必須大力儲備。他說：「凡五穀者，民之所仰也，君之所以爲養也。」〔註34〕在墨子這一思想的影響下，此後中國社會的義倉、常平倉等開始得到了政府的大力扶持。歷代統治者都十分重視義倉的救濟作用，直至近現代中國社會也亦然。

綜合而言，中國傳統慈善倫理的思想資源主要體現爲儒、釋、道及墨家等幾大流派。其中，尤以儒家、道家以及佛教的思想爲主，皆具有深遠的歷史影響力。迄今爲止，一方面「仁者愛人、以人爲本」等思想已經發揮了深刻的歷史作用，而被現代中國所繼承；另一方面，得益於傳統慈善倫理思想資源的豐厚澆灌，中國慈善事業得到了長足的全面的發展。應當承認，弘揚傳統慈善倫理思想資源即使在推進中國現代慈善事業中也具有十分重要的意義。

二、基本特徵

在漫長的中國古代社會中，中國傳統慈善倫理思想資源發揮了積極的作用，爲中國慈善事業的發展做出了不可磨滅的貢獻。在慈善事業的實踐中，上至皇帝、達官貴人，下至黎民百姓、普通群眾，中國傳統慈善倫理思想資源都有著極爲重要的導向作用。毫無疑問，中國傳統慈善倫理思想資源具有其自身鮮明的特徵。總體來說，具有以下幾個方面的特徵：

1、反映了中國優秀傳統文化的核心與精髓

應當肯定，中國傳統慈善倫理思想資源的來源是多方面的。它既包含著儒家「仁愛」的基本思想，又包含著墨家的「兼愛」和「非攻」的理論，也包含著道家的「積德行善、勸化成仙」的思想，更包含著佛教的「普度眾生」

〔註34〕《墨子・七患》。

等基本理念。可以說，中國傳統慈善倫理思想資源反映了中華民族的優秀文化，反映了中國人民生生不息的民族特性與優良品德。其主要表現爲勤勞、善良、智慧的民族品質；表現爲仁愛、禮讓、慈善的民族德行；表現爲樂善好施、重義輕利的民族氣質。縱觀中國傳統慈善倫理思想資源的發展歷程，人們總能發現「養老之禮」的西周的社會秩序，總能感受到陸游發出的「齊民一飽勤如許，坐食貪官每惕然」的悲憫情懷。正是在這些文化思想的滋潤下，中國傳統慈善倫理思想資源才發揮了推進歷史進步的偉大作用。中國傳統慈善文化起源於家庭，推及於社會，主張通過仁者愛人來實現少孝、中愛、老慈，進而達到齊家、治國、平天下。因此，中國傳統慈善文化與中國悠久歷史文化一樣，在世界文明歷史中留下濃墨重彩一筆。而中國傳統慈善倫理思想資源本就屬於慈善文化的重要範疇。

2、注重視人若己以及眾生平等的理論形態

在儒家、墨家、道家以及佛教的思想體系中，均存在著一個共同的思想形態，即視人若己以及注重人際平等的思想。儒家學說的特點就是講「仁愛」，並注意將其推己及人，視人若己，從而達到「己所不欲，勿施於人」〔註35〕的境界；墨家的學說強調兼愛、非攻，不僅認爲人際之間是完全平等的，而且認爲人們應當互相關愛，要像愛護自身一樣去愛護他人；道家的「道」的思想核心原本就十分注意公平無私和周流無礙，認爲人人平等，人們之間應互相善待，且由此提出了「天之道，損有餘而補不足」的思想主張；而在佛家之中，「人人皆能佛」的眾生平等說是最基本的理念。天台宗九祖湛然甚至主張，不僅人具有一定的佛性，而且萬事萬物乃至植物瓦石等也都具有佛性。佛教的禪宗更是竭盡全力地倡導世人在現實生活中要積極行善，力求造福他人。總而言之，「眾生平等、推己及人」是中國傳統慈善倫理思想資源的基本特徵之一，本著這種觀念行善是發展尊嚴慈善的應有之義。

3、注重道德踐行、富有敢於實踐的精神

中國傳統慈善倫理思想資源十分突出實踐的精神，而不是僅僅停留在理論說教上。儒教、墨家、佛教的入世精神自不必說，即便是道教實際上也是在無爲之後的無所不爲。第一，儒家的入世精神極爲顯著，孔子一向強調內聖而外王、經世致用，強調修身齊家治國平天下。儒家的這一入世踐行的精

〔註35〕《論語・顏淵》。

神品格一以貫之，直至清末的康有為、譚嗣同都具有這種顯著的理想人格。這種精神客觀上也進一步豐富了儒家的道德哲學。第二，主張身體力行是墨家的一貫特點。墨子就曾提出要把自身的一切獻身於社會，獻身於國家。應當肯定，墨家主張踐行一種積極的人生觀，要力求「合其志功而觀」〔註36〕，以達到「興天下之利，除天下之害」〔註37〕為公眾謀福利的目的。第三，與墨家相同，道家也十分主張積極入世的道德實踐。雖然道家的目的之一是為了羽化成仙，但是他們歷來十分突出為人們謀幸福，須積德立功。而老子的《太上感應篇》更是以司命神的口吻諄諄告誡人們要棄惡從善，並嚴格羅列了善惡之間的一系列的標準。第四，佛家則更為注重人們的道德實踐。為完善自身的慈悲觀，佛教製定了較為嚴格的清規戒律，強調世人須注意十善十惡。譬如，至南北朝時期，佛教要求人們不殺生，要求人們設善堂、建義局等。不可否認，中國傳統慈善倫理的思想資源的注重道德踐行，富有敢於實踐精神的這一特徵為中華民族樂善好施等美好風尚的形成發揮了積極的推動作用。

4、認為道德的踐行必須依靠外在力量的督促

毋庸諱言，沒有外在力量的監督，任何道德規範都會成為一紙空文。因此，在缺乏慈善制度的傳統中國，無論是儒家、墨家、佛家還是道教都非常注重道德倫理的可行性，認為必須依賴外在力量的監督來推動道德的踐行。當然，這種監督更多的體現為「天」、「天志」、「因果報應」等無形的神秘因素。第一，儒家提出了「知天命」、「天人合一」的思想，認為人們的一言一行都必須「畏天命，畏大人，畏聖人之言。」〔註38〕此後，在儒家的慈善倫理思想資源發展過程中，注重「天人相輔」、「天人感應」，強調「心即天」便成為了儒家道德哲學發展的基本特徵。它增強了儒家道德實踐的可行性，給人們的道德實踐賦予了外在的監督力量。第二，與儒家有相似之處，墨家也認為有一種神秘的「天志」在監督著人們的言行。根據「兼相愛」的觀念，墨家主張人們應當順應「善」的要求，摒棄惡的行為，否則人們就會受到「天志」的懲罰。第三，道家也主張善惡報應的觀念。道家的典籍屢屢告誡人們「人行善惡，各有罪福」。人若想成仙，不僅要注重內在和外在的修行，而且

〔註36〕《墨子・魯問》。
〔註37〕《墨子・非命》。
〔註38〕《論語・季氏》。

必須堅持積德立功，爲民行善，唯有如此才得以長生。第四，佛教主張「善惡報應輪迴」。這比儒家的「善惡一生報應」和道教的「前後五世報應說」更爲圓融。當然，在中國慈善倫理的思想資源中，以大同理想爲代表的追求也在客觀上影響和規範著人們的慈善行爲。上述所言都是慈善倫理道德實踐的不可忽視的監督力量。

第二節　西方慈善倫理的思想資源

眾所周知，由於宗教、歷史等各方面原因，西方社會很早就產生了慈善倫理的思想資源。這也是構建中國現代慈善倫理的理論來源之一。西方慈善倫理的思想資源和中國傳統慈善倫理的思想資源一樣，在理論上有著自己的內容體系，也有著自身的理論特點。因此，我們有必要對這些狀況進行考察，把其中有益之處作爲中國現代慈善事業發展的借鑒；同時這種考察也構成了中國現代慈善倫理構建的理論維度。

一、主要內容

經過了漫長的遠古時代的醞釀，隨著人類生產力的不斷發展，西方社會同樣也產生了自己的慈善思想和慈善事業。起初，慈善事業是作爲宗教事業的一個部分而存在的。因爲在西方社會，慈善被解釋爲基督的愛，亦或是「爲上帝而普愛眾生」等。當然，如同一切事物的發展過程一樣，西方社會的慈善事業逐步擺脫了宗教色彩，慈善的概念也從原先的對某些不幸者的施捨而逐漸擴大爲對人們社會公共生活的普遍關注。西方慈善倫理思想資源的發展和慈善實踐的推進具有同步的性質。總體而言，西方慈善倫理的思想資源包括古希臘羅馬、中世紀、近代以及現代發展時期的經典思想。

（一）古希臘羅馬時期

古希臘羅馬時期是西方慈善倫理思想資源發展的起步時代。

1、關於蘇格拉底「知識就是善」的思想

蘇格拉底是古希臘早期思想家的代表。他對善良、美好等道德範疇做出了自己的解釋。他認爲慈善在一般意義上就是「我個人獻身爲你們從事最偉大、最有益的服務，我力圖規勸你們每個人不要多想實際的利益，要更多關

注靈魂和道德的改善」。〔註39〕他還特別強調慈善也必須接受德行知識的指導，因爲缺乏這些知識的引導，人們就會使自身行爲陷入無知。他說：「一切別的事物都繫於靈魂，而靈魂本身的東西，如果他們要成爲善，就都繫於智慧。」〔註40〕蘇格拉底提出，一旦人們有了道德知識，人們就會做出善的事情。因爲人們不會無故作惡，那將是極大的無知和愚蠢。在蘇格拉底看來，知識往往就是道德和義務的認知。他認爲，倘若人們具備了這樣的知識，他們就會自然而然具備善的行爲。但是，顯而易見，蘇格拉底的這一結論是有失偏頗的。即使善是有益的，即便知識是有益的，人們也不能完全得出「知識就是善」的結論。

此外，蘇格拉底認爲，人們在世間的最高生活目的就是爲了追求「善」，因而善已經成爲人們最高的生活準則。在這一準則面前，人們對善的追求就是對知識的追求，也就是對靈魂的追求。蘇格拉底強調，人們對善的追求，對靈魂的磨礪，不過是爲了使善成爲一種習慣，成爲人們的一種基本的品格。蘇格拉底的這些觀點對於西方慈善倫理的發展具有開創性的意義。蘇格拉底的客觀道德原理的慈善內涵啓迪了後來者對慈善倫理的進一步探索。

2、關於柏拉圖的「慈善」思想

在西方倫理思想史上，柏拉圖是一個具有開創性意義的歷史人物。作爲蘇格拉底最偉大的學生，柏拉圖創立了倫理學的「智慧、勇敢、正義、節制」四大範疇。在柏拉圖的思想中，「什麼是善的生活」是其核心的理論問題。怕拉圖認爲，這是人生的價值所繫。而在實質上，這已經構成了西方哲學兩千多年來的詮釋核心。〔註41〕對慈善的闡釋，與蘇格拉底相比，柏拉圖的理論更具有體系的完整性。柏拉圖提出了「慈善」的理念之學說，並爲此構建了自己的倫理體系。

柏拉圖總是在爲自己「慈善」的理念尋求哲學本體論的合法根基。而這一點恰好與他對蘇格拉底的「善」的思想的突破是有關係的。柏拉圖將人類「善」的世界範圍分爲兩類：其一是感官可接觸到的具體的幻影世界。其二

〔註39〕〔古希臘〕柏拉圖：《申辯篇》，苗力田譯，北京：商務印書館 1983 年版，第36 頁。

〔註40〕參見北京大學哲學系：《古希臘羅馬哲學》，上海：三聯書店 1957 年版，第 166頁。

〔註41〕Alfred North Whitehead, *Process and Reality*, Cambridge: Simon & Schuster, 1929, p53.

則是對於具體的善的世界的根據，這就是「理念世界」。這個理念世界就是絕對的善，是一切善，包括慈善理念的根本依據。〔註42〕柏拉圖對具有本體論特色的慈善理念做出了具體的闡釋。他認為，具體的善並不能夠決定自身，他們只是理念世界的表現和具體的因素，故而不能獨立存在。因此，具體的善是由「理念世界」決定的。善的本性必須在於「理念世界」，這是善的根本，若不明白它的意義，則一切具體的善都不會存在。

對善的標準的絕對化，必然導致慈善理念和實踐的絕對化。這主要表現在柏拉圖的《理想國》一書中。柏拉圖反對私有制，反對私有財產，他認為這是人類一切災難的根源。他說，一個社會若要實現公平和正義，那麼就應當禁絕貧富差距。在柏拉圖看來，一個公正的社會應當實現財富的均等。人們不應當為了某一個階層的利益而去損害整個社會的利益。因此，最理想的慈善社會，應當是共產製。誠然，對善的本體論的探討研究，柏拉圖具有開創性的意義。可是，對於具體的慈善來說，柏拉圖的思想是不切實際的。他對慈善的合理性的解釋往往建立在絕對化的理論假設上。因此，他所設想慈善的實際步驟也是遠離現實的。

3、關於亞里士多德的思想

亞里士多德是柏拉圖的學生。作為古希臘「最偉大的思想家」，在當時，亞里士多德的思想超越了智者普羅泰格拉派、柏拉圖思想派以及德謨克利特，形成了自己獨特的理論體系。亞里士多德在《尼可馬克倫理學》一書中，表達了對人類道德生活以及人類思想的關切。雖然其他著作的可信性令人懷疑，但是在《尼可馬克倫理學》一書中所表現出來的思想，已經構成了亞里士多德思想的基本體系。總體來說，亞里士多德的思想主要表現為以下三個方面：

首先，對至善的追求就是對幸福的追求。在慈善思想史上，柏拉圖十分強調慈善的本體論的「善的理念」的意義，認為只有人們的言行符合這一理論，人們才能符合道德的基本要求。但是，正如斯圖亞特所指出的那樣，亞里士多德似乎並不注重這種善的絕對的理念，因為亞里士多德只注重「在追求著某種善的各種能力中伴有技藝上的正確性的那種能力，這種能力使一個

〔註42〕黃偉合：《歐洲傳統倫理思想史》，上海：華東師範大學出版社1991年版，第49頁。

人在所面臨的危險中採取正確的行爲。」〔註 43〕因此，亞里士多德雖不反對至上的善的理念的存在，但與柏拉圖相比，他更爲注重人們踐行善的具體性和過程性。他認爲，一般人根本不需要去關心和尋求那種「善的理念」，人們只需要具體地將善的理念轉化爲實際行動即可。在這裏，亞里士多德更爲突出「至善」理念的具體化和現實化，這對超越柏拉圖的超驗主義的慈善觀無疑具有實際的意義。

其次，關於人的慈善道德責任的問題。對於人性問題，亞里士多德提出了人的一般本性和變化了的人性的觀點。他認爲，所謂人的一般本性，它具有兩層意義。其一是指各民族都要經歷的在縱向上的一般的歷史發展階段；其二是指各民族在橫向的共同的歷史階段上，他們都會存在著自己的一般的人的生存和發展的需要。亞里士多德強調，所謂人們的變化了的人性，是指人在現實生活中會發生的變化的具體生存和發展的需要。

亞里士多德認爲，人的慈善道德和人的本性存在著天然的聯繫。在人的本性中應當存在著道德的責任，因爲只有當這種道德責任存在並發生作用時，人們才會做出幫助他人的事情，才會以扶危濟困、樂於助人爲自己的快樂。但是，亞里士多德同樣認爲德行是人的自由意志，因此，即使一個人做出了令人可恥的事情，做出了喪盡天良的行爲，這同樣也是他的自由意志發揮的結果。不可否認，亞里士多德的觀點對慈善倫理和人的本性之關係的認識還是富有意義的。它至少揭示了慈善倫理的可塑性，闡明了對人的不良意志監控和改造的必要性。

最後，關於城邦與個人的關係問題。這一問題實際也是慈善倫理的重要組成部分，因爲慈善倫理首先要解決的也正是個人與社會以及與共同體的關係問題。在個人與城邦共同體的關係上，亞里士多德提出了兩者的產生順序。他認爲，個人當然是先產生的，在個人之後就有了家庭，爾後又有了城邦共同體。然在另一方面，亞里士多德也提出了城邦與個人的邏輯先後的關係，這無疑對慈善倫理問題的解釋具有更爲重要的意義。亞里士多德看到了整體對個別的邏輯的先在性。他認爲，個人必定要生存於整體之中，城邦的善當然有決定性的意義。因爲個人雖然能夠實現自給自足的善，但是個人斷然不能離開共同體而獨立存在，他們只有融合於城邦共同體之中，才能生存和發

〔註 43〕J.A. Stewart, *Notes on the Nicomachean Ethics of Aristotle, Vol.1*, Oxford: Clarendon, 1892, p7.

展下去。總之，人們的慈善行為、德行與善的踐行都必須服從和服務於共同體的大善的需要。在這裏，人的慈善的倫理道德當然就有著自身存在和發展的空間。亞里士多德相信，一旦人們具有了對城邦共同體的善的忠誠與服從，那麼個人就會在城邦中獲得最大的善。因此，他強調：「政治團體的存在並不由於社會生活，而是為了美善的行為。」〔註44〕

（二）中世紀時期

而至中世紀時期，西方社會的慈善倫理思想資源得到了進一步的發展和系統化。在這一時期，西方社會的慈善觀具有宗教神學的特徵，是以神性的規定來限制和規約慈善的必然性與合理性。總體來看，中世紀時期西方社會的慈善倫理思想資源主要表現為以下幾種精神。

1、關於上帝的「博愛」精神

對上帝的博愛精神的論證，中世紀的宗教家們有著清醒的認識。他們以為，尋找慈善倫理的合法理據顯然不能落實到世俗生活，因為世俗生活總是存在著世之熙熙、皆為利來的狀況。那麼，怎樣尋找到人類社會的慈善精神呢？宗教家們提出需尋求上帝的幫助。正因為人是上帝的產物，是上帝的子孫，上帝的「博愛」精神決定了人類社會的慈善與大愛精神的存在，故人類應當存在著慈善的精神。那麼，上帝的博愛精神究竟是怎樣的呢？從一般意義上來說，中世紀基督教的博愛精神具有廣博的特點，它涵蓋了宇宙萬物以及人在內的存在。但基本上，這種「博愛」精神包括三個方面：第一，關於上帝之愛的闡釋。在宗教家們看來，上帝之愛主要就是上帝對人在內的世界萬物的創造。正因為上帝是仁慈和富有愛心的，因此上帝的愛創造了萬事萬物，沒有上帝的仁慈之愛，就沒有宇宙萬物的存在。第二，由於上帝的無限慈愛的存在，因此上帝不忍看到人類的苦難，不忍人類因為原罪而遭受苦楚。為此，上帝甘願奉獻自己的兒子耶穌去拯救人類。第三，上帝不僅創造了無私的博大的愛，而且也為人世間創造了善，強調「無差別的愛」，這種善就是慈善倫理的大愛。「神的恩典是不加區別地賜給全人類的」，〔註45〕無差別的愛就是超越國家、民族和血緣界限的愛。因此，人類不僅需要遵循上帝為他

〔註44〕〔古希臘〕亞里士多德：《政治學》，顏一、秦典華譯，北京：中國人民大學出版社 2003 年版，第 140 頁。

〔註45〕〔法〕加爾文：《基督教要義》（上冊），徐慶譽、謝秉德譯，香港：基督教輔僑出版社 1955 年版，第 343 頁。

們創立的種種道德規範，而且必須要習得上帝的博愛精神，學會人與人之間要互相關愛。宗教家們認爲，既然人是上帝創造的，那麼人就包含了上帝的靈魂與精神。因此上帝的產物——人應當無私地爲他人謀利益，無私地愛一切人。

2、關於「救贖」精神

這實際上既是尋找慈善倫理的形而上的依據，又是在弘揚濟世救困的慈善精神。如上所述，基督教力圖在上帝那兒尋找到人類慈善的依據。這種依據就是上帝存在著慈善的精神。不僅如此，上帝還教會了人類「救贖」的精神。基督教精神認爲，人有原罪，因爲人類自身無法洗刷原罪，人類就必須憑藉耶穌的自我犧牲精神來自行救贖。而這種被上帝之子示範的救贖道路就是慈善精神的高度寫照。譬如，「耶穌說，你若願意做完全人，可以變賣你所有的，分給窮人，就必有財寶在天上。」〔註 46〕「我賜給你們一條命令，乃是叫你們彼此相愛，我怎樣愛你們，你們也要怎樣相愛。你們若有彼此相愛之心，眾人因此就認出你們是我的一門徒了。」「無論何人，不要求自己的益處，乃要求別人的益處。」〔註 47〕在《聖經》中，上帝一方面諄諄教誨人們要互相愛護。另一方面，上帝號召人們要學會愛人如己，犧牲自我的慈善精神。因此，作爲上帝的兒子只有像愛上帝一樣愛他人以及通過踐行慈善不斷地幫助上帝的其他兒子，人的「原罪」才能被洗刷，人才能得到救贖而上天堂。

3、關於「濟世救困」精神

濟世救困在基督教教義中屬於人類之愛的範疇。爲了論證人類之愛，宗教家們當然要明瞭人類之愛的必要性。如上所述，《聖經》認爲人起初是有罪孽的，這種原罪必須要依靠上帝的恩典才能得到拯救。宗教家們反覆強調，慈善是「贖罪」的一種方式，人只有及時行善才能獲得寬恕，來世靈魂才能昇天堂。否則，除了大德之人而外，那些芸芸眾生以及爲惡之人就會永世受罰而不得超脫。但是，這還不能充分地論證出人類之愛，即濟世救困慈善精神的來源。於是宗教家們進一步指出，正因爲上帝賦予了人類以眞正的愛心，那麼人便具備了愛一切人的德行。《聖經》由此認爲：「神藉著所賜給

〔註46〕《聖經・馬太福音》。
〔註47〕《聖經・格林多前書》。

我們的聖靈，把他的愛澆灌在我們的心裏。」〔註48〕

　　但是，踐行人類之愛的慈善精神，包含著什麼樣的內容呢？對此，基督教教義做出了詳細的闡發。早期的基督教十分推崇富者、生活優越者對貧窮者的救濟、幫助，認為這是他們的責任。這種責任體現的是義務，是正義，而不是所謂的憐憫和同情。在基督教教義中，貧者、弱者並不是可以嘲弄的名詞。宗教家們也反覆強調，貧者和弱者完全有權利要求人們給予幫助和救濟。因為，在他們看來，那些生活優越的人們具有責任和義務去幫助這些人。這同時也是神的指示和命令。基督教的這種慈善教義的宣傳與弘揚持續了千年之久，至今仍然發揮著積極的作用。在《聖經》中，處處充滿著對博愛、利他、濟世等慈善精神弘揚的教導。譬如上帝說：「你們貧窮的人有福了，因為神的國是你們的；你們飢餓的人有福了，因為你們將要飽足；你們哀哭的人有福了，因為你們將要喜笑。」〔註49〕縱觀《聖經》教義，人們顯然可以看到基督教對於慈善倫理的「善」的基本定義。當然，對神的意志的尊崇是第一位的。因為「善」從屬於神的意志，它就是要求人們依照神的命令去救濟和照顧那些貧窮者和處於弱勢地位的人們。不獨《舊約全書》明確提出了「嚴禁讓窮人空手而走」以及對老、弱、殘等的扶助的諄諄教誨，就是綿延數百年之後的基督教的典範之著《對窮人的慈善責任》也提出了對窮人無私幫助的絕對的慈善責任。

　　由此可見，基督教大力弘揚「濟世救困」的慈善精神。這種精神是人類進行自我聖化並接近上帝的途徑和方法。基督教慈善是一種他律訴求，它始終倡導並強化慈善的責任和義務，力求使這種「濟世救困」的慈善精神內化為人的本能意識乃至生活常態。

　　總而言之，對上帝信仰已經成為西方社會慈善倫理構建的內在基礎與前提。不僅如此，基督教的慈善精神還存在於對財富的觀念上。雖然在基督教看來，擁有財富是一件令人愉快的事情，且足夠的財富也是人們布施的前提之一。但是，人們絕不應當對財富懷有貪戀的情緒。因為靈魂的救贖不能指望依靠財富的積纍。財富雖然本身沒有善惡、美醜之分。但是，基督教強調，只有把財富服務於社會和需要幫助的人們，這樣才能獲得靈魂的救贖，才能真正地擁有智慧與虔誠的美德。由此可見，這種觀點與柏拉圖、亞里士多德

〔註48〕　《聖經‧羅馬書》。
〔註49〕　《聖經‧路加福音》。

的觀念具有相似之處，一方面，基督教慈善倫理的神學意義不可或缺，因爲基督教始終相信神的意志對人們的慈善行爲具有絕對的支配意義。但另一方面，基督教也並沒有忽視智慧和慈善的一致性，它認爲只有智慧的人才能成爲上帝慈善精神的踐行者，只有智慧的生活才是高尚的生活。正因爲如此，克萊門大聲疾呼人們應當提高自己的財富智慧，人們「必須學會正確地使用財富並獲得永生」。〔註50〕當智慧、節制以及虔誠與慈善結合起來之時，基督教的慈善倫理觀又得到了進一步的完善。

（三）近代時期

跨過中世紀時期，西方慈善倫理思想資源便進入到了近代的發展時期。自近代以來，西方慈善倫理思想資源的發展又有了嶄新的特點。其諸多範疇得到了多方面的展開，扶危濟困、慈善與同情等概念也都得到了進一步的闡釋。但是，對慈善倫理的形而上的根基的尋求卻並不是這一時期發展的理論重點。因爲人們已經不把慈善動力的形而上根基奠定在上帝等神學的教誨上，而是從具體的現實需要出發來解釋慈善倫理的形成。應當說，近代以來的西方社會的慈善倫理思想資源是極爲繁雜的，它主要包含著以下基本流派的思想：

1、關於「情感主義」的思想

這一理論的形成源於對慈善道德來源問題的判斷，亦稱「情感直覺主義」或「道德情感論」。情感主義和英國 18 世紀的經驗論哲學有著密切的關係。這一理論認爲，「理性」不可能在慈善中起決定作用，因爲善惡僅僅只是人性的固有道德情操。情感主義還認爲，人們在日常生活中的一切慈善道德，譬如「仁愛、憐憫、同情」等都是人性固有的情感因素。情感主義的代表人物之一沙甫慈伯利就曾提出了人存在「道德感官」的判斷。他認爲，慈善道德不可能從理性和其它視聽感官中得到解釋，唯一的依據在於「道德感官」。這種感官天生賦予了人「善」的本性，它使人們產生了扶危濟困和樂善好施的品德。與沙甫慈伯利的觀點毫無二致，赫起遜也是從人性「善」的角度來解析人們的慈善行爲。只不過，赫起遜更加強調慈善生成人性「善」的動機。他解釋說，人們的慈善情感和行爲完全來自於他們「善」的本性，來自於利

〔註50〕〔古希臘〕克萊門：《勸勉希臘人》，王來法譯，上海：三聯書店 2002 年版，第 201 頁。

他的純粹的動機。赫起遜突出闡述了「仁愛至善」的道德價值，他說：「對某些人爲仁愛，同時又不危害於他人，這種行爲，在道德上便是善的。」〔註51〕

　　作爲經驗主義哲學的集大成者，休謨提出了慈善倫理產生的「同情說」。休謨認爲人本質上就具有「憐憫、同情」等基本情感，而這些情感基於人的本性的要求必然會導致樂於助人、樂善好施以及扶危濟困的慈善道德的生成。他說，「同情」是人類本身所具有的一個不可忽視的重要的基本原則，在這一原則的促進下，人們可以生成一切的慈善倫理品德，包括「柔順、慈善、博愛、慷慨、仁厚、溫和、公道」等。〔註52〕但是，休謨的觀點並沒有超出情感主義的基本範疇。他所做的不過是尋求人性的天然的某一因素並對其進行延伸和擴大。即使是他提出的所謂解釋這種同情心的「聯想主義」的方法，不過也是這一思路的進一步發揮。因爲，這種聯想方法與中國古代社會的人溺己溺的情緒還是很相似的。它強調的是人們之間能夠基於本性的同情心而產生互相理解的慈善情緒和德行。這正如休謨自己所說的，「慈善（也就是伴隨著愛的那種欲望）是對於所愛的人的幸福的一種欲望和對他的苦難的一種厭惡。」〔註53〕

　　休謨的觀點固然能夠從人固有的本性、固有的同情心來解釋人們的慈善行爲。但是，他的觀點絕不是絕對的利他主義，而是相對利他主義。正如休謨自己所承認的，踐行樂善好施的慈善行爲的人由於本性的同情心的緣故，他們的慈善行爲本身也是爲了對自身快樂的追求，或者對本身苦楚的規避。這種慈善行爲在慈善者本身看來也包含著對社會的功利主義的良好效果。〔註54〕與休謨相似，亞當·斯密也贊同人們的慈善行爲包含功利主義的論斷。因爲在他看來，人們對他人扶助的行爲也是爲了減輕自身的痛苦感受。

　　盧梭的情感主義思想和休謨等人的思想基本相似，但也存在著不同點。盧梭認爲，「自愛」的情感屬於人的基本的天性；自愛是指對自身身體和人格的關愛與愛護。自愛固然可以變爲自私的情感，但自愛可以產生關愛那些保

〔註51〕周輔成：《西方倫理學名著選輯》（上卷），北京：商務印書館 1964 年版，第
　　　　801 頁。
〔註52〕〔英〕休謨：《人性論》（下冊），關文運譯，北京：商務印書館 1980 年版，
　　　　第 621 頁。
〔註53〕〔英〕休謨：《人性論》（下冊），關文運譯，北京：商務印書館 1980 年版，
　　　　第 419～420 頁。
〔註54〕參見唐凱麟主編：《西方倫理學名著提要》，南昌：江西人民出版社 2000 年
　　　　版，第 176～179 頁。

持自己存在的人們——即「仁愛」。然而，「仁愛」的情感並非完全出自天賦和人的天性，從「自愛」走向「仁愛」不可避免地要經過多種途徑的磨礪。盧梭著重強調了痛苦的情感體驗的重要作用。他提出，對他人痛苦境遇的同情能夠產生慈善的德行。在盧梭眼裏，憐憫與同情不過是人們對他人痛苦的一種共鳴，這種感懷「使我們不假思索地去援救我們所見到的受苦的人」。〔註55〕盧梭在這裏對「自愛」到「仁愛」的慈善道德的轉變的論述固然從屬於情感主義的範疇，但它依然包含了諸多非情感主義的因素。〔註56〕這反映了西方社會慈善倫理觀的新的發展方向。

2、關於「功利主義」的思想

在西方社會，功利主義具有久遠的歷史傳統。所謂功利主義就是指在事物的評價標準上採用實際的效用或者利益的一種理論體系。〔註57〕其代表人物主要是英國的邊沁和穆勒。

第一，邊沁奠定了功利主義的基礎。在邊沁看來，人們的行爲必須尋找到自己的理論基礎，這就是所謂的「苦樂原理」。邊沁認爲，人們的一切情緒都是由快樂和痛苦主宰的，所有道德評判的標準都應當在於努力地尋求快樂，因爲快樂就是善，而痛苦就是惡。邊沁十分精細地計算了人們苦樂的量，認爲人們的任何行爲都會帶來痛苦或者快樂，而「功利原理」就是要明瞭人類的最大幸福抑或最大福利，因爲幸福的最大化已經成爲「人類行動的正確的適當的目的」。〔註58〕在邊沁的觀點中，尋求最大化的快樂已經成爲人們追求的目的。而慈善實踐能夠帶來快樂，故人們總是會追求這一幸福。雖然邊沁將最大多數人的幸福構築成了慈善快樂的重要基礎，但是邊沁的慈善觀還是以個人幸福作爲基礎的。因爲邊沁總是認爲由於社會整體利益是個人利益的總和，因而在精確計算的條件下，人們可以實現個人利益與社會慈善事業的統一。

第二，與邊沁相比，穆勒認爲，人們的快樂固然可以計算，但這僅僅是

〔註55〕〔法國〕盧梭：《論人類不平等的起源和基礎》，李常山譯，北京：紅旗出版社1997年版，第89頁。
〔註56〕宋希仁：《西方倫理思想史》，北京：中國人民大學出版社2004年版，第268～269頁。
〔註57〕朱貽庭：《倫理學大辭典》，上海：上海辭書出版社2002年版，第11頁。
〔註58〕〔英〕邊沁：《道德與立法原理導論》，時殷弘譯，北京：商務印書館2000年版，第57～59頁。

量上的差別，還在於質上的霄壤之別。穆勒強調，當人們還停留在追求低級的感官器官的滿足上時，人們的品味只是豬；而當人們在肉體之外追求精神上的高尚的情操滿足之時，人們才眞正成爲一個不滿足的蘇格拉底。〔註 59〕穆勒向人們大聲疾呼應當爲大多數人的幸福去犧牲、去奮鬥，並認爲這才是眞正的最高的快樂，也才是高尚的美德之所在。穆勒看到了人的社會存在的性質，提出人只有逐步地發現並自覺地去踐行增加別人的幸福之時，才會眞正感受到快樂與幸福。當然，正像穆勒自己所認可的那樣，功用主義並不否認個體對自己快樂和幸福的追求，並把爲大多數人謀幸福的慈善和自身的幸福統一起來，從而獲得最大的幸福。穆勒反對盲目的和一切不必要的自我犧牲，主張爲最大多數人的利益和幸福的自我犧牲才是個體最幸福的德行。〔註 60〕

3、關於「義務論」的思想

「義務論」就是強調以道德責任和道德義務作爲活動外在出發點的觀點和思想。在西方倫理學歷史上，作爲「義務論」思想的集大成者，康德的「義務論」思想與「突出上帝、感官感受」等基督教思想、情感主義以及法國幸福論存在著截然對立的特徵，它突出了「理性主義」在慈善倫理中的理論基礎地位。

對慈善本體論的論證實際上構成了一切慈善倫理觀的立足點和出發點。康德對這一問題的回答也是其反駁 18 世紀法國幸福論的重要基礎。在康德那裏，人的慈善行爲與情感的依據並不在於「上帝、幸福感受亦或感官欲望」等外在因素，而是在於人的道德原則的理性。道德原則是理性存在的人所必須絕對遵守的規則。康德還強調，這種唯獨人才具有的絕對理性的慈善倫理完全具有形式的意義，它是先驗的，由於能夠離開感性而獨立存在因而具有了單純形式的特點。爲了使「先驗理性」能夠發揮自覺的作用，康德提出了「善良意志」的概念，這一概念仍然從屬於先驗論哲學的絕對理性的範疇，而不是人的感官特性和上帝的恩賜。在康德看來，善良意志構成了慈善美德的內在條件。倘若缺乏善良意志的導引，那麼任何慈善的德性都會成爲無源

〔註 59〕 〔英〕約翰‧穆勒：《功用主義》，唐鉞譯，北京：商務印書館 1957 年版，第 10 頁。

〔註 60〕 〔英〕約翰‧穆勒：《功用主義》，唐鉞譯，北京：商務印書館 1957 年版，第 18 頁。

之水、無本之木。不僅如此，康德還從唯理論的角度出發闡釋了善良意志產生的根源在於它和理性的完全結合。他提出，「善良意志，並不因它所促成的事物而善，並不因它期望的事物而善，也不因它善於達到預定的目標而善，而僅是由於意願而善，它是自在的善。」〔註61〕在康德看來，善良意志就是遵循普遍理性而形成的意志，沒有這種善良意志，任何行爲都會成爲惡。由於善良意志具有內在的絕對理性，因此善良意志就是自由，就是理性本身，因此人們的「慈善、同情、扶危濟困」便是自然的，自願的，而不被外在的因素所吸引。

論及慈善實踐的發生過程，康德根據自己的唯理論的哲學也做出了解釋。他認爲，即便是「善良意志」發生了作用，善良意志也不能直接地發揮作用，因而這就需要「責任」概念的詮釋。在康德的思想中，善良意志固然是絕對的、唯一的善，但是這種慈善理念必須轉化爲現實的責任的意志。而唯有了這種責任，這種本身也不乏主觀慈善觀念的美德，人們才會產生自覺的慈善行爲。康德從其純粹實踐理性的角度對責任概念做出了發揮。他認爲，責任的產生和「實踐規律的純粹尊重」有關，人們的慈善美德完全源自於自身的絕對的規律、絕對的理性、絕對的善良意志，它和人們所面對的客觀環境、客觀對象毫無關係。在人們的主觀上，對這種實踐理性規律的尊重才能產生相應的責任，人們才會產生慈善實踐的衝動和自覺，「責任」成爲壓倒一切動機的唯一的具有價值的美德。康德由此進一步分析了責任所能夠產生的道德價值。他認爲，僅僅符合於責任是不能認定是有道德價值的。譬如，扶危濟困、雪中送炭固然是可以交口讚譽的行爲，但是，假若人們包含著諸多的虛榮和利己的動機，那麼這種行爲僅僅符合責任而不包含真正的道德價值。很明顯，康德由於強調理性主義的唯理論的哲學，故對道德價值的評價完全貫穿了慈善理性至上的原則。〔註62〕康德強調，那種可以嘉許的責任不過是出自於自然而然的目的，這是善良意志的絕對理性作用的自然結果。否則，人們一旦「有意地從這裏有所得」，那麼，「就不會有人對他人幸福做有益之事」。〔註63〕這些思想無疑是現代慈善倫理所強調的「純粹性」

〔註61〕〔德〕康德：《道德形而上學原理》，苗力田譯，上海：上海人民出版社2005年版，第9頁。

〔註62〕〔德〕康德：《道德形而上學原理》，苗力田譯，上海：上海人民出版社2005年版，第16～19頁。

〔註63〕〔德〕康德：《道德形而上學原理》，苗力田譯，上海：上海人民出版社2005

思想的源頭。

4、關於「進化論」的思想

所謂「進化論」慈善觀就是把進化論和慈善理論結合起來，以進化論的思想解釋慈善發生的緣由和動機。在西方倫理學史上，前期進化論主要以達爾文、斯賓塞和赫胥黎爲代表；而後期進化論的主要代表人物是克魯泡特金等人。

縱觀進化論的發展歷程，達爾文顯然是這一思想的開創者。達爾文在解釋動物進化的群居性時，肯定了人類社會的群居性和社會性，並認爲這是人類發生慈善的重要的生物學根據。在談到動物進化的群居性的重要作用時，達爾文認爲，爲了適應環境，動物必然會產生組成群體生活的本能，因爲一旦獨立孤行就會使動物的進化受到阻礙，甚至瀕臨滅絕。〔註64〕而達到進化高級階段的動物——人類則更具備了這種本能。正是這種群居的社會性的本能才能夠形成人類產生慈善的根源。

斯賓塞也主張根據生物進化論的原理解釋人類慈善的基本理念。在斯賓塞看來，人們的一切行爲皆根源於人類的動物本能，一切道德與品行都是爲了維護和發展人類個體、社群以及整個共同體對於環境的適應性；只要是爲了保存和發展人類，只要是爲了服務於人類對於環境的適應性，這些都是相對於物種而言的善。〔註65〕在這一道德評判標準的引導下，斯賓塞提出了自己對於慈善的理解。他認爲，爲了實現人類對於自身物種的保存和發展的目的，爲了實現人類對於環境的適應性，人類必須憑藉「同情感、利他主義、群體感」以促成人類對於社會的適應。他認爲，利他主義的道德表現爲「正義與仁慈」兩種形式。在慈善活動中，強制性的外在道德約束——正義固然不可或缺，但是作爲激發慈善德行的「仁慈」更加富有意義。斯賓塞強調，積極的「仁慈」要比消極的「仁慈」更富有慈善的倫理品行。因爲積極的「仁慈」已經克服了仁慈的自我性和封閉性，已經將對自己快樂和痛苦的感受推己及人，實現了對於他者仁慈的推廣。另一位進化論的理論家赫胥黎與斯賓塞的觀點基本相同。一方面，赫胥黎主張人類的慈善道德源於人類社會道德

年版，第 49 頁。

〔註64〕萬俊人：《現代西方倫理學史》（上），北京：北京大學出版社 1990 年版，第110 頁。

〔註65〕Herber Spencer, *Principle of Ethics, Volumes (2)*, New York: Oxford University Press, 1896, p4.

的進化；另一方面，在人類基本的同情感的基礎上，赫胥黎對慈善倫理產生的路徑問題也提出了與斯賓塞不同的觀點。赫胥黎認為人類慈善倫理的產生和人類從放任的自行其是的狀態向著自我約束狀態的進化是一致的。當人類能夠逐步體會與自身彼此相似的情感時，人類就有了人格化的同情心，人類的慈善倫理就隨之產生了。

克魯泡特金是進化論的晚期代表。克魯泡特金的慈善觀源於他對「人類互助本能」的論證。在克魯泡特金看來，在人類處於動物階段的時候，互助的本能就已經產生了；雖然在人類的進化過程中，互助和互爭的本能是同時存在的，但是在人類的逐步發展階段，互助的本能最終佔據了主導地位。克魯泡特金還強調，「人類的互助的法則比互爭的法則更為重要得多」。〔註 66〕但是，隨後的國家、政府、法律等對互助的人類法則起到了破壞的作用。然不可否認，互助原則是人類進化的永恆的力量。互助原則在人類的發展中最終衝破了國家無情的統治與束縛，並逐步豐富為系統化的慈善理論體系。在克魯泡特金看來，人類的慈善行為可以劃分為個體慈善行為和群體慈善行為。他認為，前者以個體的仁慈的道德為基礎，譬如撫養孩子、教育孤兒等；而後者則以正義為道德基礎，譬如友誼團體、互助會、醫療互助會等。

顯而易見，近代進化論的慈善思想具有深遠的歷史影響。正是在進化論的思想啓發下，社會主義慈善學派提出了一系列的以解決貧困問題為核心的慈善理論。

5、關於「空想社會主義」的思想

伴隨著資本主義的發展，資本主義的危機得到了一定呈現，空想社會主義正是為了醫治資本主義的病症而提出的關於未來理想社會的思想體系。早期空想社會主義的代表人物主要有托馬斯・莫爾、托馬斯・閔采爾、康帕內拉；晚期空想社會主義的代表人物主要有聖西門、傅立葉和羅伯特・歐文等。

無論是早期的空想社會主義，還是晚期的空想社會主義，他們均主張建立一個「人人平等、財產均等、沒有窮人」的社會。托馬斯・莫爾認為，「只有完全廢除私有制度，財富才能得到平均公正的分配，人類才能有福利。」〔註 67〕

〔註 66〕〔俄〕克魯泡特金：《互助論》，李平漚譯，北京：商務印書館 1963 年版，第9 頁。

〔註 67〕〔英〕托馬斯・莫爾：《烏托邦》，戴鎦齡譯，上海：三聯書店 1956 年版，第56 頁。

他認為私有制應當徹底埋葬，人們在烏托邦中應當互相幫助，一切財富均歸大家共同享受，沒有窮人，沒有乞丐。另一位空想社會主義者康帕內拉熱切表達了對「財富均等」的慈善社會的期盼。他說，未來社會應當實現財產共有，無所謂富人和窮人的區分，「他們使用一切財富，但又不為自己的財富所奴役。」〔註68〕聖西門認為未來的社會「實業制」具有重要的慈善意義，實業制將實現所有人的基本生活保障。但是，空想社會主義的慈善觀往往表現為對未來理想社會的設想。正如馬克思恩格斯所指出的那樣，「空想社會主義者為了建造這一切空中樓閣，他們就不得不呼籲資產階級發善心和慷慨解囊」，〔註69〕這顯然是不切實際的。然而，在另一方面，空想社會主義者的這些慈善倫理的設定對未來馬克思主義慈善倫理觀的建立具有啓發意義。它所提出的慈善倫理的基本輪廓成為了近代西方社會慈善理論發展的源泉；而它所注重的人道主義基本原則構成了後來人類社會慈善理想及其理論的基本追求。在這一點上，它具有旗幟般的指引性意義。

（四）現代時期

基於我們把資本主義市場經濟發展後的歷史視為現代史的前提，本文中的現代概念是指西方資本主義市場經濟較為發達的階段。馬克思恩格斯曾經論及資本主義早期的貧富分化時指出，「在資本主義社會，貧困比人口和財富增長得還要快。」〔註70〕人們比以往任何時候都需要社會和政府的慈善援助。於是，在現代發展時期，西方慈善事業取得了飛速發展，與之相伴而行的慈善倫理的思想資源也呈現出了許多新內涵與新特點。

1、關於「自由主義」的思想

「自由主義」是和西方社會市場經濟理論聯繫在一起的，這一理論的基本出發點是為了維護市場經濟的發展秩序。由於慈善事業和資本主義市場經濟的發展密切相關，因此，西方自由主義的經濟學派必然要回答社會慈善倫理的基本問題。在西方社會，自由主義可分為古典自由主義和新古典自由主義。

第一，古典自由主義約產生於18世紀，其主要代表人物有約翰·洛克、孟德斯鳩、邊沁、大衛·李嘉圖等。古典自由主義的理論出發點就是所謂的

〔註68〕〔意〕康帕內拉：《太陽城》，陳大維等譯，北京：商務印書館1960年版，第89頁。
〔註69〕《馬克思恩格斯選集》（第1卷），北京：人民出版社1995年版，第305頁。
〔註70〕《馬克思恩格斯選集》（第1卷），北京：人民出版社1995年版，第284頁。

「天賦人權」。這一觀點除了強調人「絕對的自由、民主」之外，並沒有太多的新意。從這一個原理出發得出的發展市場經濟的原則就是強調市場的絕對獨立和自由，反對政府對市場的任何干預，認爲政府干預將導致市場發展的停滯，從而給市場的正常秩序造成極大的混亂。正因爲古典自由主義持放任主義和不干預主義的原則，所以他們的慈善主張就是凸顯慈善倫理的個人責任與自由，把對社會貧困者和弱者的救濟視爲個人的私事。古典自由主義既反對政府的慈善政策，又否定國家的普遍福利政策。但是，古典自由主義的慈善觀並不反對改善弱者的生活。他們強調建立一個大部分成員幸福的社會具有重要的意義。

第二，新自由主義是在 20 世紀 60 年代凱恩斯主義遭到懷疑和批評時出現的，其代表人物有哈耶克、羅爾斯、諾齊克等。新自由主義進一步倡導市場經濟和自由競爭，反對國家干預，強調個人自由至上，強調「機會平等而非結果平等」。因此，新自由主義仍然反對再分配的社會政策，反對財富分配上的平等；仍然反對全面的福利國家政策，認爲這種政策完全削減了國家政治和經濟的效力；相反認爲慈善是個人享受的自由而已，強調慈善僅僅是「從積極、成功和節儉的人那裏拿錢來給懶惰、不成功和不負責任的人。」〔註71〕由於新自由主義極爲強調運用市場經濟的原則去衡量慈善的社會效能，因此對慈善的反效率的批判往往成爲他們的基本理論依據。他們認爲，國家對慈善事業的負責犧牲了「自由」，由此將會「削弱家庭，降低人們對工作、儲蓄和革新的興趣，減少資本的積纍，限制我們的自由。」〔註72〕

總之，在自由主義的發展過程中，雖然以哈耶克爲代表的溫和自由主義看到了自由市場的不足，揭示了個人自由作用的局限性，逐步地提出了政府對於慈善救濟的責任與義務。但是，總體看來，自由主義往往站在個人自由、市場效率等角度去看待慈善。他們將慈善也納入到了市場效率的考核和計算的範疇內，從而最終不可能正視慈善的積極意義。他們固然凸顯了市場效率的重要性，但是對平等、公正等方面則有所忽略。

2、關於「社群主義」的思想

社群主義亦稱共同體主義，其代表人物有麥金泰爾、泰勒等。在社群主

〔註71〕R. Boyson, *Down with the door*, London, 1971, p9.
〔註72〕〔美〕米爾頓·弗里德曼、羅斯·弗里德曼：《自由選擇》，胡騎等譯，北京：
　　　　商務印書館 1982 年版，第 135 頁。

義看來，自由主義在個體和群體的關係上的觀點是完全錯誤的。因爲個人並不先天地擁有絕對的自由，個體並不擁有一個超驗的自我，個人也不是先天地脫離社群，而是由超我決定自我。理查德‧泰勒集中批判了自由主義的理論基礎。他認爲，這種絕對強調個體自由和個人主義的思想源於契約論，但是這種思想不外是「原子主義」的翻版。因爲強調個體對他人以及社會的優先性，並把他人和社會當做實現自身目的的工具，這乃是極端個人功利主義的膨脹。泰勒強調，離開社群，個體的一切道德、信仰、慈善倫理實際上都無從談起。因此，自由主義是極其片面的。〔註73〕

在麥金泰爾看來，個體的善和社群的善是完全統一的，兩者的利益具有完全的兼容性。在這其中，社群的包容性是第一位的，因爲社群賦予了個體以情感、信仰以及道德歸屬感等。社群主義解釋了個體獲得慈善幫助的緣由，認爲只要個體從屬於社群，個體就應該從社群那裏獲得慈善的幫助；社群有義務和責任去幫助那些處於困難之中的社群個體。社群主義同樣也認爲，一旦個體不屬於這一社群或者離開了社群，那麼，個體將無法從社群那裏獲得慈善幫助。當然，社群主義並沒有將福利國家和慈善畫上等號，因爲在社群主義的慈善理論中，慈善不過是個體的行爲，而國家則是以失業救濟金的形式實現對社會困難者的幫助。社群主義強調，個體慈善是除國家福利之外對窮人幫助的一個主要途徑，它對於整個社群與國家的穩定和繁榮發展具有重要的意義。

3、關於「第三條道路」的思想

英國前首相麥克米蘭、凱恩斯、貝弗里奇、馬歇爾等人是這一理論的代表者。這一理論派別實際上是自由主義和社群主義的調和派。爲此，「第三條道路」十分突出在國家和對貧困者的慈善幫助之間尋求一定的平衡，即認爲國家不應承擔全部責任但又不完全規避責任。爲了達到這一目的，「第三條道路」確立了以下基本原則：其一，認爲國家干預和市場的自由之間必須實現一定的平衡；其二，個體的價值和集體的價值必須要達到一定的平衡。在「第三條道路」看來，實現社會的慈善不過是建構社會主體對於「責任」的平衡。因此，在慈善上，「責任」的兌現是第一位的。「第三條道路」強調，社會的公正有賴於個體爲他人和社會積極地承擔相應的義務，付出相應的關愛。吉

〔註73〕 See Taylor, Charles, *Philosophy and the Human Science: Philosophical Papers II*, Cambridge University Press, 1985, pp187-210.

登斯提出了「無責任即無權利」的論斷。這一觀點旨在突出公民在享有社會保障權利的同時必須要為社會保障履行相應的義務。〔註74〕不僅如此，「第三條道路」的思想還十分注意拓展慈善主體的內涵。他們認為，慈善主體有國家、企業、社團、家庭以及個人等。儘管「第三條道路」的思想將國家福利的享受對象擴大化，指向全體國民而不僅僅是一部分的窮人，但是他們對貧困和剝削的消除，創造人人平等、人人自由發展的理想社會的追求，以及對全民社會慈善的呼籲，卻是值得肯定和稱道的。這對於充分挖掘和利用慈善的社會資源具有重要的引導意義。

二、基本特徵

　　縱觀西方慈善倫理思想資源的歷史變遷，它的發展始終伴隨著宗教的演進。亦或可以斷定，西方社會的慈善倫理思想資源本身就是西方社會宗教理論體系的一個部分。西方慈善倫理的思想資源對西方社會的慈善實踐發揮了積極的指導作用，這種作用直接推動了西方社會的慈善走進資本主義的現代世界。綜合探究西方社會慈善倫理的思想資源，它具有以下幾個基本特徵：

　　1、突出「博愛」的特徵，凸顯慈善互助的極其廣泛的性質。在基督教的慈善說教中，強調博愛是其一貫的理論特點。在基督教中，為了達到慈善的目的，宣揚愛人如己、毫無差別的無私之愛，已經成為了基督教慈善倫理的重要特徵。顯而易見，與儒家的「仁愛」、墨家的「兼愛」不盡相同，西方慈善倫理思想資源的博愛具有其獨特的一面。這種特徵主要體現為兩個方面。其一，這種博愛並不講究人與人之間的血緣親情，並不在意人類可能與生俱來的憐憫心以及同情心，它僅僅強調的是人們應當具備的無差別的愛，無私無欲的仁愛。在這一點上，西方社會慈善倫理思想資源確實彰顯了其獨具特色的一面。其二，這種博愛並不講求獲得慈善幫助的人們須有回報之心，它在強調人的無私和無差別的博愛的同時，追求「為道德而道德」、「為愛而愛」、以「博愛」自身為價值目的的精神境界。它已經超越了種族、民族、階層以及國別和文化的差異，遵循著普世主義的原則，凸顯了慈善倫理博愛的無遠近、親疏、等級、差異的互助的廣泛性質，彰顯了其樸素的世界主義的博愛原則。

〔註74〕　〔英〕安東尼·古登斯：《第三條道路——社會民主主義的復興》，鄭戈等譯，
　　　　　北京：北京大學出版社 2000 年版，第 68〜117 頁。

2、突出「責任」與「他律」的特徵，認為人的慈善道德自覺離不開外在強制力量的約束。為了尋找外在的慈善道德自覺的強制性制約力量，西方社會的基督教設立了人類起初的「原罪」觀——即上帝的監督。在這一觀念中，期盼贖罪成為人們慈善道德養成自覺的形而上的動力因素。人們在基督精神的指引下，按照上帝提供的順從良民的標準改造自己，純潔自身的靈魂，在塵世間不停地行善，不停地蕩滌自己與身俱來的醜陋的靈魂和身軀，從而得到上帝的寬恕和原諒獲得進入天堂的資格。基督教慈善觀不斷地強化這種外在的監督力量，讓人們的靈魂和身體都得到了有效的監督。於此，人們為了避免死後受到靈魂上的嚴厲拷問，他們不得不遵照上帝的慈善的基本規定在塵世間履行上帝賦予的職責——即慈善責任的原則。

實際上，西方慈善倫理思想資源的他律的鞭笞特點在早期基督教的教義中有著更為嚴格的規定。早期基督教的思想充分表達了對富人及其財富的近乎苛刻的慈善態度。在這種思想看來，因為人的情慾這一罪惡之源的存在，所以對財富的追求充滿了罪惡。進而那些追求財富的商業活動都必須得到徹底的批判和否定。早期基督教的思想甚至認定這種商業活動已經超越了強盜的罪惡。但是，商業的存在無法避免，人們怎樣才能贖清罪惡，升入天堂呢？對此，該思想做出了解答。它認為，人們並非沒有可能洗清原罪進入天堂，這種機會只有一個，那就是不斷地助人行善，不停地無償地將自己的財富分發給那些窮苦的人們。至此，西方慈善倫理思想資源的「他律」特徵畢現無遺。而正是因為這種「富罪文化」的心理特點始終貫穿於西方慈善倫理思想資源發展的全部過程，才使得「富罪文化」的慈善意識不斷地強化著人們的慈善觀念，鞭策他們為了免墮地獄升入天堂而不斷努力擺脫財富的約束和羈絆。長此以往，這種不斷深化的思想意識已經成為了西方社會人們的一個最為基本的生活常識和人生理念。

3、突出個人「奮鬥」的精神，強調合理財富觀與民主的重要性。不容置疑，西方社會的基本精神就是突出「民主」，而爭取實現民主，強調個人的自由、獨立、價值和尊嚴，也是西方社會民主精神的重要體現。西方社會慈善倫理的民主精神相應地也就表現為個人創造財富的「奮鬥」精神與慈善行為的自覺。人們不難發現西方社會並不主張人們坐享其成，即便是在慈善的問題上也絕不例外。由於個體精神和獨立人格的倡導，西方社會倍加推崇人們的個人奮鬥所獲得的成功。對於依靠祖上繼承而來的鉅額財富，該思想表現

出了默然和鄙視的態度。它認爲這些「鉅額財富」只會助長人們的不勞而獲和不思進取的懶惰情緒，而絲毫無助於人們的進取和勤奮品質的鍛鍊。當西方社會的慈善家卡耐基表達出「在巨富中死去是一種恥辱」的財富觀時，人們看到的不僅是一種財富觀，而且是一種高尚的慈善心態。毫無疑問，人們在這種高尚的「財富觀」的導引下，已經自覺地將幫助弱者、資助窮人作爲自己的義務和責任。因此，在民主的西方社會，經民主精神和高尚的「財富觀」薰陶下的人們已經養成了個體慈善的一種潮流時尚，已經把慈善融入到個人的日常生活中去，這不能不說是個人人生價值與意義的生動體現。

第三節　比較與現代啓示

　　在人類歷史發展的進程中，中西方慈善倫理的思想資源都有著深厚的歷史淵源。全面地辯證地對二者進行比較，對於構建中國現代慈善倫理具有重要的啓示意義。

一、比　較

　　辯證法認爲任何事物在相同的歷史時空中與其他事物相比都會表現出相同點和不同點。因此可以肯定，在相同時空中孕育出來的具有不同文化特質的慈善倫理思想資源應該既具有相同點，也具有不同點。總體而言，中西方慈善倫理思想資源的差異主要表現爲「仁愛」和「博愛」等爲核心的慈善倫理理念的區分。

　　1、二者都倡導「愛」的理念，但中國的「仁愛」具有一定的內斂性和封閉性，而西方的「博愛」則具有開放性。第一，中國傳統慈善倫理的思想資源主要以「仁愛」思想爲標誌。然這種以「仁愛」爲核心的思想並不具有開放性的特質。眾所周知，儒家的「仁愛」雖強調「推己及人」，強調「老吾老以及人之老，幼吾幼以及人之幼」。但在這種思想中，對親人的慈愛和對宗族的慈善已經成爲仁愛慈善倫理推己及人、不斷昇華的基本出發點。正如孟子所指出的那樣，儒家的慈善倫理從「親親」才能推廣到「仁民」，由「仁民」才能逐步地生發出「愛物」的慈善終點。這正是儒家思想發展的內斂性和封閉性的突出體現。在這一特質的影響下，中國古代的慈善事業一般地局限於親人和宗族範圍之內。而即使是向普通民眾進行慈善施捨，人們看到的也是

由近及遠、由親至疏的推進順序。中國古代的慈善是限於血緣親情之間的倫理性活動，從而縮小了慈善對象的範圍，也妨礙了普通人對慈善事業的普遍參與。以上都充分證明了中國傳統慈善倫理思想資源封閉性的特質。

第二，與中國傳統慈善倫理思想資源的內斂性和封閉性不同，西方慈善倫理思想資源則具有開放性的特徵。基督教起源於中東地區的巴勒斯坦一帶，五海三洲的地理環境使得古埃及文明、古巴比倫文明、古代猶太文明、古代希臘文明、古羅馬文明在此交匯碰撞。而眾多的部落之間的競爭、戰爭又為彼此間創造了不斷學習與相互融合的條件，這就使基督教文化具有了包容性特徵。在基督教的教義中，上帝要求民眾要有「博愛」之心，要愛人如己。人們在塵世間應當無所差別的互相關愛，即使是陌生的人和有所仇怨的人也絕不例外。為了告誡人們應當存有不分彼此的「愛」的慈善倫理之心，在基督教的教義中，耶穌反覆地勸勉世人，強者應當關愛弱者，富人應當資助窮人，即便對方是妓女、罪犯，抑或是稅吏也不應例外。於此可見，至少是在基督教的教義中，西方社會的慈善倫理思想資源顯示出了不分民族、種族、膚色、性別等的無差別的開放性的特點；它遵循著普世主義原則，凸顯了慈善倫理博愛的無遠近、親疏、等級差異的廣泛性特徵，展示了其樸素的世界主義的博愛原則。

2、二者都倡導慈善自律，但對待人們的行善與否的問題，前者往往採取寬容的態度，後者往往採取強制性的態度。第一，在「性善論」占主導的中國古代社會裏慈善的哲學基礎無疑也是「性善論」。孔子以「性善論」為基礎從「仁」這一核心觀念出發逐步形成了「仁者愛人」的思想，經過「君子喻於義，小人喻於利」的義利觀，逐步地達到了泛愛眾的慈善倫理的高度。而孟子則提出了「窮則獨善其身，達則兼善天下」的惠愛蒼生的慈善觀念，要求人們努力做到「老吾老以及人之老，幼吾幼以及人之幼」的慈善倫理的一般推廣。在孟子看來，人皆有惻隱之心，因此一般都能夠從內心生發出對他人和社會的慈善之心，強調道德的自律。由於儒家對仁愛及親民的推廣，因此在漫長的古代社會中，中國人民逐步養成了樂善好施的優良風尚。但是，另一方面，中國傳統慈善倫理思想資源對人們是否自覺地參與社會慈善活動往往採取寬容的態度。在以皇權為中心的中國古代封建專制社會下，所生成的慈善思想僅僅只能起到一種道德號召或引領而已，不可能形成具有強制約束力的規範，故而沒能使得慈善成為社會大眾自覺的道德意識，最終也就不

可能產生現代意義上的公益慈善意識。

第二，人性「惡」是西方人性論觀點的核心，西方慈善倫理的思想資源十分強調慈善倫理的外在強制性。在基督教的教義中，人類起初是沒有罪惡的，當他們的始祖亞當和夏娃經不起蛇的誘惑而偷吃了禁果，他們的「原罪」就產生了。基督教認爲，擺脫神的拷問，請求神的寬恕，就必須尋求人們的慈善倫理的主體自覺。此外，基督教的「原罪」教義也包含著人性惡的觀念。正因爲把人性設定爲惡，人們才會在靈魂和肉體上受盡無窮的懲罰。爲了贖罪，爲了死後能夠進入天堂，人們只有在塵世中竭盡全力地洗清靈魂，努力扶危濟困，努力地幫助窮人。若不積極行善，他們就會進入沉淪，死後在地獄中凌受無盡的折磨，永遠不得超生。應當肯定，基督教的富罪意識確實起到了慈善倫理的強制性作用。它要求人們爲了贖罪就必須將自己的財產捐贈出去，救濟窮人，否則他們將永遠得不到上帝的寬恕，永遠都不能升入天堂。於是在慈善理念根深蒂固的西方，各種慈善基金會應運而生且形成了較爲完善的慈善制度規範。這種制度規則反過來又進一步地規範著人們的慈善行爲，使人們樂意爲善，必須爲善。從上述的比較來看，西方慈善倫理思想資源體現了較中國傳統慈善倫理思想資源更爲優越性的一面。

3、前者強調政治的功用性，後者則凸顯樸素的民主自由以及個人奮鬥的特點。第一，中國古代極爲注重對民本主義思想的闡釋，而這種思想也一直滲透到了中國古代的慈善思想中。由於對民本思想的倡導，儒家主張君主必須施行仁政，而爲了與仁政相匹配，政府也必須在慈善中充當主體的角色。因此，中國傳統慈善觀基於這種思想就已排斥了民間慈善的正當性和積極性，轉而爲統治階級服務，體現了政治的功用性。古代的統治者往往竭力反對民間慈善事業的發展，在他們看來，民間慈善反而襯托出了統治的不仁與失敗。

第二，與中國傳統慈善倫理思想資源有所不同，西方慈善倫理思想資源認爲慈善是公民的責任與義務，主張公民必須獲得個體的自由、自主。因此，西方慈善倫理思想資源強調民眾必須有著自己自覺和獨立的慈善活動。同時，還主張人們應當通過個人的勤勞勇敢，艱苦奮鬥去獲得財富，而依靠繼承得來的財富並不值得驕傲和炫耀。在西方慈善倫理觀看來，倘若人們將自己辛勤勞動賺取的財富分給窮人，那麼他們將會成爲極其高尚的人；而如果是通過饋贈或繼承獲得的財富，即使用這種財富周濟需要幫助的人，其個人

也不會獲得靈魂的救贖。

總而言之，中國傳統慈善倫理思想資源和西方慈善倫理思想資源既存在著相似的一面，又存在著不同的方面。但是，無論是中國古代社會，還是西方社會，慈善倫理的本質都是「勸人向善」——即愛人與互愛。利他主義價值觀無疑成了二者共同的慈善倫理價值觀。毋庸諱言，通過上述對比，我們可以看出，中國傳統慈善倫理思想資源較之西方慈善倫理思想資源有諸多不足。因而，在構建中國現代慈善倫理的過程中，如何彌合中西方慈善倫理觀的差距將成爲亟待解決的新問題。

二、現代啓示

對於本文的研究來說，比較中西方慈善倫理的思想資源，分析兩者的差異與相同點，「擇其善者而從之，其不善者而改之」無疑是構建中國現代慈善倫理的基本需要。爲了迅速地推進中國慈善事業的健康發展，構建中國現代慈善倫理必須具備世界眼光，善於貫通古今慈善倫理思想資源和融合中西方慈善倫理思想資源，同時還要與時俱進以及結合中國的具體國情，方才有實現的可能性。通過上述對中西方慈善倫理思想資源的比較，我們可以獲得以下宏觀和微觀層面之啓示：

1、要以開放的心態和寬廣的視野構建富有中國特色的現代慈善倫理。從宏觀層面而言，要改變我國目前的慈善現狀，首先就需要到中外歷史長河中去尋覓既符合現代國人的心態，又具有當前社會道德價值且懷有適應現代社會道德認同感之善念的慈善倫理思想資源。從文化價值層面去領悟、體認、包容中外慈善倫理思想資源。人類的文化發展既具有共同性，也具有差異性。爲此，各種不同的慈善觀之間應當互相學習、互相借鑒，齊心協力推進人類慈善倫理的發展。對於構建中國現代慈善倫理而言，一方面要努力學習和發揚中國傳統慈善倫理思想資源，把中國傳統慈善倫理思想資源作爲中國現代慈善倫理的基本立足點和基本的文化之根。另一方面，要積極吸取西方慈善倫理思想資源中的有益元素，比如西方人的「博愛」、「仁慈」、「感恩」、「分享」、「寬恕」等慈善理念，以及「互濟文化」、「志願精神」、「眾生平等」等慈善精神。這些無疑都是人類發展慈善事業所必需的重要精神資源，都應將它們融入到我國現代慈善文化核心價值中來，成爲中國現代慈善倫理的應有之義。

　　2、要推進推己及人的傳統「愛心觀」向現代超越性的「大愛」理念轉型。論及宏觀的視野過後，將從較小的慈善理念微觀層面來討論中西慈善倫理思想資源的現代啓示。眾所周知，國人往往習慣於在宗族內部和親友之間從事慈善義舉，而對於陌生人則有所忌憚。這主要是由中國傳統「愛心觀」的封閉性和內斂性所致。中國傳統「愛心觀」強調推己及人的程序性，而不善於直接地面對陌生人從事慈善活動，從而縮小了慈善對象的範圍，使原本很多真正需要救助的弱勢群體由於不屬於宗族內部人員或親友而難以得到慈善救助，以致於陷入更加困難的境地，由此異化成了另一種「惡」。同時，這種封閉性和內斂性的不良特性也妨礙了普通人對慈善事業的廣泛參與。為了解決這一問題，構建中國現代慈善倫理有必要向西方慈善倫理學習，主張慈善倫理的博愛性與廣闊性。因此，一方面，中國民眾應當樹立起一種超越性的「大愛」理念，以一顆「博愛」之心，視天下人為一家人，無所差別的相互關愛，做到愛人如己。另一方面，在具體參與慈善施助活動中應當採取無差別地對待一切需要救助與援助的人的態度，即使是陌生的人或是有所仇怨的人，甚至是對待曾經是罪犯、惡霸的人也絕不例外。要努力使中國現代慈善倫理體現出不分民族、種族、膚色、性別等的無差別的開放性的特點，展示其樸素的普世主義的博愛原則。唯有如此，才能實現對陌生「他者」的慈善救助，真正體現一種超越時空的大愛精神。

　　3、要推進「傳統財富觀」向「現代財富觀」的觀念轉型。從更細微的人們的觀念層面來論及現代啓示時我們發現，事實上，中國傳統財富觀主要表現為「藏富」和「代際繼承」兩方面觀念。一方面，古人云：「木秀於林，風必摧之，堆出於岸，流必湍之」。在這種傳統思想的影響下，很多民眾害怕「露富」、「出頭」，擔心一行善便暴露了財富，導致後續的麻煩甚至引來殺身之禍。於是，人們就失去了拿出財富從事慈善的動力。另一方面，「愛有差等」的宗法血緣倫理導致了中國「代際繼承」財富觀念的形成。因為「愛有差等」，所以財富要留給後代，甚至強調由兒子繼承，可見這種「親疏有別、等差之愛」的觀念根深蒂固。古語有云：「不孝有三，無後為大」。「後」的主要功能除了延續家族血脈之外，還有對財產的繼承和守護，防止財產流入他人之手的功能。這種狹隘迂腐的財富觀無疑阻礙了中國慈善事業發展。

　　現代財富觀主要是指在西方世界為了洗涮「原罪」積極濟世救困而獲得救贖的一種對財富的態度與觀念。雖然在基督教看來，擁有財富是一件令人

愉快的事情，且足夠的財富也是人們布施的前提之一。但是，人們絕不應當對財富懷有貪戀的情緒。因為靈魂的救贖不能指望依靠財富的積纍，這只是手段而不是目的。誠然，財富本身沒有善惡、美醜之分，關鍵是人們怎麼去使用它。基督教強調，只有把財富服務於社會和需要幫助的人們，才算是善、美，才能獲得靈魂的救贖，也才能真正地擁有智慧與虔誠的美德。因此，所謂現代財富觀，實質就是財富來源於社會也應當用於社會的理論。正如卡內基所言「在巨富中死去是一種恥辱」；克萊門大聲疾呼人們「必須學會正確地使用財富並獲得永生」。〔註75〕比較中西慈善倫理思想資源，聯繫當今慈善事業發展的實際，不難得出推進「傳統財富觀」向「現代財富觀」的轉型是中國現代慈善事業發展的重要啟示與時代要求。

4、要推進慈善參與從「個人美德」向「公民責任」的角色轉變。在傳統中國，國家、社會乃至個人都非常強調道德的意義。於是，國人常常把參與慈善當做是「個人美德」，乃至與功利本質的「功德」觀念相聯繫。認為一個人若積極參與慈善便可體現自身的道德水準高人一籌，便可成了大家學習的榜樣。中國傳統慈善思想中「慈善與道德」二者的捆綁，給予了參與慈善的個人以極高的道德溢美，而不參與慈善的便成了某種程度的「不善」，這反映的不是慈善倫理的先進和成熟，而恰恰是滯後和幼稚。實際上，在現代社會，參與慈善是公民的一種義務與責任，因為就現代意義而言，處於弱勢的公民本身有接受救助的道德權利。這種「公民責任」的慈善角色觀點在西方大為盛行。康德的「義務論」觀點強調的就是以道德責任和道德義務作為活動的外在出發點。運用到慈善領域，義務原則理應成為慈善活動的普遍性要求。

發展中國現代慈善事業，就應認識到現代慈善的根本歸屬 —— 公共責任，即要推進慈善參與從「個人美德」向「公民責任」的角色轉變。讓慈善卸下道德的光環，成為現代社會中的「平常行為」，讓「靜悄悄的慈善」成為常態化。因此，將慈善，尤其是「富人」的慈善歸位為公民自我認可的「常態化」的社會責任，理應成為構建中國現代慈善倫理的邏輯起點。一言以蔽之，慈善參與不只關係到我，也不只關係到你，而是關係到大家，關係到整個人類。在這一點上，國人要積極向西方學習，快速轉變角色。只有公民認識到了救助弱勢群體是一種社會責任、慈善義務，才能形成一種道德自覺、

〔註75〕〔古希臘〕克萊門：《勸勉希臘人》，王來法譯，上海：三聯書店2002年版，第201頁。

道德習慣，才能自然而然把慈善參與融入到日常生活當中，慈善才能蔚然成風。

　　毋庸諱言，在當今中國，由於社會主義市場經濟體制的初步建立，傳統道德規範的逐步瓦解和新道德倫理尚未確立，因此慈善倫理的構建和踐行都面臨著各種紛繁複雜的問題。傳統道德觀念和社會主義市場經濟下的慈善實踐也產生了諸多矛盾與衝突。不僅如此，當前支撐慈善實踐本應當積極倡導的公平、公正等原則甚至還出現有所背離的現象。解決這些矛盾和問題，顯然成為了構建中國現代慈善倫理所面臨的新的挑戰。所幸的是，中西方慈善倫理的思想資源十分豐富，對二者思想資源的分析與對比給我們帶來了頗多啓示，細究以上四個重要的啓示便可得出，第一個啓示從宏觀層面告訴我們，在構建中國現代慈善倫理過程中要有開放視野與包容並蓄的態度；而後三個啓示則微觀層面出發，探討中國慈善事業健康快速發展目標下的愛心觀、財富觀、慈善參與角色的轉變問題。誠然，上述皆為思想層面上的啓示。然慈善倫理作為一個體系，在考察中西方慈善倫理的思想資源的過程中，也可得到關於構建中國現代慈善倫理體系的整體性啓示。具體包括：一是以財富觀、人生觀為突破口，多一點大愛之心，樹立以「責權結合」的現代慈善倫理理念。二是以尊重人格為前提，多一點換位思考，建立互相尊重的文明行善方式，構築現代慈善行為規範。三是以獨立自主、公平正義為理念，建立高效透明的現代慈善制度。

　　綜上所述，在當代中國社會，由於慈善的社會環境的複雜性，為了推進人們慈善實踐的進步與發展，必須先從思想理念層面著手，把培養濃鬱的慈善文化氛圍作為重要的任務來抓。應當在文化的諸多層面吸取中西方慈善倫理思想資源的有益部分，為我所用，反反覆覆地宣揚具有普世意義的博愛心、公德心、公益心。因為，有了正確的慈善觀念、理念、義務與責任意識，才能指導正確的慈善行為。只有在上述慈善倫理價值觀的反覆教育和薰陶之下，才能促使中國社會養成樂善好施的慈善風尚，並進而規範慈善行為與形成良好的慈善制度。這也是筆者於文章的較前部分對中西方慈善倫理的思想資源進行追溯與比較研究的意義所在。

第三章　當代中國慈善事業的發展狀況及其倫理缺失

　　依據本文的邏輯結構，爲了構建符合當代中國慈善事業發展的現代慈善倫理，對當代中國慈善事業的發展狀況及其倫理缺失有一個清晰的認識就顯得尤爲必要。因此，本章重點分析當代中國慈善事業的發展狀況、倫理缺失以及當代中國慈善倫理缺失的的成因。

第一節　當代中國慈善事業的發展狀況

　　新中國成立後，由於受「左傾」思想的影響，慈善事業也受到極大排斥，政府完全包辦社會保障事業，慈善活動一度在中華大地消失長達 40 年之久。以 1994 年，中華慈善總會的成立爲標誌，中國慈善事業進入了一個由起步到快速發展的新階段。先後經歷了 2008 年 5.12 汶川地震救災中前所未有的國民慈善井噴，2009 年公益慈善事業的大規模分化與重組以及 2010 年以基金會爲龍頭的本土慈善公益價值鏈的打造。在 2011、2012 年、2013 年、2014 年，中國慈善事業則進入了一個從行動到制度乃至文化迅猛轉型與發展的階段。這些轉型與發展體現在慈善捐贈數量的不斷增加上、慈善事業政策法規的革新突破上、慈善組織能力建設和行業自律機制創新等方面上。應該說，當代中國慈善事業進入了一個嶄新的發展階段。

一、大額捐贈促年度捐贈上陞

　　本文所指的公益慈善捐贈範圍，主要是指我國大陸地區社會組織和各級

政府部門、人民團體和群眾團體、教育機構、衛生醫療等非營利部門及宗教
場所、個人所接收的來自境內外的用於公益慈善目的 [註1] 的貨幣及有價證
券捐贈、物資捐贈。以此為標準，自 1994 年以來，隨著社會各界慈善捐贈
意識的不斷增強和捐贈統計工作的不斷完善，我國慈善年度捐贈額呈現不斷
增加的趨勢。尤其近幾年以來，我國接收國內外社會各界的款物捐贈和我國
對外捐贈總額更是快速增長：2006 年 100 億元、2007 年 309 億元、2008 年
1070 億元、2009 年 542 億元、2010 年 1032 億元、2011 年 845 億元。當然，
在這總體不斷增加的趨勢中，個別年份也出現了回落的現象。比如，2008 年，
由於「5.12」汶川地震的原因，年度捐贈額急劇增加，達到歷史新高；2009
年有所下降；2010 年，由於西南旱災、甘肅泥石流、玉樹地震等自然災害的
發生，年度捐贈額又突破千億元；而 2011 年因全年無重大自然災害，又加
上「郭美美」、「盧美美」等慈善亂象出現的影響，年度捐贈額下降到 845 億
元。〔註2〕

　　年度捐贈額不斷增加的個中原因，尤為值得一提的是當前不斷湧現的中
國富人學習西方富豪行善舉，進行大額捐贈的情況。比如，2008 年盧德之和
李光榮先生共同出資 2 億元人民幣成立迄今為止中國大陸地區原始註冊資金
最大的華民慈善基金會，此後數年持續捐贈數億元；2010 年王健林先生單筆
10 億元捐贈開創了中國單筆捐贈的最高金額；2011 年曹德旺先生提供的股
票價值 35.49 億元的捐贈，成為我國有史以來價值最大的一筆捐贈；黃怒波
向北京大學捐贈 9 億元，王健林對中國體育事業的 6 億元捐贈，許家印的 7
億元捐贈等都是本年度大額慈善捐贈的亮點。〔註3〕2012 年的大額慈善捐贈
活躍度極高，北京師範大學中國公益研究院 2013 年 1 月 1 日在北京發佈的
《2012 年中國捐贈百傑榜》入榜人員的捐贈總額增長到了 748 億，是 2011
年總額度（121 億元）的 6 倍以上。從這些統計的慈善捐贈事例可以看到，

〔註1〕 本處的公益慈善事業，是指根據《中華人民共和國公益事業捐贈法》確定的
　　　領域開展的活動和困難群體救助，包括：救助災害、救濟貧困、扶助殘疾人
　　　等困難的社會群體和個人的活動；教育、科學、文化、衛生、體育事業；環
　　　境保護、社會公共設施建設；促進社會發展和進步的其他社會公共和福利事
　　　業。
〔註2〕 參見楊團主編：《中國慈善發展報告（2012 年）》，北京：社會科學文獻出版社
　　　2012 年版，第 12～25 頁。
〔註3〕 參見北京師範大學中國公益研究院：《中國公益事業年度發展報告（2011
　　　年）》，北京：北京師範大學出版社 2012 年版，第 10～11 頁。

中國經濟不斷高速發展，使得大額捐贈常態化具有了現實的經濟基礎；也可以預料，隨著中國財富倫理的不斷完善，人們「財富來源於社會，也應用於社會」的財富觀的建立，中國大額捐贈將趨向常態化，鉅額捐贈贈的時代即將到來。

二、慈善組織發展促行業格局優化

中國改革開放以來，建立在國家控制全部社會資源基礎上的政府供給模式開始向多元的社會供給模式的發展爲各種中介組織、社團協會、民間組織等第三部門的崛起提供了合法性和活動空間，促進了我國公益慈善事業的長足發展。慈善組織作爲慈善行爲的載體和橋梁，它的數量和實力是衡量一個國家慈善事業發展水平的重要指標。近年來，慈善組織在中華大地如雨後春筍般不斷湧現。截止 2013 年底，我國已登記註冊的社會組織共超過 50 萬個，其中社會團體約 27.3 萬個，民辦非企業單位 23 萬個，基金會 3713 個，從業人員超過 1200 萬人。〔註 4〕此外，還有未經註冊的活躍在民間的 200～300 萬個草根組織。這些組織把慈善公益作爲發展宗旨，在慈善事業中扮演著積極角色，組織實施了數以萬計的慈善項目，慈善規模也在不斷擴大。從非政府性、非營利性、獨立性、自治性等特點而言，草根組織是慈善組織中更爲典型的代表。

當代我國慈善事業的發展呈現出一種「雙軌」並行的模式。一方面，政府發起和主導的慈善機構系統依附於行政體系仍然保持著強大的社會資源動員和社會服務輻射能力，構成了慈善事業版圖的官方層面。另一方面，30 多年的經濟高速發展所帶來的民間資源的增長及社會自主、互助精神的不斷增強也推動了民間慈善服務機構的快速發展，逐漸形成了我國的「民間慈善公益事業」層面。尤爲值得一提的是，近年來，民辦非公募基金會的發展極大的拓寬了慈善事業的發展局面，促進了慈善領域的良性運轉。自 2004 年《基金會管理條例》頒佈實施以來，我國非公募基金會得到了迅猛發展。根據基金會中心網的實時統計數據，截止 2014 年 10 月 15 日，基金會總數達 4024 家，全國非公募基金會數量已達到 2550 家，超過公募基金會（1474 家）1076 家之多。除公募基金會在數量上已不佔優勢外，在資產規模方面，非公募基

〔註 4〕催靜：《民政部官員：簡政放權開啓社會組織改革大幕》，新華網，
　　　　http://news.xinhua-net.com/2013-10/23/c_117838385.htm。

金會與公募基金會之間的差距也在不斷縮小。根據基金會中心網 2013 年末發佈的《非公募基金會發展趨勢分析》報告數據，全國非公募基金會淨資產占我國基金會總體資產的比例從 2008 年的 29%增長到了 2013 年的 42%。〔註5〕有預測估計，在未來幾年內，非公募基金會有望在資產規模上也實現對公募基金會的趕超。可以說非公募基金會正在逐漸成為我國民間慈善資源的重要籌集平臺和推動我國慈善事業發展的核心力量。參照國際經驗，隨著非公募基金會的快速成長，中國既往官辦公募基金會主導慈善資源的格局將得以改變，行業格局將得以優化，民辦的非公募基金會作為新生力量將推動慈善產業鏈的重大調整。

三、「微公益」促官民共治

　　中國慈善事業傳統的資源與人員調動模式是以行政動員為主導的模式。然 2011 年的紅十字會「郭美美」事件標誌著傳統動員機制的瓦解，開啓的是以互聯網等新媒介為載體的「微公益」時代。「微公益」中「微」有兩層含義。首先，「微公益」的主要途徑是「微博」，這種全新的互聯網應用模式促成了一個虛擬社會，公共話題在網民社群中快速傳播，為「微公益」提供了情感載體，搭建了宣傳平臺，造就了組織手段。其次，「微公益」參與主體之「微」和力量之「微」，「微公益」倡導普通人從自我做起，從身邊小事做起，強調有無，而不追求多少，以「潤物細無聲」的姿態來改變社會生態。〔註6〕

　　近年來，「微公益」的典範不勝枚舉。比如，2011 年年初，由中國社科院農村研究所教授於建嶸等人通過微博發起了「隨手拍照解救乞討兒童」的「微博打拐」行動。活動發佈了 2000 多副各地網友街拍的乞討兒童照片，在很短時間內就吸引了十餘萬粉絲。霎時間，網上網下，個人的、小團體的、志願的非專業行動，與公安、各類媒體、人大代表及政協委員等社會力量聯合，最終演化為一場政府與民眾共同推動的社會行動。這樣的一場「微公益」活動無疑具有其鮮明的特徵。它由學者發起、以多個意見領袖為中心、兼有網友廣泛參與的公民行動。由於網絡的參與具有便捷、傳播高效等特性，因

〔註 5〕 參見基金會中心網首頁，http://www.foundationcenter.org.cn/，2012 年 10 月 15 日登入。

〔註 6〕 參見方長春、陳友華等編著：《向死？向生？—— 中國公益觀察 2012》，北京：中國社會科學出版社 2012 年版，第 181 頁。

而對走出以以往解救乞討兒童在信息上受隔絕的困境十分有效。更爲關鍵的是以「微博」的渠道行公益，使得民間訴求能很快傳達給政府且很快促成政府部門積極介入（比如公安部門的積極破案），共同形成線上線下的良性互動與默契合作，進而起到凝聚社會信心、社會救濟和重塑倫理秩序的作用。〔註7〕此外，還有由媒體記者鄧飛等 500 多名記者和國內外媒體聯合中國社會福利基金會發起的「免費午餐」項目。「免費午餐」基金的公募計劃倡議每天捐贈 3 元爲一個貧困學童提供免費午餐。該項目於 2011 年 4 月 2 日正式啓動，短短幾個月就已募集善款近 2000 萬元，涵蓋 13 個省區的 110 多個學校。10 月 26 日，國務院常務會議決定實施《農村義務教育學生營養改善計劃》，中央每年撥款 160 多億元，按照每人每天 3 元的標準爲農村義務教育階段學生提供營養膳食補助。政策約惠及 680 個縣（市）的 2600 萬名在校學生。〔註8〕「免費午餐」自微博倡導、蓬勃而起，最終影響到國家政策的快速推進，不到幾個月就促成了國務院的一項政策。「免費午餐」項目的成功樹立了民間慈善與政府政策良性互動的典範。

「微公益」這種新媒體的傳播力量正在成爲匯集民間社會、商業力量、公共財政等相關領域的巨大善因，形成強大的慈善公益合力；互聯網的平臺使得「微公益」更具大眾性、草根性，因而得以迅速傳播，眞正實現了公益慈善的平民化、常態化，以公民行動促進官民互動與官民共治。

四、慈善新舉促政策法規革新

慈善事業一直是政府高度關注且積極推動的事業。慈善政策法規作爲慈善事業的制度性安排和基礎，也一直是社會各界高度關注的焦點。推動慈善政策法規的不斷革新是政府在慈善領域積極作爲的具體表現。從 1998 年的《社會團體登記管理條例》、《民辦非企業單位登記管理暫行條例》，到 1999 年的《中國公益事業捐贈法》，到 2004 年的《基金會管理條例》，再到 2008 年的《企業所得稅法》等都顯示出了我國慈善事業的政策法規在不斷完善。

近年來，我國慈善新舉不斷湧現，皆有效地推動了慈善事業的改革發

〔註 7〕參見楊團主編：《中國慈善發展報告（2012 年）》，北京：社會科學文獻出版社 2012 年版，第 347～354 頁。

〔註 8〕參見楊團主編：《中國慈善發展報告（2012 年）》，北京：社會科學文獻出版社 2012 年版，第 396～403 頁。

展。典型事例可謂舉不勝舉：第一，「壹基金」落戶深圳——首個突破雙重管理體制的民間公募基金會誕生。2004 年，李連傑發起成立「壹基金」，並與中國紅十字會總會合作，制訂了「中國紅十字會李連傑壹基金計劃」。2008 年10 月，在上海成功註冊了非公募性質的上海李連傑壹基金公益基金會，作爲「中國紅字會李連傑壹基金計劃」的執行機構。多年來，「壹基金」一直希望能成立屬於自己的公募基金會，但未能如願。2011 年 1 月，這個心願終於實現了，深圳市民政局批准成立了民間興辦的公募性質的深圳壹基金公益基金會。「壹基金」三易其身的曲折「故事」揭示了民間慈善力量合法生存與發展的生態環境在艱難中有了新突破的現象。第二，東莞坤叔助學團隊喜獲登記。2011 年國慶節，坤叔（張坤）收到了東莞市民間組織管理局發來的一張《民辦非企業單位登記批准通知書》。東莞市「千分一」公益服務中心註冊成功，坤叔助學團隊從此結束了 23 年沒有「身份證」的日子。「坤叔轉正」是我國社會組織登記管理體制改革的一個標誌性事件。在坤叔背後，是成千上萬雙期待「轉正」的眼睛——大量未能登記註冊爲法人機構的民間草根組織都將搭乘上社會組織改革的「和諧動車」。第三，曹德旺「捐股」——開闢全新慈善捐贈模式。2011 年 5 月，曹德旺創立的「河仁慈善基金會」舉行揭牌儀式。在儀式上曹德旺向「河仁慈善基金會」捐贈 3 億股福耀玻璃股票，市值 35.49 億元，從而使「河仁慈善基金會」成爲中國首家以股票捐贈形式支持社會公益事業發展的基金會，並由此開創了中國基金會資金注入方式、運作模式、管理規則等領域的先河。〔註9〕可以說，「捐股」這種全新的捐贈方式能夠得到政府的批准認可，標誌著我國慈善政策制度的突破，爲中國的富人開闢了另一條做慈善的康康大道。

　　陳舊的慈善環境必然要求創新，慈善新舉又必定會促進政策法規的革新。勇於探索，創新體制，不斷推出慈善新舉，促進政策法規突破，成爲了我國政府與民間達成的重要共識。主要表現在：第一，社會管理創新政策明確，慈善發展空間擴大。比如，2011 年 7 月，中共中央、國務院下發了《中共中央國務院關於加強社會創新管理的意見》，這一政策的出臺，標誌著在未來相當長的一段時間內，尤其是地方政府對慈善事業的扶持與發展都將圍繞並納入到推動社會創新管理的大範疇中。2013 年 11 月，中共十八屆三中全會將慈善事業提高到了社會治理體制創新的戰略高度，爲現代慈善事業發展明

────────────

〔註 9〕參見《曹德旺捐贈股票考驗政府智慧》，《京華時報》2011 年 5 月 9 日，第三版。

確了基本的指導思想，奠定了現代慈善發展的廣度與深度，《決定》中，更是明確提出重點培育和優先發展公益慈善組織等類型社會組織，成立時直接登記。第二，慈善立法不斷推進，透明公開細落實。一是三大條例進入修訂，釋放政策突破信號。2011 年 3 月，民政部副部長姜力透露，民政部正會同國務院有關部門抓緊修訂《社會團體登記管理條例》、《基金會管理條例》和《民辦非企業單位登記管理暫行條例》。二是《慈善事業法》等納入立法規劃。自2005 年起，民政部就開始推動《慈善法》的起草工作。2009 年 8 月，民政部將《慈善事業法（草案）》上報國務院，並由國務院法製辦公室正式向各地、各部門徵集意見。2013 年 10 月，十二屆全國人大公佈了《慈善事業法》立法由全國人大內務司法委員牽頭，並於 2014 年 2 月列出了立法時間表和路線圖。這一信息傳遞了慈善立法已經成爲國家發展中重要的法律事項；慈善立法的進程將加速推進。2014 年 2 月，國務院也發佈《社會救助暫行辦法》，是我國第一部統籌各項社會救助制度的行政法規，標誌著社會救助整體框架確立。三是慈善捐贈稅收優惠政策得到有效放寬。比如 2008 年 1 月 1 日，開始實施的《中國人民共和國企業所得稅法》及其《實施條例》是對企業捐贈稅收政策的重大調整，意味著更多慈善組織可以申請稅收減免資格；2009 年 11月，財政部和國家稅務總局製定的《關於非營利組織企業所得稅免稅收入問題的通知》和《關於非營利組織免稅資格認定管理有關問題的通知》分別對非營利組織免稅收入範圍和免稅資格認定予以明確；2011 年 6 月，民政部製定的《全國性社會團體公益性捐贈稅前扣除資格初審暫行辦法》；2013 年初，《國務院批轉發展改革委等部門關於深化收入分配製度改革若干意見的通知》第 20 條規定：「落實並完善慈善捐贈稅收優惠政策，對企業公益性捐贈支出超過年度利潤總額 12%的部分，允許結轉以後年度扣除。」至此，我國首次在政府部門發佈文件之中，對慈善稅收減免的結轉問題有了明確規定。四是「十二五」規劃綱要出臺，明確慈善發展目標。2011 年 7 月，民政部發佈了《中國慈善事業發展指導綱要（2011～2015 年）》，該綱要從國家層面確立了慈善事業發展的第二個五年規劃，是國家層面專門規範慈善事業發展的重要文件。五是致力於推動確保行業自律的行業標準出臺和建立信息公開透明平臺。比如，2007 年 12 月，由北京青少年發展基金會等 13 家慈善公益組織發起成立了「首都慈善公益組織聯合會」，該聯合會到 2012 年 4 月已擁有74 家成員單位；2009 年 7 月，國內 110 家非公募基金會參與了「中國非公募

基金會發展論壇」，會上發佈了《中國非公募基金會自律宣言》和製定了《非公募基金會自律準則》；2009 年 10 月，中國非公募基金會發展論壇發起成立了「基金會中心網」；2011 年 6 月，民政部發佈的《公益慈善捐助信息公開指引》明確了需要公開慈善捐助信息的主體和信息公開的原則；2013 年 4 月，中國慈善聯合會與中國志願服務聯合會先後建立，使得公益慈善領域增加了兩大重要的行業組織，標誌著動員全國公益慈善資源，實現行業內的進一步合作有了重要載體。以上諸多舉措都是通過革新政策法規來為社會組織的有序發展提供保障，以適應新形勢的需要。第三，地方政府踴躍創新，慈善政策由點及面鋪開。近年來，地方政府慈善新舉不斷，慈善立法更是亮點突出。一是地方慈善立法創新呈輻射狀鋪開。比如，2010 年 1 月，《江蘇省慈善事業促進條例》出臺；2011 年，先後出臺的《寧波市慈善事業促進條例》、《寧夏回族自治區慈善事業促進條例》、《長沙市社會組織登記和監督管理辦法（試行）》，以及首部規範募捐的地方性法規《湖南省募捐條例》；2012 年 1 月，《廣州市募捐條例》正式實施；2013 年 5 月，《陝西省慈善事業促進條例》實施，12 月，北京市發佈了《北京市促進慈善事業若干規定》等。這些條例法規的頒佈都對中國現存基本慈善政策法規有很大的突破。二是政府扶持慈善組織發展力度加強。尤其表現為政府購買社會組織服務遍地開花。比如，2011 年 3 月北京市民政局發佈開展服務民生行動規劃，圍繞服務民生類、公益服務組團類、專業服務類、培育發展類、參與社會管理類五大方面購買了 600 項社會組織公益服務項目；深圳則早在 2009 年就出臺了《關於開展政府購買社會組織服務試點工作的意見》，2011 年初更是出臺了《深圳市財政扶持社會組織發展的暫行辦法》，將政府購買社會組織服務從原來的彩票公益金等預算來源，直接納入政府財政預算來源，這標誌著政府購買社會組織服務進入常態化。正是多地的政府購買服務的創舉直接推動了 2012 年初《中央財政支持社會組織參與社會服務項目實施方案》的出臺。於是，才有了 2013 年 9 月國務院連續發佈《政府購買服務意見》、《健康服務業意見》兩個有關社會組織和慈善事業發展的重要文件。三是寧夏首創「黃河善谷」，廣東倡導社會領域改革。2011 年，寧夏提出「社會慈善企業」概念，並成功推動「黃河善谷」的建立，創造性地提出鼓勵民營企業參與慈善事業，在全國率先將社會慈善企業納入地方立法，把招商引資與慈善事業進行了有效的結合；2012 年，廣東以有效解決東莞坤叔「千分一」公益服務團隊註冊問題為標誌，在全國範圍

內首次將社會組織發展提高到促進社會領域改革的高度，並成爲首個將放開慈善組織登記以法律的形式落實下來的省份。〔註10〕

　　總體來說，近幾年，一方面可以評價爲是中國慈善事業的多事之秋；另一方面也可以說是中國慈善事業進步最大，發展最快的時期。當然在取得巨大成就的同時，也存在一些嚴峻的挑戰。其一，從大的方面來看，我國目前利於慈善組織發展的扶持性法律體系並沒有完全建立。我們的慈善捐贈資金、慈善組織數量、慈善從業人員、志願者隊伍與歐美等國家相比差距還非常明顯。其二，從小的方面來看，在海外援助資金撤離中國的情況下，中國本土基金會能否承擔起資助民間慈善公益組織這一重任，仍爲影響慈善組織生存和發展的一個核心問題。同時，慈善組織專業化程度不高、透明度不夠以及中國富人合理財富觀的建立等問題，都是發展中國現代慈善事業亟待考慮和解決的問題。

第二節　當代中國慈善事業的倫理缺失

　　從上一節，我們可知當代中國慈善事業已取得了一系列成就。然縱觀中國慈善實踐的整體現狀，它還存在著一些發人深思的倫理缺失。這些倫理缺失主要是指慈善活動中的誠信問題、慈善主體道德自覺與動機問題、慈善方式失調以及慈善發展制度的公正與慈善資源配置的公平問題等。對這些問題的有效解決，將直接決定著中國現代慈善倫理的構建以及中國慈善事業的未來發展。

一、慈善活動中的誠信問題

　　古人云：「人無信則不立」，這句話恰可適用於慈善活動。一般而言，慈善實踐主體必須具備誠信德行。只有在誠信德行的指引下，社會的受助者才能夠切切實實地感受到他人的關愛、社會的溫暖。相反地，倘若慈善主體的行爲有違反誠信的問題存在，那麼，這不僅是對受助者的傷害，同時也是對中國慈善事業整體的傷害。與此同時，作爲慈善客體的受助方同樣應具有誠信德行，這樣才不至於傷害施助方的情感，影響其行善的積極性。當前，慈

〔註10〕參見北京師範大學中國公益研究院：《中國公益事業年度發展報告（2011年）》，北京：北京師範大學出版社2012年版，第2～7頁。

善活動中的誠信缺失主要集中在以下幾個方面：

1、關於慈善組織的誠信問題

公信力是慈善組織的生命力，也是慈善事業的生命力所在。若缺乏誠信，喪失了公信力，慈善組織就會喪失慈善資源、喪失價值，失去民眾的信任與支持，慈善事業也不可能得到持續發展。當前，國內各種慈善組織的公信力處於亟待建設的狀態中。其誠信方面的缺失主要表現為：第一，違背捐贈「自願」原則。由於目前許多公益慈善組織實質上是政府部門的延伸，於是，違背自願精神，面向企業、公職人員等採取攤派形式開展募捐的「逼捐」、「勸捐」情況便時有發生。據媒體報導，山東省威海市以行政手段層層推進募捐行動，將各單位募捐成績納入幹部績效考覈，迫使一些官員不得不把募捐當作「政治任務」逐級下達，以至於月收入僅 1500 元的維修工也曾被迫捐出 500 元，惹得民怨載道。威海市這種「強捐」雖然只是個案，但從工資中直接扣除捐款的做法，卻是我國官辦慈善組織捐贈中一個比較普遍的現象。〔註 11〕第二，缺乏信息透明機制。根據中國慈善捐助信息中心 2010 年 8 月發佈的一組數據，《全國性慈善組織信息披露監測報告》中顯示，即便是在汶川「5.12」大地震期間，參與接受捐贈的 28 家單位中，僅僅只有 12 家組織公佈了群眾所關心的捐款去向以及支出情況，還占不到機構總數的一半。事實上，即使是包括中華慈善總會以及中國紅十字會在內的全國性的 32 家慈善組織，他們在網站上公佈年度報表和財務匯報的也只有 12 家，都不足總數的 40%。其中，甚至有 6 家機構都沒有設置自己的網站。該監測報告對慈善組織信息不公開的制度性缺失做出了嚴厲的批評，認為這將遲滯中國慈善事業的發展。毫無疑義，缺少信息透明機制嚴重挫傷了捐助者的行善積極性和捐贈熱情。第三，缺乏責任心，背棄誠信，甚至進行違規違法操作。一是一些慈善組織不能本著對捐贈方負責任的態度行善；未能盡力做到將其所接收的善款善物用於真正需要救助的弱勢群體中的個人和組織上；也未能做到對受助方進行及時監督並跟蹤調查善款善物的使用情況，以及未能有效地向捐贈者反饋信息。二是一些慈善組織言行不一，不注重提升服務質量，相反甚至只顧自己私人利益，背信棄義違規違法運作，幹一些與慈善組織應有的道德操守相違背的事情；更有甚者欺騙政府、欺瞞社會，私吞私分善款善物。三是善款未

〔註11〕 參見《山東威海將單位募捐成績納入績效考核引爭議》，《新京報》2009 年 6 月
　　　　13 日，第三版。

能按照捐贈人的意旨，做到「專款專用」、「專物專用」，而是被挪爲他用。所有的這些現象給慈善組織的公信力造成了巨大的傷害。近年來，發生在各種慈善組織內的誠信缺失事件比比皆是。例如，2011 年 9 月 1 日《南方周末》發表深度報導，河南宋慶齡基金會大量資金被用於各種企業的投資和放貸，而企業以捐款的形式支付河南宋基會的放貸利息，「宋基放貸，捐款付息」已成爲宋基會的一種固定商業模式。河南宋基會方面則指責記者的報導中多有失實之處。而此後的「宋慶齡雕像」讓事件再度升溫，官辦慈善組織的信譽度降至冰點。〔註 12〕

2、關於施助者的誠信問題

施助者作爲慈善主體是指除慈善組織以外的，參與慈善救助與援助的個人和集體。他是整個慈善活動的參與者之一，對慈善道德的形成無疑負有重要的道德責任。目前，施助者作爲慈善組織之外的參與慈善捐助的集體和個人，他們大體上能夠恪守誠信的相關道德準則，切實履行誠信的責任和義務。但是，人們也無法忽視有不少的施助者存在著誠信缺失問題，對整個慈善事業的發展造成了惡劣的影響。第一，施助者誠信缺失的表現方式之一就是「假慈善」。具體表現爲在一些特定的場合「喊口號式」的承諾捐贈，但實際落實到位的善款、善物很少，甚至是一毛不拔。比如，在「5.12」大地震後，很多企業紛紛通過媒體公開承諾捐款，且報出十分吸引人眼球的捐款數額。然後來，據有關媒體報導，一些企業曾經公開承諾捐款，最後卻「跳票」，有的甚至分文不捐了。第二，施助者誠信缺失的表現方式之二就是「詐捐」行爲。尤其表現爲一些所謂的「施助者」假借慈善之名謀取個人私利。譬如，2008 年 5 月 12 日，汶川大地震後，江蘇力聯集團發出《關於開展向四川省汶川等地震災區慈善捐款的通知》。廣大員工積極響應公司倡議踴躍捐款，直到捐款截止日期，共募集到善款 41423.1 元。力聯公司老總瞿韶均向員工承諾善款將統一通過江蘇省慈善總會送達災區人民。然而，2009 年 4 月 20 日，依據《中國青年報》記者所做的調查，江蘇省慈善總會、省紅十字會，南京市慈善總會、市紅十字會，以及力聯公司所在地的南京市鼓樓區慈善分會和紅十字會等 6 家單位的負責人都說，他們所在的慈善機構查遍了所有的記錄，並沒發現力聯集團和其負責人瞿韶均交來的善款。〔註 13〕毫無疑問，這種假以慈善

〔註 12〕參見《宋基放貸，捐款付息》，《南方周末》2011 年 9 月 1 日，第五版。
〔註 13〕參見《江蘇力聯集團老總被指責侵佔員工地震捐款》，《中國青年報》2009 年

的名義進行「詐捐」，來爲個人謀私利的行爲嚴重加深了社會的信任危機。第三，施助者誠信缺失的又一個重要表現就是「僞慈善」。所謂「僞慈善」就是指在慈善實踐中不能實事求是地公開自己的慈善捐款數額，且常將本用於慈善捐助的款項化公爲私，爲自己謀取不正當的利益。在這一問題上，最爲突出的事例當屬 2006 年底發生在雲南麗江的「中國母親」胡曼莉事件。曾被高調正面宣傳而聞名的「中國母親」、中華綠陰兒童村創始者胡曼莉隱瞞社會捐助款項，把社會捐助的 33 萬元人民幣劃入自己的名下，同時不據實羅列各種開支，該數額高達 43 萬元人民幣。不僅如此，她還支用社會捐助款進行個人經商，獲取私利。她的行爲不但對社會造成了極其惡劣的影響，而且對整個慈善誠信的道德建設造成了難以估計的損失。〔註 14〕第四，除此之外，人們更不應當忽略的就是喊口號式的「裸捐」。一些企業家宣佈「裸捐」這樣的豪邁氣概，固然讓人敬佩。這種熱衷慈善的精神也值得稱頌。然而，根據中國現有的政策法規、尤其是稅收政策法規，宣佈「裸捐」便意味著捐出所有財富後還得借相當數量的資金去交稅，也就意味著「裸捐」後就得負債度日。顯然，「裸捐」在當今中國現有的政策法律環境下是不切實際的，只能作爲一些富豪喊口號式的美好慈善追求罷了。

3、關於受助者的誠信問題

人們常常只關心慈善組織和施助者的誠信問題，而對受助者的誠信問題缺少關注。事實上，在當今中國，那些曾經受到慈善幫助的人或組織當中，也有不少缺乏誠信德行的。他們非但不懂得應懷有一顆感恩的心，還時常做出有悖誠信道德的事情來。目前看來，受助者的誠信缺失主要表現爲以下三個方面：第一，受助者是假的。即有不少的受助者往往隱瞞自己的眞實情況，他們本身也並不屬於社會的貧困者和弱勢群體。而他們謀取社會救助的目的也不過是爲了獲得私利，從慈善組織或捐贈人那裏騙取財富。比如，吉利控股集團公司 2007 年在中國教育發展基金會成立大會上，宣佈捐贈 5000 萬元人民幣資助北京吉利大學 1000 名貧困大學生完成學業。同學們積極踴躍報名申請，經過篩選最終有 100 名大二貧困學生受到資助。可後來學校發現，他們當中的一些同學經濟上並不貧困、學習也不刻苦努力，甚至喜歡追趕時髦、生活並不節儉。經調查，原來這些同學是通過關係在自己老家開了假的貧困

---

4 月 24 日，第四版。

〔註 14〕參見《中國慈善現象調查》，《法制日報》2007 年 4 月 29 日，第五版。

證明，從而獲得受資助的資格。正所謂「窮孩子」搖身一變，竟是領導之子。應該說，受助者的這種行為嚴重損害了真正需要救助的人的利益，傷害了施助者真誠的情感，給整個慈善事業的誠信建設帶來了極大的挑戰。第二，受助者違背捐助人意旨，私自把善款用於它途。即一些受助者違背施助者當初的捐助本意，把善款作為它用。比如，曾被重慶晨報等媒體廣泛報導的北京大學研究生段霖夏接受捐助卻違背捐助人意志將善款用於它途。2003 年 8 月，李富華看到報紙報導段霖夏《考上北大研究生為掙學費當「扁擔」》一事，決定資助段霖夏入學，約定段霖夏也要「努力完成學業，積極回報社會」。此後，李通過多種方式，分幾次寄款共資助段霖夏 4 萬元。2007 年 7 月，李得知段霖夏原來早已退學，瞞著自己用善款回重慶開起了公司的消息後，遂將段告上法院，要求撤銷他和段的贈與合同，由段返還他 4 萬元的善款。〔註15〕雖然，當事雙方各執己見，然受助者在未告知施助者的情況下選擇退學，把善款作為它用，這無疑對施助者造成了深深的情感傷害，甚至使施助者有深受「欺騙」之感。第三，受助者誠信缺失還表現為有不少的受助者在通過慈善救助與援助後擺脫困難，過上了幸福的生活，卻還繼續享受著慈善組織或捐贈人給予的慈善捐助。受助者的這些行為嚴重影響了慈善組織或施助者對其他弱者、貧困者應當給予的幫助。

二、慈善活動中的公平公正問題

「公平、公正」是人類的美好價值追求。在慈善領域也不例外，「公平、公正」乃是慈善人共同的價值追求。公平公正的慈善制度設計和慈善資源分配方式有助於整個慈善事業的良性運作與發展。然而，在當代中國慈善事業發展過程中，公平、公正時有缺失，一系列不公平、不公正的現象層出不窮。

1、國家慈善制度設計有失公平公正

一是依據當前國家相關慈善規章制度，在登記註冊方面，目前還未完全放開的雙重管理體制導致了大量的慈善組織無法註冊；不科學的稅收政策，則導致了民間慈善組織發展出現「只可生，不允許長，尤其不允許長太大」的奇怪現象。二是慈善資源形成了壟斷格局。在目前的中國社會，只有向中華慈善總會、中國紅十字會等一部分慈善機構捐贈才能夠享有慈善捐贈免稅

〔註15〕參見《考上北大研究生為掙學費當「扁擔」》，《現代快報》2008 年 1 月 17 日，第六版。

的政策，而還有很多慈善機構則無法享有這樣的政策。這無疑使得慈善資源在官辦和非官辦、公募和非公募慈善組織之間得不到公平的分配，公平的競爭。也就是說，其它慈善組織運行機制不管如何高效透明也是很難吸引各類企業和個人捐贈的。因為人家捐了錢還得交稅，故就只能向國家規定的那些慈善機構捐贈，於是慈善資源便形成了壟斷的格局。

2、慈善活動中慈善資源的分配有失公平公正

慈善資源實際上也是社會生產再分配的一個有機組成部分。慈善作為社會延伸的第三次分配，雖然不是政府主導的結果，但只要在社會中進行分配，就必然會涉及公平、公正的問題。然怎樣實現慈善資源的公平公正分配，顯然是一個複雜的問題。當前，在慈善實踐中，慈善資源分配不公正、不公平現象主要表現為：一是未經過實地調研和科學論證，而隨意設計慈善資助項目或僅憑慈善組織內部領導人個人喜好設計慈善項目，造成善款善物未能真正用到刀刃上。二是一些慈善機構或施助者在不明白具體實情下對一些受助者進行重複施助。三是為了一些特殊的政治、經濟等目的，一些慈善機構或施助者設置一些特殊的、不正當的慈善資助項目。突出表現在為了某種利益的需要，配合地方政府把善款用於一些所謂的「形象工程」上，美名其曰「倡導慈善」，實際上卻構成了對慈善精神的褻瀆，進而演變成一種「偽慈善」。比如，一些企業資助政府部門進行辦公設施的改造或重點資助與本企業利益相關方等。四是不少地方政府把慈善捐款當成「第二稅源」，本來屬於納稅人自由、自願、快樂選擇的慈善捐款異化為「被慈善」、「被捐款」。善款沒能用到老百姓真正需要的地方，相反卻變成了政府的「額外稅收」。

應該說，上述所謂的「慈善施助」既造成了慈善資源的大量浪費，又對急需慈善援助的貧困者和弱勢群體造成了傷害。一些本可以或本應該得到援助與救助的人和組織，因為沒有能夠得到及時的幫助而陷入更加苦難的境地。慈善資源配置失去了基本的公平公正，慈善倫理價值不復存在。

三、慈善主體的道德自覺與動機問題

慈善主體參與慈善活動的道德自覺與道德動機對整個慈善事業健康快速發展來說尤為重要。然而，從倫理道德的視角來看，當前我國在發展慈善事業過程中，人們參與慈善的道德自覺性存在著明顯的缺失，參與慈善的道德

動機不純，甚至變異也時有發生。

　　1、慈善主體參與慈善的道德自覺有待進一步提高。首先，讓我們看看美國民眾參與慈善的熱情程度。據統計，2011 年，美國國民的慈善捐助款已經達到了 2900 多億美元，約占全國 GDP 的 5.8%。而在這其中，美國個人的捐款超過 2111 億美元，占到了總捐款數的 73%，人均捐款為 450 美元。值得一提的是美國富人對慈善事業非常熱衷。在 2011 年度的慈善捐贈中，美國本土的個人捐贈額超過 1 億美元的，就已經達到 56 人。〔註16〕美國社會，人們參與慈善的道德自覺性可以從他們的參與主體的心態和道德信念中窺見一斑。在美國的不少人看來，他們自覺地看待慈善，已經將慈善當成了社會生活不可或缺的組成部分。在這種全民慈善和普遍慈善的社會風氣的影響下，富人在基督教精神的薰陶下，已把慈善看做是回報社會的必要方式。在企業看來，他們認為通過慈善一方面可以改善自己公司的形象，提高企業的知名度；另一方面，他們認為慈善能夠給予公司員工以極大的鼓勵，增強員工為企業奉獻的精神，由此便能夠創造更高的利潤，為社會創造更多的財富。在普通民眾看來，他們更為相信慈善能夠使他們的靈魂得以淨化，使他們能夠得到上帝的寬宥，獲得原罪的解脫。其次，再看看中國人參與慈善的熱衷程度。據統計，在 2011 年，中國民眾以及企業的捐助總額達到了 845 億元人民幣，僅占 2010 年國家 GDP 的 0.18%，人均不足 70 元人民幣。尤為值得關注的是，中國富人捐贈還是沒能跟上時代的步伐，2011 年捐贈金額上億元的僅 20 人。同時依照《2012 年慈善藍皮書》的對比數據，2011 年，中國、美國、英國、巴西、印度五個國家中，捐贈占 GDP 比重最低的也是中國。〔註17〕

　　通過對比以上統計數據可知，中國慈善事業的發展和美國等國家相比仍然存在著較大的差距，我國公民和企業參與慈善活動的道德自覺性遠遠不夠，全民的自覺慈善意識明顯缺失。也正是由於民眾和企業參與慈善活動的道德自覺性較為滯後，因而嚴重影響了中國慈善事業的發展。

　　2、慈善主體參與慈善活動的道德動機不純──「捐贈秀」表現得尤為突出。當前，民眾與企業參與慈善的動機可謂多種多樣，其倫理缺失主要表現

〔註16〕參見楊團主編：《中國慈善發展報告（2012 年）》，北京：社會科學文獻出版社 2012 年版，第 259～264 頁。

〔註17〕參見楊團主編：《中國慈善發展報告（2012 年）》，北京：社會科學文獻出版社 2012 年版，第 12～26 頁；以及北京師範大學中國公益研究院發佈的《2011 年中國捐贈百傑榜》。

為「捐贈秀」。「捐贈秀」是指以捐贈為手段，以對企業、產品進行宣傳或以謀取個人不正當私利為唯一目的而開展的慈善捐贈。第一，有的企業捐贈數額很少，而對企業捐贈的宣傳和推廣費用卻遠遠超出企業的捐贈數額。更為甚者則是不履行捐贈承諾，完全演變成虛幻的捐贈動機，陷入「詐捐門」。比如，無錫尚德太陽能電力有限公司通過中華慈善總會向中國青少年創意大賽進行價值 1500 萬元的慈善捐贈，尚德因此獲得了賽事的冠名權。但大賽結束後，受贈方有人爆料，尚德迄今尚未捐出承諾的捐贈品，這是一次詐捐。在此事件當中，中華慈善總會也已為尚德公司開出了 1500 萬元的慈善捐款免稅發票。此舉引發了輿論的高度關注，法學專家指出這樣的捐贈流程意味著稅款有可能流失。〔註 18〕其後，中華慈善總會要求尚德方面退還發票。此事件最終以尚德公司完成所有捐贈收場。第二，打著慈善的幌子，借「義演」、「義賣」、「募捐」等形式謀取不正當利益。例如一些企業捐贈的深層目的就是為了避稅；一些明星參與「義演」、「義賣」等貌似慈善活動，實則為自己和主辦方謀取不正當利益。實際上，發生以上種種情況後，公眾便會質疑慈善活動參與者的道德動機，認為他們名為行慈善，實為行營銷。對於企業和個人來說，這種「捐贈」不但不會收到積極、正面的效果，最終還會適得其反，導致人們對「慈善」看法的異化。

四、慈善主體的慈善方式失調問題

眾所周知，內容的實現形式應是多種多樣的。然而，我們同樣明白，好的形式會使內容的實現達到更好的效果。如若不然，則會適得其反。以慈善為例，慈善本應是值得人們津津樂道的事情，是讓人們爭相倣仿的美好行為；好的慈善方式不但能最大限度的實現救助與援助的目的，而且能起到更好的引領大眾積極投入慈善實踐的示範作用。然而，在當前中國慈善實踐中出現的慈善主體一些慈善方式「失調」的現象，無不讓人憂心忡忡。連續六年獲得「中國首善」稱號的陳光標〔註 19〕行善方式無疑是標新立異的典範，但也

〔註 18〕 參見《無錫尚德「詐捐門」：假捐款真騙稅？》，《中國經營報》2011 年 8 月 5 日，第四版。

〔註 19〕 筆者對陳光標先生多年來熱衷參與慈善事業的善舉深表欽佩，每當聽到陳先生講述個人成長經歷以及對慈善的見解時，無不為之動容。筆者認為陳先生參與慈善的內容是貨真價實的。也正如筆者的導師盧德之先生所言「不管高調還是低調，只要是真調就是好調」。其實，媒體和民眾應更多關注陳先生是否是「真

時常遭人詬病。處於風口浪尖的陳光標之所以被質疑，並不是緣起於慈善本身，而是他的慈善方式。陳光標頻頻亮相媒體，他選擇了備受詬病的「高姿態」。陳光標「高調慈善」的事例比比皆是。比如，2011 年 3 月 11 日，向雲南盈江地震災區兩個寨子的民眾每人發放 200 元救災款，在派錢後與村民拍舉錢合影照；2011 年 4 月 8 日，攜 3300 萬現金亮相湖南衛視；2011 年 9 月 22 日，砸奔馳車支持「中國城市無車日」；2011 年 9 月 25 日，在貴州畢節市政府廣場舉辦以「一路慈善一路歌」為主題的慈善演唱會，並現場向觀眾派發 3000 頭豬羊；2012 年 3 月 5 日，「學雷鋒紀念日」，身穿軍大衣、頭戴綠軍帽、手持衝鋒槍拍雷鋒照；2012 年 9 月 17 日，在北上廣設立流動專賣店「售賣新鮮空氣」；2012 年 12 月 21 日，高調秀出億元堆砌的 2.3 億元「錢山」來實施「中外青少年發明創新獎」項目等慈善行為；2014 年 6 月 25 日，在紐約高調宴請窮人，並現場給每人發放現金 300 美元等等。「陳光標式」高調慈善不斷衝擊著人們的視覺神經，招致物議。一些質疑者認為，陳光標即便做了再多再大的好事，以一種「顯擺的方式」展現於世，一再突破倫理底線，最終也不能取得良好的效果。相反被認為是一種「暴力慈善」，以犧牲受助者尊嚴來使自己獲得慈善的快感與滿足。須知這些遠非「木秀於林，風必摧之」八個字可以為其開脫的。其實，從某種意義來看，人們的這一場質疑、辯論與對抗，實則是中華民族幾千年來沉澱的傳統保衛戰。在儒家思想的薰陶下，國人尚中庸之道。所謂「中庸」，便是恰到好處的立世美學，可以「樂」而不可以「淫」，理智而適中。陳光標的諸多「高調」行善方式，著實違背了這一世俗倫常。而陳光標高調去臺灣並高調發放現鈔，更是把「富而不驕」的中華傳統美德踐踏殆盡。可惜陳光標在回應廣大質疑時，也未必認識到自己被質疑的根源——慈善方式「失調」，而非慈善本身缺失誠信。否則，陳光標就不會向所有指責他的人發問「人在做，天在看，面對國家突發災難，我在做什麼？你又在做什麼？」以致於這一場爭議中質疑者與被質疑者都陷入死角，執拗於對慈善本身的相互證偽，找不到問題的關鍵所在，雙方都陷入尷尬的兩難境地。事實上，在當今的慈善實踐中，不僅僅「陳光標式」慈善方式讓人非議，一些被異化的作秀式的慈善方式也甚是令人反感。透過現象看本質，慈善主體慈善方式失調才是問題的病竈，無疑也是當今慈善倫理缺失

調」而非「高調」。當然，如果陳先生能用更加科學、圓融、謙恭的態度修正自己的行善方式，則無疑會給中國慈善事業的發展帶來更多積極的效果。

一個特別值得關注的現象。

總體而言，當代中國慈善的倫理缺失主要就體現在上述幾個方面。對其進行概括歸納，我們便可從中看出一個更爲深層次的倫理缺失，亦或可以認爲是這些缺失的一個總的概括——「契約」精神的缺失。也正因爲「契約」精神在中國慈善事業中的缺失，導致了政府、慈善組織、施助者、受助者之間的權利與義務等關係尤爲不清晰，甚至相當混亂。依據契約精神，政府在慈善事業中的責任與義務會有明確界定；且一般意義上，作爲參與慈善活動的任何一方應既是權利主體，也是義務主體，權利和義務是統一的。然由於契約精神的缺失，致使上述的權利與義務既得不到界定，甚至在慈善實踐中也往往呈現分離的特點。綜上所述，究竟怎樣處理慈善活動中慈善組織，施助者以及受助者之間的權利和義務的關係，當代中國慈善倫理還未能給出合理且完滿的解答。而這本身也是困擾當代中國慈善發展的重大障礙。

第三節　當代中國慈善倫理缺失的成因

構建中國現代慈善倫理，必須要以對當代中國慈善倫理缺失的糾正爲前提。而矯正當代中國慈善倫理的缺失，又必須要明白倫理缺失的成因。毋庸置疑，當代中國慈善倫理缺失的成因是極其複雜的，因此對它的分析涉及到政治、經濟、文化等各個方面的因素。

一、政治原因

不可否認，在中國，政治因素對慈善事業的發展具有決定性的影響。倘若政治及其相關的要素能夠積極地推進慈善事業的發展，各級政府能夠有效地製定利好的慈善政策，那麼，慈善事業的發展就會順利些、健康些，慈善倫理的缺失問題也就能迎刃而解。反之，倘若政治及其相關的要素不能爲慈善事業的發展提供積極的政策法律環境，則慈善事業的發展就會出現曲折，甚至會陷入嚴重的倒退。就當代中國慈善倫理缺失的原因而言，政治因素突出表現爲以下三個方面：

第一，政府對慈善事業插手過多或者直接把部分慈善機構以行政權力政府化。慈善事業必須要得到政府的支持，但是過度的和不適當的政府干預必將致使慈善事業的發展陷入窘境，也必將造成慈善倫理的缺失。在目前的情

況下，中國政府並未完全扮演慈善事業的支持者的角色，相反還給中國慈善帶上深深的官方色彩。一是採取官辦慈善的模式直接主導和控制慈善組織。對於這一點官辦公募慈善基金會便足以說明。中國紅十字會總會屬國務院直屬的副部級單位，中國紅十字會從中央到縣鄉一級，層層與政府體系接軌。其名譽會長是當地政府的一把手，會長是政府主管文教的行政副手，大部分理事由政府部門及國有企業的負責人兼任。各級紅十字會的負責人由政府任免，各級紅十字會的經費收支情況只需向理事會負責。雖然不能說中國的慈善機構完全沒有獨立性，但中國的慈善機構在很大程度上受到政府的主導和控制，中國因此缺乏真正意義上的民間慈善的確是個不爭的事實。這樣的體制安排很容易使慈善機構沾染政府官僚習氣，容易偏離慈善宗旨，導致效率低下。即使慈善機構想要銳意進取，但會處處受到政府掣肘，活力也難以完全釋放。此外，政府財政和慈善機構財政有著千絲萬縷的關係，公眾無法將兩者分開來分別監督。如果要求慈善機構公佈財政明細，就一定會牽涉政府財政，公眾只要求慈善機構公佈財政明細而不涉及政府財政顯然不現實。同時，政府也不可能對慈善機構進行強有力的監督，因為對慈善機構的監督在一定程度上就是對自己的監督。二是為了體現政府的主導性，因而對民間申請成立慈善機構層層設置障礙。突出表現為申請成立慈善組織時手續複雜，以及過高的註冊資金，人為提高慈善組織的批准門檻等等。比如，在省一級註冊成立非公募基金會要有200萬元的註冊資金，公募基金會則要400萬元；在國家一級註冊成立非公募基金會最低要2000萬元。而在世界很多國家，註冊成立基金會往往只需要幾十美元的註冊資金。應該說，過高的註冊資金，客觀上限制了民眾建立基金會的現代行善方式，阻礙了向現代慈善的轉型。三是政府有時過分倚重於發動募捐的方式，似乎只有這樣才更能體現政府在慈善事業中的權威。由此可見，政府大大擠佔了慈善組織的發展空間。以上種種致使人們參與慈善的道德自覺性趨於滯後，導致了慈善公平公正的倫理缺失，惡化了慈善組織的發展環境。

　　第二，相關的政策法規不健全是造成當代中國慈善倫理缺失的另一重要原因。一方面，當前中國關於慈善的相關政策法規往往是不健全的。就目前而言，有關慈善事業的法律法規僅有《中華人民共和國公益事業捐贈法》、《社會團體登記管理條例》、《基金會管理條例》和《民辦非企業單位登記管理暫行條例》等少量的法律，而其它的譬如《紅十字法》、《合同法》等等，皆因

適用面過窄而無法實際地起到對慈善事業的指導和規範作用。這就導致了政府在慈善監管方面責任何在，政府與慈善組織的關係如何界定等問題在政策法規層面都沒有得到較為完滿的解答。另一方面，在不同的地區和部門，人們往往會看到同一法律執行起來卻出現不同的版本，甚至存在著互相牴牾的地方。正是由於監管法律法規不健全，才使得信息透明機制的建立趨於困難，才使得一些慈善組織背棄誠信、違背捐贈人意旨、甚至敢於挺而走險在法律的邊緣遊動為個人或組織謀取私利。

　　第三，不容忽視的是當前的稅收政策限制了慈善組織的發展。2008 年 1 月 1 日，《企業所得稅法》及其《實施細則》的出臺，被不少公益慈善界人士認為是「中國公益稅收制度的新紀元。」〔註 20〕然而，2009 年 11 月 19 日和 11 月 26 日，財政部和國家稅務總局先後公佈了《關於非營利組織企業所得稅免稅收入問題的通知》（財稅〔2009〕122 號）和《關於非營利組織免稅資格認定管理有關問題的通知》（財稅〔2009〕123 號），分別對非營利組織免稅收入範圍和免稅資格認定予以明確規定。但新規定中只有「不徵稅收入和免稅收入衍生的銀行存款利息收入」是免稅的，而非營利組織的保值增值收入將納稅，民辦非企業單位的經營性收入也須納稅。這樣的規定比原有條例中對基金會利息不收稅的規定更加嚴格。由於現在多數非公募基金會在首筆資金到位後，一般是通過增值保值來承擔 8% 的年度公益支出，而新規定將使這類基金會需要動用原始基金，這便造成了基金會資產的減少，尤其是對民辦非企業單位的影響更大。因為多數民辦非企業組織是通過經營性收入維持運轉的，在政府購買社會組織服務的機制沒有很好建立前，用這些收入繳納企業所得稅將造成民辦非企業組織的發展更加困難。

　　顯而易見，以上種種政治方面的因素淡薄了人們參與慈善的道德自覺性，影響了慈善組織的公信力，限制了慈善組織的發展，阻礙了慈善事業的發展。政府在慈善事業面前消極的不作為甚至反作為對當代中國慈善的倫理缺失造成的巨大影響可見一斑。

〔註 20〕之所以被稱為「中國公益稅收制度的新紀元」是因為《企業所得稅法》第九條規定：「企業發生的公益性捐贈支出，在年度利潤總額 12% 以內的部分，准予在計算應納稅所得額時扣除。」據瞭解，12% 的扣除比例在國際上已經處於較高的水準，如荷蘭 6%，比利時 5%，美國 10%，俄羅斯 10%，韓國 7%。

二、經濟原因

馬克思曾在論及社會存在和社會意識的關係時強調：「不是人們的社會意識決定社會存在，而是人們的社會存在決定社會意識。」〔註21〕因此，在對當代中國慈善倫理缺失原因的探求問題上，社會存在自然處於決定性地位。所謂的社會存在實質上就是社會經濟的發展水平，而社會的經濟狀況從根本上決定了人們的思想意識的狀況。總體而言，當代中國的經濟發展水平雖然較之改革開放前，已經取得了巨大的成就，經濟總量位列世界第二。但是，不能不看到的是，中國經濟的人均水平仍然是落後的，從溫飽向小康邁進仍是老百姓的奮鬥目標。老百姓潛意識裏的「備荒」以解急需之困的觀念不可能立即抹消。於是，人們喜歡存錢就成了當前中國的普遍現象。同時，由於異常激烈的職場競爭以及當前國人所面臨的教育、住房、醫療、養老、物價水平高漲等難題日益嚴峻，也使得很多社會大眾無暇顧及或根本就拿不出多餘的精力和財力來關注慈善事業。因此，「平民慈善」在很大程度上成爲了一種「心有餘而力不足」的共同心聲。

同樣，對於大多數企業家而言，面臨著企業發展的現實問題讓他們對慈善事業也是「想說愛你不容易」。一般而言，企業發展要經歷原始資本積纍階段，追求企業規模做大、做強的發展階段，以及企業社會公民建設階段亦即反哺社會、履行企業社會責任三個階段。隨著改革開放的春風吹遍華夏大地，中國造就了一大批企業與富人。然絕大多數的企業還處於事業上陞時期，即處於前兩個階段，做大、做強仍是其重要的使命。因而，在面臨著激烈的行業競爭和國際競爭壓力時，企業往往會覺得自身經濟基礎還很薄弱，需要更多資金投入企業的新一輪發展；同時也擔心過多的慈善捐助會削弱自己擴大再生產的經濟實力，平添發展過程中的風險。如此一來，積極投入公益慈善事業便成了富人們未來的一種美好追求罷了。

三、文化原因

文化上的要素也是造成當代中國慈善倫理缺失的重要原因。馬克思主義認爲，經濟狀況雖然對慈善倫理這一上層建築的意識形態有著歸根結底的決定性作用，但是這並不能否認文化觀念等因素的相對獨立的影響作用。筆者認爲，文化等思想要素對當代中國慈善的倫理缺失有著重要的影響。文化層

〔註21〕《馬克思恩格斯選集》（第 2 卷），北京：人民出版社 1995 年版，第 32 頁。

面的影響主要體現在以下方面：

第一，中國傳統文化「內斂性、封閉性」特徵深深影響著國人的慈善倫理觀。正如費孝通先生在《鄉土中國》中所言：中國社會屬於遵循「差序格局」的鄉土社會，即人與人之間以人倫親疏爲序，一圈一圈向外擴散。凡與自己有親屬關係的爲近，無親屬關係的爲遠；相識者爲近，不相識者爲遠；與自己有利益關係者爲近，無利益關係者爲遠。〔註22〕緣於此，中國人的慈善原則往往也是由近及遠，由親及疏。這與現代慈善對「陌生人的倫理」的慈善倫理精神截然不同。因此，普通中國人更願意幫助親戚或熟人，慈善受惠者只囿於「圈子內」的親人或熟人，即宗族、親朋、鄰里。所以中國傳統慈善文化具有「內斂性、封閉性」的特徵，慈善是限於血緣親情之間的倫理性活動，從而縮小了慈善對象的範圍。不可否認，這種慈善文化至今在某種程度上還深深影響著當下的人們。在這一意義下，慈善資源分配不公的倫理缺失在很大程度就找到了合理的邏輯解釋。

第二，古已有之的扭曲「財富觀」導致了當代中國慈善的倫理缺失。古人云：「木秀於林，風必摧之，堆出於岸，流必湍之」。在此傳統思想的影響下，很多國人害怕「露富」、「出頭」，認爲一行善便暴露了財富，就擔心做善事會帶來後續的麻煩。於是，人們根本無心捨棄自身的利益去從事服務於人的慈善活動。此外，中國人的財富觀裏一直存在著給子孫後輩創留家業的傳統。許多人尤其是一些富豪在分配財產時，首先考慮的是把財產留給後代，而不是捐給社會。同時有更多富人存在著嚴重的爲富不仁的觀念。他們寧願在生活上過著錦衣玉食、窮奢極欲的生活；寧願日擲萬金，揮金如土也不願意幫助那些需要幫助的人們。事實上，正如李嘉誠所言：「財富不是單單用金錢來衡量的，能夠在這個世上對其他需要你幫助的人有所貢獻，乃眞財富。」中國富豪們應該認識到財富的眞正意義應該是慈善。

第三，社會大眾對慈善事業的錯誤認識也導致了當代中國慈善的倫理缺失。由於歷史文化的影響，當前人們還存在著一些對慈善事業錯誤認識的文化觀念。在計劃經濟時代，人們無需踐行慈善事業。因爲計劃經濟的體制確保了人們的平均主義的分配方式。人們貧富毫無差別，這就產生了廢棄慈善的可能性。因爲，慈善的存在必須是以人們在分配上的差別並且以社會中的貧富差距爲前提的。在當時的條件下，人們並不需要它甚至牴觸它，慈善事

〔註22〕費孝通：《鄉土中國》，北京：人民出版社 2008 年版，第 56～60 頁。

業因而未能得到應有的正名。那時人們的普遍意識是，新中國成立了，人民當家做主了，作爲新中國、新社會的主人難道還用得著誰來施捨嗎？〔註23〕這種對慈善事業錯誤認識的文化觀念至今影響著人們的思想，因而不能不說是造成國人慈善意識、慈善倫理缺失的另一重要原因。

四、社會原因

　　當代中國慈善的倫理缺失除了上述的政治、經濟和文化原因之外，還存在著社會原因。社會是一個龐雜的系統，尤其是中國正處於社會轉型時期，各類矛盾異常突出，各種社會思潮不斷湧現，各種思想不斷激蕩，構成了一個多元化的時代。對慈善倫理缺失的有關社會方面的因素主要體現爲社會結構、社會觀念以及社會評價體系等方面。

　　第一，當代中國社會結構的多元化發展格局致使慈善倫理參差不齊。應當肯定，由於社會主義市場經濟的不斷發展，中產階級隊伍的不斷壯大，中國社會已經進入了一個多元化發展的格局。人們可以看到，「中產階級專業人士的出現對慈善事業發展的促進廣泛體現在經濟支持、先進觀念引領、專業化管理以及對慈善政策改進的呼籲和促進等多方面。」〔註24〕這是多元化的社會結構對於慈善事業的發展有利的方面。而弊的方面主要體現爲社會結構的複雜化導致了人們慈善倫理的參差不齊。多元化的社會結構使得人們很難在多元的慈善倫理體系中形成一種大家都認可的慈善倫理，相反倒是個性慈善不斷刺激人們的眼球。同時，在社會主義市場經濟條件下多元化的社會結構也將給社會有序結構的建設帶來困難。這些也就構成了各種慈善亂象橫生的緣由。

　　第二，當代社會輿論評價體系對慈善的評價過於道德主義思維。不可否認，社會輿論對於慈善事業的發展，對於慈善倫理的培育起著重要的作用。在當代中國的社會輿論評價體系中，人們大多持有道德主義的評價思維。在道德主義者們看來，唯有那些道德完美的人才能擁有從事慈善事業的資格。對於那些動機不夠純粹且又財產來源不明的人來說，他們是沒有資格從事慈善事業的，他們的慈善行爲應當遭到大家的唾棄和批評。在這種思維模式的影響下，人們的慈善行爲往往得不到應有的積極評價。因此，一些人從事慈

〔註23〕周秋光、曾桂林：《中國慈善簡史》，北京：人民出版社2006年版，第378頁。
〔註24〕鄭功成等：《當代中國慈善事業》，北京：人民出版社2010年版，第87頁。

善的信心和熱情便受到了一定的打擊。在富人們看來，倘若他們捐少了，就會被誤認爲缺乏同情心和社會責任感；而倘若達到了如同「陳光標」一樣的全部的裸捐，那麼他們又會被認定爲故弄玄虛、博取名利、沽名釣譽。在這樣的情況下，道德主義的思維模式對於慈善倫理的建設無疑就起到了負面作用。然而，道德主義的思維模式在中國歷史上源遠流長，已經構成了中華民族的文化心理。因此，消除這一不良因素的影響任重而道遠。

　　第三，社會信仰的缺失以及各種異化的社會思潮導致了當代中國慈善的倫理缺失。在現代社會，怎樣看待社會是一個考驗人們價值觀和倫理觀的嚴峻問題。然當前不少國人並沒有持有正確的觀念，相反他們表現出來的卻是信仰的缺失和激起各種異化的社會思潮的興起。其一，現代社會的財富倫理嚴重缺失。馬克斯・韋伯在《新教倫理與資本主義精神》一書中認爲，財富來源於上帝，所謂富豪不過是上帝的管家。爲了榮耀上帝與擺脫原罪而獲得救贖，人們就要「拼命地賺錢、拼命地省錢、拼命地爲神聖的慈善事業花錢」，故西方人大多樂善好施，願意按上帝所喜歡的方式使用財富。〔註 25〕與西方社會不同，現代的中國社會，不少人並沒有認識到財富愈多，其所承擔的責任就愈大的道理。相反，不少人完全成了金錢的奴隸，成了金錢拜物教的忠實信徒，財富倫理嚴重缺失。在他們眼裏只有金錢和享受，絲毫沒有參與慈善活動的道德自覺。其二，由於當代中國社會正處於轉型的風雲變幻之中，社會道德誠信也處於亟待建設的狀態，社會道德誠信的缺失便直接導致了「假捐」、「詐捐」、「僞慈善」等各種傷害中國慈善事業現象的發生。其三，拜金主義思潮的盛行導致了人們一切向「錢」看的思維與行爲方式。在這種思潮的影響下，慈善實踐中一些慈善組織與工作人員毫無責任感、背信棄義，甚至違規違法運作慈善項目，違背慈善倫理的本意爲個人謀取私利。其四，個人主義思潮的盛行導致了人們的慈善方式「失調」。個人主義當然有著深刻的政治、哲學涵義，在社會領域則突出表現爲個性化的極端放大。在慈善實踐中，慈善主體爲了張揚自己與衆不同的個性，體現獨一無二的「我」，於是「打出」各種慈善新招，不斷吸引人的眼球。慈善模式、方式創新固然值得稱讚與鼓勵，然一味地體現與衆不同的個性化慈善方式，則難免會走向另一個極端——慈善方式的「失調」。

〔註25〕 參見〔德〕馬克斯・韋伯：《新教倫理與資本主義精神》，於曉、陳維綱譯，
　　　　 上海：三聯書店 1987 年版，第 52 頁。

第四章　中國現代慈善倫理的構建視角和基本理念

　　在前面幾章，重點論證了慈善倫理何以成立，中西慈善倫理的過去，以及當代中國慈善倫理的狀況，接下來將要著重論述當代中國慈善倫理的未來——構建中國現代慈善倫理體系。這無疑是本文的落腳點與開展當代中國慈善倫理研究的重要目的與意義所在。本文希望通過研究來構建一種符合當代中國慈善事業發展的現代慈善倫理體系，並最終推動中國現代慈善事業健康快速發展。筆者認為，構建中國現代慈善倫理體系應從慈善倫理的「理念、行為、制度」三個層面去加以總結深化。

第一節　何為現代慈善

　　在第一章中，筆者已經對「慈善」的概念進行了全面的界定。為了構建中國現代慈善倫理體系，有必要對「現代慈善」概念有一個明晰的認識，這是構建中國現代慈善倫理的邏輯前提。認識「現代慈善」必須與對現代社會的認識聯繫起來。因為現代社會是開放性的社會，所以它決定了現代慈善具有社會性、開放性、廣泛性、公正性等理論視野。

　　中國傳統慈善發源並成長於宗法制度、道德傳統、封建集權體制的土壤之中；往往發生在親友、熟人、鄰里之間，帶有明顯的恩賜、施捨色彩；通常而言只涉及施助者與受助者之間的關係，表現為人與人之間的直接施受關係；表現為個人對個人的救濟、資助、贈與等施助行為；具有內斂性、封閉性等特徵。不可否認，傳統慈善的行善方式，在中國現代社會仍有存在的需

要和意義。然中國傳統慈善中的「恩賜、憐憫」、「愛有差等」和「親親」等傳統思想，以及毫無慈善制度規範等狀況都已不符合現代慈善的要求。對於傳統慈善，應該進行重新審視，繼承和發揚其中有價值的思想精華，摒棄不符合時代要求的內容，推進慈善從「傳統社會」到「現代社會」的轉型。

筆者認為，現代慈善就是一種以「大愛、契約、責任、權利」等為價值理念，主要通過專業慈善組織（現代慈善基金會）以遵守一定的慈善行為規範和制度規範而自覺自願發起的一種救助與援助社會弱勢群體的行為和事業。

除此之外，現代慈善還關涉到可持續發展，已從原有的扶貧濟困、賑災捐助等領域擴展到醫療衛生、環保節能等領域。尤為重要的是現代慈善強調慈善組織，即個體通過慈善組織、志願者組織參與慈善活動。這正如南都公益基金會理事長徐永光先生所構想的一樣，現代慈善的結構圖應由六大部分組成：即以慈善組織為圓心，以慈善文化為半徑，左為捐贈（資源供應）方，右為受助（公益項目）方，上為政府（含法律、政策），下為大眾傳播。〔註1〕從這樣的結構圖中我們可以看到：現代慈善突破了「捐受」雙方直接聯繫實現慈善目的的關係，通過慈善組織的專業化、規範化、規模化乃至菜單式的管理操作來運行，提高了慈善資源的使用效率；其運行過程還伴隨著傳播慈善文化、弘揚志願精神、倡導公民互助、推動社會創新的共生效應。現代慈善具有物質世界建設和精神世界建設兼備的功能。作為「捐受」雙方的服務中介，慈善組織是現代慈善的核心，其行為無疑需要受到法律的規範、政府的監管和社會的監督。

具體而言，現代慈善應具有以下六大特性。第一，純粹性。現代慈善的純粹性主要是指兩個方面。一方面，慈善不應過多地介入意識形態的紛爭。如果一定要給它打上一個烙印或者標記的話，我們可以說公益慈善是多種主義的結合體。社會主義要搞慈善，資本主義也要搞慈善；另一方面，純粹性要求慈善是一種不求回報的、不附加條件的社會救助與援助的行為或活動。當然，主觀上不求回報，而客觀上是會有回報的。正如一個做了好事的人無論如何低調，還是有人讚揚他，說他好。從本質上講，純粹慈善主要是指一種精神、一種目標，但不能簡單地把純粹慈善理解為不收費。例如開展一些

〔註1〕參見徐永光：《走出困境 回歸民間—— 關於中國慈善體制改革》，《中國黨政幹部論壇》2011 年第 12 期。

委託性慈善項目，該收的服務管理費還是要按照規則合理收取，這並不違背純粹慈善的目標。第二，法制性。現代慈善是建立在法制基礎上的，涉及大眾捐助、慈善組織建設、稅收等諸多方面的法律制度與法制體系。由此可見，擁有完善的法律體系是建設現代慈善制度的一個前提，因此現代慈善必須具有法制性，即要具有一種契約性。第三，組織性。現代慈善必須建立慈善組織來實施慈善。而慈善組織的形式可以多樣化，可以是基金會可以是協會，也可以是民辦非企業等。事實上，慈善組織應充當中介體，以實現捐助者與受助者的分離。這不僅是社會分工的進化與專業效率的提高，更是對施助者與受助者在心理、人格方面不平等的定勢進行嚴格的控制，使捐助者少了恩賜的色彩，受助者少了感恩戴德的負擔。這無疑是社會文明進步的一個標誌。第四，基金性。現代慈善必須要建立起基金，只有建立起基金，才可以保證慈善事業的可持續發展。所以，大家建議陳光標做基金是對的，因為誰能保證自己的企業能萬古長青呢？倘若有朝一日企業衰落了，只要基金會尚在，慈善仍可以持續下去。比如，洛克菲勒創辦的企業似乎和他的家族已無多大關係，但是基金會還是洛克菲勒家族的。卡內基基金會也還是卡內基家族的。因此，建立起基金是尤為重要的。第五，民間性。現代慈善是一種民間社會行為。慈善主要是老百姓之間的一種自覺互助行為，是老百姓自己的事情，而不是政府行為。在慈善活動中，政府主要起到引導、規範、督促、保障的作用，反過來，中國的慈善事業也只能作為政府社會保障的一個重要補充。總而言之，慈善的組織實施基礎主要還是民間的慈善機構，而不是政府組織。因為依靠政府一方面會增加政府不必要的負擔，甚至還會使得慈善失去應有的意義，導致「慈善」變得不倫不類。第六，自願性。現代慈善應是一種意志自由且動機單純的道德行為；是在「慈悲、憐愛、良心」等道德心理驅動下進行的一種自願的善舉。強迫的慈善和動機不純的慈善都不屬於真正意義上的慈善，更多會轉化為一種「交易」。因為強迫捐贈，無疑違背了慈善的本質規律。〔註2〕

　　總之，現代慈善是與現代的政治、經濟體制相配套的社會發展服務體系，是一種要求實現平等、自由、專業化服務等目標的制度化體系。須知在封建制度下不可能產生現代慈善，在計劃經濟時代也不可能建立起現代慈善。只

〔註2〕參考華民慈善基金會理事長盧德之教授 2011 年 3 月 20 日在北京師範大學中國公益研究院首屆中國基金會高級領導人研修班上的演講。

有在現代市場經濟體制下才會產生現代慈善。

第二節　中國現代慈善倫理構建的基本視角

在第三章，已經全面總結了當代中國慈善的倫理缺失及成因。從中可以看出，構建符合當代中國慈善事業發展的現代慈善倫理對發展中國現代慈善事業來說顯得尤為重要，且又迫在眉睫。構建中國現代慈善倫理體系是一個極為複雜的理論工程。而中國現代慈善倫理構建的基本視角，則是現代慈善倫理得以形成的第一立足點。本節將揭示三個基本視角，即傳統與現代、本土化與世界化、市場經濟與道德平衡相結合的視角。它們實際上是三組矛盾，囊括了現代慈善倫理基本的矛盾內容，反映了中國現代慈善倫理建構的三種宏觀的維度。

一、傳統與現代相結合的視角

構建中國現代慈善倫理自然無法離開自身的傳統文化根基與當前中國慈善的實際。所謂傳統的視角，就是要對中國傳統道德文化以及傳統慈善倫理採取學習和借鑒的態度，實現對中國古代傳統慈善倫理的古為今用和推陳出新；而現代視角，就是要立足於當今中國經濟社會的發展實際，通過分析中國慈善的發展現狀，分析中國慈善的倫理缺失原因及需要什麼樣的慈善倫理形態，從而構建適合中國現代慈善發展的慈善倫理體系。總而言之，彰顯傳統與現代相結合的視角，就是要以當前中國的慈善實踐為基礎，實事求是地、辯證地考察傳統慈善倫理，從而實現傳統慈善倫理和現代社會慈善實踐的完美結合。

首先，構建中國現代慈善倫理，必須基於現代慈善發展的需要，加強對中國傳統道德文化的學習和吸收。優秀的傳統道德文化，是指零碎的道德觀念和系統的倫理思想的總和，它具有世代相傳與沿襲的特徵。優秀的傳統道德文化表現在日常生活中，則體現為人們的思維和行為方式、價值觀念、心理特徵以及風俗習慣等，它已經構成了整個民族的文化心理，深深地滲透入人們的內心，構成了整個民族心理和民族精神的核心內容。〔註3〕應當指出，我國優秀的傳統道德文化中蘊涵著豐富的慈善倫理思想。這些慈善倫理思想

〔註 3〕唐凱麟：《倫理學》，北京：高等教育出版社 2001 年版，第 119 頁。

的精華主要體現在儒家的「仁愛」、「民本」、「大同」以及「重義輕利」等思想上；體現在佛家的「慈悲觀」、「修善功德」、「因果業報」等思想上；體現在道家的「見素抱樸」、「少私寡欲」的人性論觀點和「積德行善、勸善成仙」、「神明監督、因果報應」等思想上；體現在墨家的「兼愛」、「貴義尚利」、「賞善罰惡」、「志」、「功」以及「非攻」等思想上。這些思想一脈相承，都充分地表達了中國古人對弱者、貧者給予高度的人文關懷和幫助的慈善情懷。因此，積極吸收傳統道德文化中的優秀慈善倫理思想成為了構建中國現代慈善倫理的應有之義。

其次，作為對中國傳統慈善倫理的繼承與發展，必須基於現代慈善發展的需要對其採取辯證分析的態度，而不是全盤繼承的做法。應當肯定，中國傳統慈善倫理是博大精深、源遠流長的。它至今都包含著古為今用的成分，包含著具有超越時空價值的為現今時代所需要的思想。不獨三皇五帝時期就已經產生「饑者食之，寒者衣之，不資者振之」的思想，即使是在漫長的封建社會產生的儒釋道以及墨家的慈善倫理觀中也含有大量的合理思想成分。然金無足赤，中國傳統慈善倫理也包含著許多不合理的成分，甚至是消極的因素。所以，對中國傳統慈善倫理的繼承與發展必須採取辯證的態度；對待歷史和傳統，既不能盲目的全盤接受，也不能採取歷史虛無主義的態度。正確的態度應當是，取其精華、去其糟粕。毛澤東指出：「有這個借鑒和沒有這個借鑒是不同的，這裏有文野之分，粗細之分，高低之分，快慢之分。所以我們決不可拒絕繼承和借鑒古人和外國人，哪怕是封建階級和資產階級的東西。但是繼承和借鑒決不可以變成替代自己的創造，這是決不能替代的。」〔註4〕因此，根據馬克思主義的基本原理，立足於當代中國慈善事業的基本實踐，對中國傳統慈善倫理進行辯證的分析和繼承，堅持傳統與現代相結合的視角已經成為構建中國現代慈善倫理的應有之途。

二、本土化與世界化相結合的視角

構建中國現代慈善倫理，還需要堅持本土化與世界化相結合的視角。所謂本土化與世界化相結合的視角，就是指既要立足於當代中國慈善事業的實踐需要，又要根據中國現有慈善倫理的實際，善於汲取西方慈善倫理的有益思想，著力構建符合現代中國和時代要求的慈善倫理。

〔註4〕《毛澤東選集》（第3卷），北京：人民出版社1991年版，第860頁。

在人類慈善倫理發展的過程中，一方面，人們無法否認中西方慈善倫理存在著極大的相似性。譬如，兩者都十分主張積德行善，認爲這是對自身品行以及幸福的積纍；都倡導慈善自律、倡導「愛」的理念；都對慈善的外在強迫力量有所體悟和認可等等。另一方面，人們也不應否認中西方慈善倫理觀存在著一定的不同。而正是這些理論的不同點，構成了兩者在理論上互補的必要性，造成了構建中國現代慈善倫理對西方慈善倫理學習的必要性。

在當今西方社會，慈善已經成爲了西方國家一個普遍的現象。據統計，現今的美國社會擁有 70 多萬個慈善機構，包括各類宗教團體、鄰里互助機構、基金會、婦女組織以及各種募捐機構等等。這些機構對美國社會貧困的消除、犯罪的預防、少數民族的幫扶、婦女兒童權益的保護等等都發揮了不可替代的作用。不僅如此，在這些慈善機構的背後，存在著數量極其龐大的志願者隊伍。他們熱心地參與各種慈善活動，爲美國慈善事業的發展做出了傑出的貢獻。正因爲西方社會無論是在慈善倫理的思想上，還是在慈善事業的實踐上，均已經取得了重大的發展。因此，這就形成了構建中國現代慈善倫理對西方社會學習和借鑒的必然性的根源。

但是，對西方慈善倫理的學習和吸收，絕不是盲目的。這裏存在著截然相反的兩種態度與方法：一種是錯誤的態度和方法。即對西方慈善倫理思想或者採取全盤西化、盲目接受，或者一味地以自我爲中心，對西方慈善倫理持有排外主義的情緒，看不到西方慈善倫理的合理之處。另一種是正確的態度和方法。即強調以中國慈善實踐的需要以及現有慈善倫理爲根本的出發點，對西方慈善倫理採取辯證分析的態度。既看到其理論的合理和積極的方面，同時又對其理論的糟粕，乃至錯誤之處，採取明智和批判的態度，去其糟粕、留其精華，在慈善實踐中不斷完善、發展，形成富有中國特色的現代慈善倫理體系。

毛澤東曾經對全盤西化的論調做出過批判。他說：「藝術上『全盤西化』被接受的可能性很小，還是以中國藝術爲基礎，吸收一些外國的東西進行自己的創造爲好。」〔註5〕「應該越搞越中國化，而不是越搞越西洋化。這樣爭論就可以統一了。要反對教條主義，反對保守主義，這兩個東西對中國都是不利的。學外國不等於一切照搬。向古人學習是爲了現在的活人，向外國人學習是爲了今天的中國人。」〔註6〕毛澤東這種強調學習外國的東西必須堅持

〔註 5〕《毛澤東文集》（第 7 卷），北京：人民出版社 1999 年版，第 77 頁。
〔註 6〕《毛澤東文集》（第 7 卷），北京：人民出版社 1999 年版，第 82 頁。

中西結合，洋爲中用的觀點，對於構建中國現代慈善倫理富有指導性的意義。毫無疑問，堅持本土化與世界化相結合的理念，是構建中國現代慈善倫理應有的視角。

三、市場經濟與道德平衡相結合的視角

在當今中國，社會經濟領域最大的變革顯然是社會主義市場經濟的建立。由於市場經濟天然對貨幣和交換價值的推崇，因此包含慈善倫理在內的道德要求與市場經濟的貨幣本位的天然要求便存在著截然對立的矛盾。爲解決這一矛盾，還必須以市場經濟與道德平衡相結合的視角來構建中國現代慈善倫理。

採用市場經濟與道德平衡相結合的視角，一方面，固然要強調市場經濟那種追求「功利」，實現效益最大化目標在人類歷史發展中的合理性。但另一方面，爲了構建中國現代慈善倫理，還必須努力堅持和弘揚世界視域中的優秀道德元素，以便對市場經濟的消極部分起著有效的遏製作用。正是基於這一出發點，中國現代慈善倫理的構建必須要採用市場經濟與道德平衡相結合的視角，力求達到既能確保市場經濟對資源配置的高效率的發揮，又能夠有效地促進慈善事業進步的良好效果。

首先，貫徹市場經濟與道德平衡相結合的視角，必須堅持社會主義核心價值觀。任何社會的差別都會反映到社會價值觀上的差異，而社會主義核心價值觀的形成，集中體現了社會主義意識形態的本質要求。在構建中國現代慈善倫理的過程中，必須堅決貫徹社會主義核心價值觀在其中的凝聚作用，竭盡全力地促進社會主義核心價值體系的建設；以社會主義核心價值觀爲指導，體現「經濟發展與慈善先行」兩手抓的思路。從而體現經濟發展與道德平衡相結合的原則，促進中國慈善事業不斷發展。

其次，貫徹市場經濟與道德平衡相結合的視角，必須努力探索慈善事業的基本規律。慈善倫理雖然具有歷史發展的過程性特點，然在當今世界，慈善倫理的發展固然也具有現今時代的特殊性。換言之，當代中國慈善實踐的發展既具有一般慈善的普遍性，又具有中國特色的特殊性。因此，構建中國現代慈善倫理，必須考慮到中國國情的具體實際，考慮到中國社會主義市場經濟的發展情況；努力探索當代中國慈善實踐中主體與客體的基本義務和基本權利的關係，反覆審度慈善活動的具體內容與形式；逐步形成能夠概括當

代中國慈善實踐的基本倫理規範和基本道德要求，使得慈善事業的發展符合慈善倫理的基本要求，從而推動中國慈善事業的迅猛發展。

第三節　中國現代慈善倫理的基本理念

本節將著重論述現代慈善倫理的觀念層面，即心的層面。中國現代慈善倫理的理念有著豐富的內涵，也正因為有多種多樣的理念存在，才使得在中國慈善實踐中由於理念的不同而出現不同的慈善論調、慈善風格與慈善方式。如此一來，才產生了對慈善倫理理念進行研究的必要與價值。

如何在眾多的慈善倫理理念中確定對當代中國慈善事業發展具有導向意義的基本理念，顯得十分重要且緊迫。不同學者對中國現代慈善基本倫理理念有不同的界定。譬如，北京師範大學中國公益研究院院長王振耀教授就給現代慈善界定了十大基本倫理理念：1、捐贈者應感恩受助者提供了實現自己愛心的機會；2、社會對捐贈者寬容，避免過高道德標準導致虛偽或者慈善暴力；3、推崇高調的慈善個性；4、鼓勵民間對捐贈者形成善意的慈善壓力；5、鼓勵民間出現發達的公益組織體系；6、為企業和個人慈善提供免稅回報；7、社會用重稅手段向富人施壓，而不是道德說教；8、保護尊嚴，杜絕揭露慈善者隱私；9、捐贈權高於社會知情權，比起捐贈者，更多監督受助者；10、鼓勵全民參與慈善，全面慈善優於富人慈善。〔註7〕根據筆者多年以來對當代中國慈善事業發展的實踐觀察與深度思考，筆者認為，中國現代慈善應具有「資本精神、大愛無疆、契約精神、責權結合」的四大基本倫理理念。

一、「資本精神」的理念

「資本精神」是一套涵蓋了現代財富創造和使用全過程的觀念集合。它是由華民慈善基金會理事長盧德之教授根據自己多年來創造和使用財富的心路歷程，而提出的一種符合但又超越當今中國社會現實的「財富觀」。盧德之教授在其所著的《資本精神》一書中談到：「資本精神」是一個用於分析市場經濟條件下企業成長精神思想基礎的專門概念，特指資本形成、發展的各種行為動機以及這些動機背後的道德精神。資本形成、發展的動機具體化為資

〔註 7〕北京師範大學中國公益研究院：《中國公益事業年度發展報告（2011 年）》，北京：北京師範大學出版社 2012 年版，第 186 頁。

本形成、增長所必需的對財富的渴望和對效率的追求；專注和持久的職業精神；理性與節儉的生活方式；誠實守信與以義制利的道德原則；以及財富屬於社會也應當用於社會的中心思想等。是一套涵蓋了現代財富創造和使用全過程的觀念集合。〔註8〕因而，這種建立在資本精神理念基礎之上的財富觀，必然要求全體民眾尤其是企業家要有創造財富的激情。

筆者認為，「財富觀」是一種對於如何創造財富、如何使用財富所持態度與行為方法。它有高尚和庸俗之分，而現代慈善倫理本身就已包含了高尚的「財富觀」。因為，若沒有一種適合中國社會轉型時期的合理且高尚的財富觀存在，窮人和富人都是吝嗇之人，都是沉迷於物欲橫流的美好幻覺中，則中國現代慈善無疑成了「無源之水」，毫無發展的可能。所以，為了推動中國慈善事業健康快速發展，確立「資本精神」理念當屬第一要義。

「資本精神」借用一個廣泛流傳的清教徒的說法，就是「拼命地掙錢，拼命地省錢，拼命地為神聖的目的花錢」的三種境界。一是拼命賺錢的激情境界。要激勵人們以堅持不懈的努力去創造個人財富和社會財富，且要把自己創造的財富積纍起來去創造更多的財富，這是一種神聖的財富創造的實踐。反之，能賺錢的人不去賺錢，則大家都會沒錢；賺了錢不去擴大再生產也賺不到更多的錢。總之，商人不賺錢從某種意義上來說是「不道德」的，不利用錢「生」錢也是毫無意義。二是拼命省錢的「吝嗇」境界。資本精神倡導簡樸的生活，像清教徒一樣清心寡欲，嚴格節制個人的欲望；對自己節省，對有需要幫助的人慷慨。資本精神要求通過這種「吝嗇」的生活方式，為了無比神聖的目的而節儉，都充分體現為積纍財富的實踐境界。三是拼命為神聖的慈善事業花錢的崇高境界。財富的本質屬性是社會性，財富是屬於全社會、全人類的，富人只是財富的社會管理者。一個人賺了錢主要不是為了自己享用，而是為了一個他所高度認可的神聖目的——慈善事業。即要以感恩的情懷通過慈善捐款等形式扶助弱者，回饋社會。而這個神聖的目的正是以多餘的財富作為物質基礎，才有了實現的可能，並且財富越多行善力度才有可能越大。由此可見，資本精神的三個「拼命」的財富觀正是中國現代慈善倫理的核心價值所在。

〔註 8〕參見盧德之：《資本精神》，北京：中國社會科學出版社 2007 年版，第 1～7 頁。

二、「大愛無疆」的理念

人們秉著三個「拼命」財富觀創造了財富，使行善有了物質基礎。然光有財富，人們就會積極投入行善的行列中來嗎？從當今社會不少富人一系列爲富不仁的行爲便可知光有財富基礎是遠遠不夠的。眾所周知，慈善具有自身的道德意蘊，它以慈善者本人的「愛心」爲根基。人們很難想像一個沒有愛心而依靠外在的強制力就能夠做出慈善義舉的人。相反地，唯有那些眞正具有愛心，且對弱者懷有無比同情之心的人，才能夠對慈善事業付出心血。然在當代中國慈善倫理缺失日益加劇的今天，喚醒民眾沉睡已久的自覺「愛心」就成爲了發展中國慈善事業的當務之急。

儒家講「仁愛」，然在儒家看來「仁愛」雖有無限擴展的可能，但是與現代慈善對「陌生人的愛」的慈善倫理精神截然不同，其基本的「仁愛」還是在於宗族之愛、血親之愛。緣於此，人們的慈善原則往往以由近及遠，由親及疏的順序推進，慈善是限於血緣親情之間的倫理性活動。墨家講「兼愛」、「兼」即彼此、互相的意思，而「兼愛」就是提倡彼此相愛、互相救濟。它由衷地反映了廣大底層人民群眾互相愛護、互相施救去實現自己理想的樸素的道德觀念。基督教講「博愛」，在基督教看來，「博愛」就是上帝之愛。上帝具有無限的仁慈和愛心，上帝的愛創造了萬事萬物，並創造了無私廣博的「愛」。這種「博愛」強調「無差別的愛」，無差別的愛就是超越國家、民族和血緣界限的愛。它主張愛一切人，即便對方是妓女、罪犯，抑或是稅吏，都無一例外。在基督教看來，人作爲上帝的創造物無疑懷有這種無私廣博的「愛」。

回顧中國傳統慈善倫理的不足，分析當代中國慈善倫理缺失的現狀，作爲現代慈善倫理「愛」的理念應當具有何種內涵與範式呢？筆者認爲，在發展中國現代慈善事業的過程中，應積極吸收中西方慈善倫理的優秀元素，對傳統「愛心觀」進行現代化改造，並以此爲基礎確立一種超越性的「大愛無疆」慈善理念。這種「大愛無疆」的理念強調超越種族、國別以及階層和文化的差異，凸顯慈善倫理大愛的無遠近、親疏、等級、差異互助的廣泛性質，遵循著普世主義的原則，展示樸素的世界主義的大愛理想追求。

正是由於這種「大愛無疆」理念要求人們應當愛人如己，應當在塵世間無所差別的互相關愛，即使是陌生的人和結下仇怨的人也絕不例外。於是，當看到遭受苦難的弱者時，人們對其進行幫助就成了一種道德自覺；行善就

會成爲人們日常生活中的行爲習慣，慈善資源也就會得到公平公正的分配。
因此，這種「大愛無疆」理念理應成爲現代慈善倫理核心的基本理念。

三、「契約精神」的理念

在第三章，已經通過比較分析得出，中國慈善亂象的根本原因在於「契約精神」的缺失。因爲「契約精神」的缺失，捐贈者可以隨時不履行捐贈承諾、慈善組織可以背棄誠信謀取個人私利等，不一而足的不道德行爲給當代中國慈善事業的發展造成了極大的傷害。其實，「契約精神」人類社會古已有之。西方的契約精神源遠流長，從古希臘亞里士多德關於「正義」的論述便可見契約精神的端倪；而古羅馬法學家蓋尤斯則從法學的角度把債務劃分爲契約與私權兩大類；托馬斯·阿奎那在此理論的基礎上提出了有償契約與無償契約的劃分觀點，他不僅試圖說明了信守允諾是一種德性，而且還說明了何時應該恪守承諾。這些無疑是當代契約理論中的契約正義與誠實信用原則的源頭；而到了十六世紀末和十七世紀晚期，經院學者們運用亞里士多德與阿奎那的契約思想闡述羅馬法制度，形成了完整的契約理論；思想家洛克、盧梭和康德更是進一步發展了契約論。他們把契約作爲一種社會政治概念運用於政治制度和社會管理手段中，這便是社會契約論。社會契約論認爲國家與公民權力來源於人們締結的社會契約理論。它以「天賦人權」爲基礎，以「自然狀態說」爲前提，人們放棄自然權利，交給一個人或某些人，以締結契約的形式來治理國家，服務人民。回望西方社會的發展史，無不從各方面印證了「契約精神」是其主流精神。這種精神體現在政治、經濟、文化以及人們日常生活的方方面面。人們正是依據契約精神，遵守著規則行事，從而使國家、社會、個人利益得到了有機的統一，價值得到了昇華。因而，西方慈善醜聞鮮有發生，慈善基金會乃至慈善事業持續不斷得到發展的現象也就不難理解了。

然而，作爲人類社會一部分的中國社會卻一直缺失這種「契約精神」。當我們津津樂道「田忌賽馬」的故事，自信於中國人如何智慧、聰明時，人們是否想過，其實田忌賽馬是違約的。賽馬是有規則的，上馬對上馬、中馬對中馬、下馬對下馬是一種約定俗成的規則，但是田忌卻使用了下馬對上馬、上馬對中馬、中馬對下馬來巧取勝利。假使將這種賽馬方式放到講規則的現代社會中就是不遵守規則的表現。其實，在人類的發展過程中，聰明智慧固

然重要，但「契約精神」卻更為重要。這一點，只要對比西方社會由於受盧梭社會契約論思想的影響而建立起契約社會以來的飛速發展，就足以證明中國人引以為豪的「智慧聰明」是遠勝不過人家的「契約精神」。因為，缺乏「契約精神」，缺乏規則就意味著朝令夕改、朝三暮四、不可測、不透明，說話含糊其詞、承諾毫無意義。於是，大家都努力地活在當下，活在今世，不考慮長遠的發展和進步，國民集體都迷失了自我發展的方向。

「契約精神」從本質上說是一種重視規則和尊重規則的意識，是一種說到做到的行事方式。現代社會之所以需要「契約精神」，需要這麼多的規則，歸根到底是因為規則作為人們的一種生活方式，不但為社會的運轉提供了良好的秩序，而且在總體上降低了社會治理的成本。雖然規則暫時會讓一部分人的利益受到損失，但從長遠來看這些受損的利益必定會獲得補償。換言之，良好的社會運行模式必然實現了社會意義上更大的「善」。因此，作為倡導守規則的「契約精神」對發展中國現代慈善事業具有重要的指導意義，也無疑是現代慈善倫理的應有之義。為此，要解決當代中國慈善亂象叢生的問題，推動中國慈善事業健康快速發展，確立「契約精神」的現代慈善倫理理念是其另一要義。在具體的慈善實踐中，要堅持把這種守規則，講信用的「契約精神」貫徹到捐助者、慈善組織、受助者以及政府等所有參與方的具體行善活動始終。真正做到視規則如絕對命令，視誠信如己之生命，進而構建一種真正意義上的權利義務體系。

四、「責權結合」的理念

從第二章對中國傳統慈善倫理思想資源的論述中，可以分析得出中國傳統慈善倫理思想資源的特點。該特點突出表現為社會責任意識與個體權利意識的缺乏。這些基本意識的缺失客觀上構成了中國現代慈善事業發展的障礙因素，對慈善事業的實踐產生了一定的消極影響。前面三小節已詳細論述了慈善倫理「資本精神、大愛無疆、契約精神」的三大基本理念。而這些理念歸根到底還得由具體的人去落實。關於如何才能使人們出於道德自覺去實踐這些理念這一問題，筆者順理成章地提出了中國現代慈善倫理的第四大基本理念 —— 責權結合的理念。即明確公民是慈善事業的主體，明晰慈善既為公民責任又為公民權利的雙重性質，努力使公民責任和公民權利達到平衡。

（一）責任理念

在中國古代，慈善具有濃厚的官方色彩，公益慈善事業從某種意義上說可以視為政府的職責範圍。而在現代社會，政府職責已經受到嚴格限定，超出其職責範圍的問題則需要通過社會予以解決。慈善是區別於市場和政府的「第三域」，它既不符合市場的利潤邏輯，也不符合政府的公共服務邏輯，而是公民或慈善組織基於一定的價值理念而作出的公益行為。公民個人之所以行善，不是簡單出於做好人好事的動機，而是個人承擔對他人的社會責任。這種責任不是份外的德行，而是出自於個人自覺的社會義務，是現代公民在公共生活中人本思想的體現。

首先，慈善作為公民責任理念，要求改變政府在慈善活動中的高調存在。在中國現行慈善體制中，慈善組織自上而下的發展，突出體現為官民不分，行政化控制以及資源壟斷極為嚴重的狀態；而自下而上的發展，則依然沒有突破登記註冊難的「合法性瓶頸」和獲取本土捐款難的「資源瓶頸」。更為甚者，一些地方政府乾脆直接操盤，大刮「慈善風暴」，加劇了慈善生態的惡化。在現代慈善的範疇當中，公民而非政府是慈善活動的主體和基礎力量，因而須改變政府在慈善活動中的高調存在。對此，就要求加強慈善立法，推動「官辦」慈善組織去行政化，打破慈善資源壟斷，建立統一的慈善捐贈免稅制度，大力發展草根慈善組織尤其是私募慈善基金會。最終形成官方與非官方、公募與非公募慈善組織之間公平的競爭機制。

其次，慈善作為公民責任理念，要求做到尊嚴慈善。現代慈善被定義為以慈善組織為中介而發生的對陌生的他者的倫理關懷。因此，慈善的空間就成為了人與人的平等空間，施助者與受助者相分離的關係則更為有效地消解了二者人格、尊嚴處於不平等的心理認知。與資本將人作為牟利工具和權力將人作為支配對象不同，慈善的目的之一就在於喚醒受助者的自尊，其本性就是以一種平等心態來看待受助者，做到尊嚴慈善。此種「平等」對於施助者和受助者具有同樣的意義。甚至可以說慈善人的尊嚴原本就來自於對受助對象的尊重和平等對待。在現代慈善的範疇當中，平民是慈善活動的主體和中堅力量。慈善就是今天有能力的人幫助明天可能有能力的人，從而使人人都成為愛心火炬的傳遞手。總而言之，這種尊嚴慈善原則上是基於現代社會的公民責任。它使施助者少了給予恩賜的自傲，多了回報社會的光榮；使受助者少了感恩戴德的負擔，多了與社會正常接洽的機會。

　　再次，慈善作爲公民責任理念，要求正確看待「馬太效應」的財富創造與分配原則。馬太效應（Matthew Effect），是指好的愈好，壞的愈壞，多的愈多，少的愈少的一種現象。《新約·馬太福音》中有一個按才受託的比喻：一個國王遠行前，交給三個僕人每人一錠銀子，吩咐他們：「你們去做生意，等我回來時，再來見我。」國王回來時，第一個僕人說：「主人，你交給我的一錠銀子，我已賺了 10 錠。」於是國王獎勵了他 10 座城邑。第二個僕人報告說：「主人，你給我的一錠銀子，我已賺了 5 錠。」於是國王便獎勵了他 5 座城邑。第三個僕人報告說：「主人，你給我的一錠銀子，我一直包在手巾裏存著，我怕丟失，一直沒有拿出來。」於是，國王命令將第三個僕人的那錠銀子賞給第一個僕人，並且說：「凡是少的，就連他所有的也要奪過來。凡是多的，還要給他，使之多多益善。」〔註9〕《新約·馬太福音》還有一則青年財主的故事：一個青年財主對上帝說：「上帝，我要跟你上天堂。」上帝說可以，你把你所有的錢拿出來給我，我分給需要的人。財主心想：這一二十年好不容易掙來的錢，就這樣全部拿出來，實在不捨。於是，就不幹了。所以，上帝說：「富人上天堂比駱駝穿過針眼還難。」〔註10〕因此，光做富人不行，這些錢不是你的，你掙的錢是榮耀上帝的，必須獻給上帝，這樣才能上天堂。

　　從第一則寓言故事可以得出，由於「馬太效應」，富人的產生是客觀事實，它導致在經濟發展過程中人們財富佔有的比例不盡相同，貧富差距由此產生；第二個故事則說明了財富意味著責任，巨大的財富意味著巨大的責任，而慈善則是履行社會責任的最好方式。由於個人能力、機遇以及對財富資源的配置方式的不同，必然導致公民個人財富佔有多少的不同。而從財富意味著責任的觀點出發，也有利於緩解當前社會的仇富心態。因此，正確看待「馬太效應」的財富創造與分配原則的理念，對於培育中國現代慈善倫理有著不可估量的積極意義。

　　最後，慈善作爲公民責任理念，要求以「平常心」看待公眾尤其是富人的慈善行爲。過去，國人常常將慈善行爲同個體的「德行」乃至功利本質的「功德」觀念相聯繫。現代慈善的根本歸屬──公共責任，則要求現代慈善必須完成從「個人美德」到「公民責任」的角色轉變。基於此，慈善也就卸

〔註 9〕　中國基督教協會：《聖經·新約》，南京：南京愛德印刷有限公司 2006 年版，
　　　　　第 32～33 頁。
〔註 10〕　中國基督教協會：《聖經·新約》，南京：南京愛德印刷有限公司 2006 年版，
　　　　　第 24～25 頁。

下了道德判斷的枷鎖，華麗轉身成爲了文明社會中「平常行爲」的一個組成部分。從現代慈善倫理觀來看，慈善是履行社會責任的方式，而財富是社會責任得以實現的物質保障。也正因爲慈善是「社會責任」得以履行的行爲方式，所以在文明程度更高的社會中，所謂「悄悄的慈善」的社會現象才得以出現，並成爲了慈善行爲的常態。

當今中國社會，將「慈善」與「道德」二者相捆綁的評價體系，給予了「鉅額捐贈」以極高的道德光環，反映的不是慈善理念的成熟與先進，而恰恰是幼稚與滯後。在貧富分化的社會背景下，將最有能力實施慈善行爲的富人置於過高的道德地位，有可能導致「道義資源」被「經濟資源」捆綁，一併向富裕階層集中。貧困階層的雙重「被邊緣化」，顯然不利於社會平衡與穩定發展。因此，以「平常心」看待公眾尤其是富人的慈善行爲，將慈善、尤其是「富人慈善」歸位於公民自我認可的「常態化」的社會責任，理應成爲中國現代慈善倫理的重要理念。

（二）權利理念

從責任與權利的辯證統一關係來看，承認慈善是公民個人責任的同時，必然也要承認「行善」是公民個人行使合法權利的過程。

首先，慈善作爲公民權利的行使，須以尊重施助者的捐贈意願爲前提。一切善都必須是自由的，是對最高道德指令的內在服從。捐贈之所以成爲善，其根本原因在於這種行爲是源於自由意志的主張。現代慈善倫理不突出捐贈施捨的個人德行性質，卻必須捍衛慈善作爲德行所要求的自主與自由。現代慈善應尊重個人捐或不捐的自由，讓捐贈者自主、自由決定要不要捐贈，如何捐贈，捐贈給誰等等。迫於包含輿論或政治在內的外在壓力而勉強爲之的捐贈，都不能促成具有生命力的善舉。因爲慈善行爲就其根本性質而言，是財富擁有者對自己合法財產自主、自由的規劃與安排。個人對慈善行爲的認可，正是其對個人社會責任的自我認可，而不是外力強加給公民的「義務」。

其次，慈善作爲公民權利的行使，施助者有權要求將捐贈眞正用於慈善的場合。慈善是區別於市場和政府之外的「第三域」，是爲了使社會財富共享而進行的「第三次分配」。因此，慈善應是在其它兩個領域之外發揮社會平衡的作用。凡市場和政府能夠實現經濟發展、社會和諧的場合，就沒有慈善的一席之地。一般來說，只有在市場不願做，政府不適合做，又存在公益性需求或陷於困境的個人自己做不了的場合，才讓慈善出場。把捐贈眞正用於慈

善場合，捐贈者就有權要求慈善組織將善款善物用於其指定的慈善項目，即使捐贈者沒有指定專門的用途，慈善組織也應當將其捐贈用於相應的慈善項目或與慈善直接有關的場合。唯有如此，才不會違背捐贈者的本意和慈善事業的根本職責。

再次，慈善作爲公民權利的行使，要求尊重和保障施助者的知情權。現代慈善特有的社會分工如下：一部分人致力於創造財富，另一部分人致力於使用財富。後者拿出前者不具備的時間和精力，幫助前者在有意義的領域，將前者積累的社會財富回饋給社會。後者要保證善款善物的使用是有效率的和有效果的，並且要保障捐贈者能及時得到這些效率和效果的反饋信息。即慈善中介組織和中介過程要通過履行「說明義務」，來保障捐贈者的「知情權利」。唯有如此，公民慈善權利的行使方才能得到充分保障，捐贈者的善良願望才可能得以有效實現，慈善行爲才因此獲得了生命力。透明和知情保證了慈善不會成爲欺詐的犧牲品，保證了慈善不會因欺詐泛濫而成爲「僞善」的沃土。

最後，慈善作爲公民權利的行使，還要求尊重施助者採取自己所喜好的慈善模式去行善。進入 21 世紀，中國的慈善事業的發展正處於一個關鍵的歷史時期。全社會慈善熱潮持續高漲，慈善參與不斷向深度和廣度拓展。除捐錢、捐物外，「捐股」等各種新穎的慈善模式推動著更多民眾、企業家將慈善作爲一份終身事業來經營、發展。且說「陳光標式」慈善。陳光標高調慈善，雖然有些惹眼，但相較於既有慈善模式，這樣的慈善更爲透明和實惠，而且受助者無需背負「感恩債」。同時，慈善作爲權利的行使，他的做法也無可厚非。陳光標就喜歡這種高調慈善模式，就喜歡天下人知道他，喜歡做明星的感覺。他雖高調但拿出了真金白銀，用自己喜歡的方式去行善，如此而已，作爲媒體與公眾應予以尊重。再說「華民」（華民慈善基金會）慈善模式，華民慈善基金會以積極探索中國特色現代慈善事業爲己任，通過「大學生就業扶助項目」倡導「純粹慈善，尊嚴慈善，幸福慈善」；提倡現代慈善應具有「純粹性、法制性、組織性、基金性、民間性、志願性」特點。〔註11〕亦收到了良好的效果。

除此之外，當今中國慈善大軍中還有牛根生式、曹德旺式慈善等各具特點的慈善模式。從慈善作爲權利行使的觀點來看，輿論和公眾都應尊重慈善

〔註11〕 參考華民慈善基金會理事長盧德之先生 2011 年 5 月 6 日在北京師範大學中國公益研究院首期中國公益慈善傳媒研修班上的演講。

主體的權利，尊重慈善主體的慈善喜好。唯有如此，才能更好地鼓勵各行各業的懷有善心之人加入慈善大家庭，爲中國現代慈善的發展注入源源不斷的新鮮血液。一言以蔽之，承認慈善是一種權利理念，就應當尊重每一個慈善主體採取各自所喜好的慈善模式、方式行善。如此這般，才能給公眾尤其是富人行善創造良好的條件。

（三）結　論

　　既然慈善是一種對社會責任的意志自由的高度認可，不是對私人權利的放棄，而是私人權利的利他實現，是一種利他主義價值觀的體現。那麼，這種「利他」到底表現爲施助者的動機，還是施助者的實際效果？事實上，在現實社會中，人們對慈善的評價主要有「動機論」和「效果論」的分野。在西方倫理思想史上，康德是動機論最著名的代表。他主張，對一個行爲的評價根據只能是他的「善良意志」。一個行爲，只要是從善良意志出發的，不論其是否達到了目的，也不論其是否產生了效果，都不能使它的道德價值因之而受到任何影響。邊沁和密爾是西方十九世紀功利主義思想家，也是傚果論最著名的代表。效果論認爲，對人的行爲善惡進行評價的依據，只能看行爲的結果。若不談行爲結果對人們所產生的利弊效果，也就不可能對道德進行善惡評價。〔註 12〕動機論主張人的慈善行爲源於先驗的善良意志，預設了慈善動機的純潔性，考究了慈善過程的爲人與無我境界，拒斥任何以功利目的「搭便車」的行爲。實際上，道德是有層次的，將道德建設只定位於崇高、純潔的層次，顯然是形而上學的。慈善不僅源於道德的自我養成，而且是具有社會歷史主體性的個人應當承擔的社會責任，蘊涵著人與人之間深深的精神慰藉、暖暖的相濡以沫以及靜靜的心靈安適。誠然，對慈善動機的價值評價並不是件簡單的事情，因爲慈善事業「是對社會資源的一種合理、有效的重新配置和開發。這種重新配置的動力來自兩個方面：慈善的心靈和利益的驅動。前者是人類善良本性的引發或顯現，後者是人們對個人利益的明智選擇。」〔註 13〕

　　在現實生活中，面對高調出鏡的「施助者」，公眾往往會質疑其行爲的動機，認爲他們是借慈善來吸引社會關注，而不是以慈善本身爲目的。不可否認，這種「慈善動機」確實是存在的。但需要我們思考的是，即便「慈善」

〔註 12〕羅國傑主編：《倫理學》，北京：人民出版社 1989 年版，第 417～424 頁。
〔註 13〕姚儉建、Janet Collin：《美國慈善事業的現狀分析：一種比較視角》，《上海交通大學學報（社科版）》2003 年第 1 期，第 25～29 頁。

的行為被附帶上了其它的「目的性」，難道這樣的行為本身就不再是慈善，不能被接受了嗎？

實際上，只要施助者所所捐出的善款、善物來源於自身合法獲取的財富，並且在慈善過程中不存在欺詐而非法獲利的行為，那麼，就沒有必要對行善者的動機過分細究，因為這都屬於正當、合理動機的範疇。慈善作為「第三次分配」方式，只要實現了社會財富「向貧困階層和弱勢人群轉移」這一目的，緩解了他們的急需，也就實現了慈善行為倫理的主體功能。至於由誰捐贈，出於何種動機捐贈，捐贈什麼以及施助者可能獲得什麼附帶的收益等，皆不是問題的核心。事實上，慈善行為正因為其複雜的功能，較為寬泛的「目的空間」以及被社會普遍認同的「道德定義」，才會廣泛地吸引或高尚、或功利、或虛榮、或姦猾的人，殊途同歸，慷慨施捨，慈善的可持續性才因此得到保障。因為慈善倫理具有的道德涵義，更多地體現在社會效果而不是動機上。須知世界上凡是具有成熟慈善倫理的國家，無不對施助者的動機採取了「包容並蓄」的態度，並積極尊重施助者的主張和要求。這也正是因為此般社會已經完全接納了慈善行為既是責任、又是權利的「雙重身份」的雙重性質。故而，只要得到當代中國社會的認同，並且堅守了慈善既為責任、又為權利的雙重性質的理念，中國現代慈善事業才會獲得健康蓬勃的發展。

上述四大慈善倫理基本理念各自具有豐富的理論內涵，同時又內在邏輯地構成了一個辯證統一體。「資本精神」理念的財富觀所倡導的創造、積纍、使用財富的態度與過程為慈善提供了一種現實的物質可能；「大愛無疆」的理念給人類的愛心賦予了普世的意義，讓慈善展示了其樸素的世界主義的大愛理想境界；「契約精神」的理念使慈善與現代規則性社會接軌，助推了慈善的規範發展；而「責權結合」的理念所倡導的公民作為慈善事業的主體，以及慈善既為公民責任又為公民權利的雙重性質，則使現代慈善倫理四大基本理念得以完整地辯證統一。無需贅言，只有以上述四大基本理念為指導，中國現代慈善事業發展才有可能邁入新的征程。

第五章　中國現代慈善倫理倡導的行為規範與構建的制度保障

慈善倫理是一個集「理念、行為、制度」於一體的理論體系。第四章已論證過了理念層面，本章將要落實到具體的行為和制度層面。毋庸置疑，由對抽象的現代慈善倫理基本理念的闡明，到對具體的現代慈善行為規範和制度環境的探討，其本身就是一個邏輯性的推進過程。因此，中國現代慈善倫理體系還應包括中國現代慈善倫理倡導的行為規範與構建的制度保障兩方面內容。

第一節　中國現代慈善倫理倡導的行為規範

上一章已界定了中國現代慈善倫理「資本精神、大愛無疆、契約精神、責權結合」的四大基本理念。以上述理念為行為的指導，中國現代慈善行為必然也應具有相應的倫理要求。中國現代慈善倫理倡導的行為規範體現在慈善主體和慈善客體的行為規範，亦即施助方與受助方的行為規範與要求。這也是中國現代慈善倫理行為層面的價值體現。

一、慈善主體的行為規範

慈善主體作為積極參與慈善活動的公民個人與社會組織在整個慈善活動中起著舉足輕重的作用。因為慈善活動能否得以順利進行，首先就在於公民個人與社會組織能否熱情捐贈與積極開展各種形式多樣且及時有效的慈善救

助和援助活動。甚至可以認為，如果沒有慈善主體的積極參與，慈善這一對
人類自身而言既光榮又崇高的美好事業根本就不會存在。因此，規範慈善主
體的行為，使其在參與慈善活動時符合現代慈善的倫理道德要求就顯得尤為
必要且意義重大。

在中國社會轉型時期的今天，慈善活動也呈現出複雜多樣的局面。關於
對慈善主體的行為倫理要求也成了社會大眾對慈善主體的期望，亦或可以認
為這種要求已提高到了價值層面評價的高度上來。筆者認為，慈善主體的行
為重點應符合「動機合理、獨立自主、誠實守信、平等相待、務實創新」的
倫理要求與規範。

1、動機合理

人們經常討論「一個人做這個事情的動機何在」這樣一個亙古不變的話
題。要回答這個問題，我們首先得明確「何為動機」。隨著現代人文社會科學
的發展，對動機一詞的闡釋也更具體、深刻。動機在心理學上一般被認為涉
及行為的發端、方向、強度和持續性；是在目標或對象的引導下，激發和維
持個體活動的內在心理過程或內部動力。動機就是行為主體為實現一定的目
的而作出某種行為的內在原因、內在動力，即因為這種原因與動力而做出一
種符合自己期待的行為；動機是推動人從事某種活動，並朝著某一個方向前
進的內部動力，是個體的內在過程。應當說，動機對一個人的行為具有決定
性的意義。

「動機理論」運用於慈善領域同樣具有道德評價的一般意義。然而，慈
善作為一種特殊的道德活動與社會現象，動機理論又必然要表現其不同的價
值判斷與評價。在慈善動機魚龍混雜的當今時代，形形色色的慈善動機時常
成為人們批判與指責的對象。然慈善動機作為慈善行為的內在驅動力，樹立
合理的慈善動機無疑成了慈善行為規範的第一要義。對於何為合理的慈善動
機？筆者認為，合理的慈善動機只要符合兩個條件便可：第一，參與慈善不
以獲得個人、企業名望、經濟等利益為唯一目的。第二，這種利益不是通過
慈善行使「違法欺詐」行為而獲得的，即以不傷害與不影響他人利益為原則；
亦即合理的慈善動機是兼容了道德性、經濟性和社會性的有機統一。比如，
汶川地震發生後，王老吉迅速開展慈善行動，向災區捐贈 1 億元人民幣。而
捐贈也使該企業獲得了消費者的廣泛認同，王老吉因此樹立起了良好的品牌
形象，以至於出現了「要喝就喝王老吉」這樣的消費者由心而發的感慨。諸

如此類將慈善活動與經濟利益完美無缺地結合起來的品牌戰略，成爲討論慈善倫理問題的經典案例。再比如，陳光標行慈善的目的無疑是想成爲「中國首善」；湘籍企業家盧德之先生成立華民慈善基金會從事慈善，就是爲了一種個人的慈善愛好。盧先生獲得偉大經濟成就後就想用經商所得從事自己的愛好。他常說，像一些人喜歡唱卡拉 OK 一樣，我就喜歡做慈善這個愛好。於是便慷慨解囊，無私奉獻，樂在其中。不一而足的，這些慈善動機在筆者看來都是合理的。若由於這些大眾喜聞樂見的合理的慈善動機而使慈善參與者獲得了更大的諸如個人、企業名望、經濟等利益，則有可能激勵更多人踐行慈善，慈善的可持續性才愈有保障。因此，筆者認爲，在現實生活中人們對參與慈善所持有動機的評價，實在沒必要陷入道德主義思維的罩門。只要「合理」就好，要求過高不但不能有效促進中國慈善事業的發展，相反還會起消極作用。由此看來，「動機合理」無疑是中國現代慈善行爲倫理規範的第一要義。

2、獨立自主

「獨立自主」具有豐富的哲學、政治學、社會學內涵。依據現代漢語解釋，獨立自主多指國家或政黨維護主權，不受他人的控制或支配。獨立自主運用於慈善實踐領域則體現爲參與慈善的個人、企業以及慈善組織的意志自由。具體表現爲慈善主體在參與慈善活動時完全不受政府或其他利益相關方的干擾甚至是阻撓而自覺、自願、自主、自由地完成整個慈善實施過程。

從一般意義上來說，獨立自主本身就是慈善行爲主體應有的自我堅持。但在本文中，把獨立自主特別作爲慈善主體行爲規範加以論述，這不能不說是與當前中國慈善實踐中的現實困境有關。正如前面章節所論述的一樣，當前一些地方政府用所謂的行政干預手段，做出「勸捐」、「逼捐」等行爲；一些慈善組織迫於政治壓力而配合地方政府把善款用於一些所謂的「形象工程」上，設計一些浪費慈善資源的慈善項目等。這些現象無一不使得慈善主體喪失了獨立自主開展慈善活動的意志自由，且嚴重影響了慈善事業的發展。

現代社會是一個個人意志自由得以彰顯的時代。爲了構建符合中國現代慈善發展的倫理規範，要合乎慈善主體「獨立自主」的行爲規範就應做到：第一，公民個人、企業以及其它組織在進行慈善捐贈時要意志自由地決定捐還是不捐，捐多少，以什麼形式與方式捐贈，而完全不受外在其它因素的影響。第二，慈善組織則要根據組織章程設置的具體規定和自身發展的需要獨

立自主的科學設置慈善資助項目，並把這種獨立自主的精神貫穿於整個慈善項目的始終。

3、誠實守信

「誠」在中國傳統文化看來，有兩層含義：第一，「誠」意在表述宇宙本體特性的哲學範疇。所謂「誠者，天之道也。」可見「誠」即是人類發展的大道。第二，「誠」更屬於道德範疇，亦即表述作為人的基本德性與德行，其指向的是人本身而不再是宇宙自然。故古人認為「以誠感人者，人亦誠而應」。「信」在金文詞典裏的闡釋是：從人從言或者從人從口，亦作誠實解。「信者，誠也」，「人而無信，不知其可也」。無疑這裏的「信」指的就是人立世的信用、信譽等道德品質。總而言之，「誠」與「信」其實是同一意思，都強調真實、實在、信譽、說到做到的思想內涵。誠實守信作為倫理道德規範就是指人們在社會活動中體現以誠實不欺、信守諾言為準則，自律與他律相統一的道德境界。

慈善作為一種慈善主體與慈善客體共同參與的互動活動，誠實守信的倫理道德規範對於使慈善實現最大社會價值和道德價值無疑具有重要的倫理意義。因此，誠實守信當屬現代慈善的行為規範之一，屬於慈善主體和慈善客體都必須遵守的倫理規範。在此，作為慈善主體的行為規範而言，具體要求做到：第一，從宏觀層面來說，要求慈善主體在對弱勢群體實施慈善救助與援助時要從倫理的高度認識到救助弱勢群體是現代社會公民應盡的慈善責任和義務，而並非一種高高在上的簡單施捨與恩賜。第二，從慈善組織的角度來說，一是要根據弱勢群體的實際情況設計科學合理的資助計劃、慈善項目，不得以虛假慈善資助計劃向捐贈方多要財物，應做到按實際需要向捐贈方申請善款善物。二是要求盡力做到將接收的善款善物真正用於需要幫助的弱勢群體中的個人和組織上。同時對受助者進行監督並跟蹤調查善款善物的使用情況，並且及時有效地向捐贈者反饋信息。三是要言行一致，注重提升服務質量。應按照捐贈人的意旨，做到「專款專用」、「專物專用」，監管善款善物不被挪為他用。第三，從慈善捐贈者的角度來說，遵守誠實守信的倫理規範則要求捐贈者做到「不假捐」、「不詐捐」，堅決抵制一切「偽慈善」行為，說到做到，積極兌現捐助承諾。

4、平等相待

眾所周知，「慈善是平等的雙方（施助者與受助者）對愛心的確認。慈善

的核心內涵,不僅停留在對弱勢群體的一種物質救助層面上,也應該包含對受助者尊嚴的維護。」〔註1〕真正的慈善就是為了維護受助者的合理的利益,給予他們最起碼的物質生活。不僅如此,慈善客體還應得到慈善主體的人格上的尊重。否則,如果慈善主體肆意認為對他人的慈善救助可以成為對慈善客體的任意凌辱的理由,那麼,慈善的意義就不復存在了。除此之外,慈善倫理的平等價值理念還體現為慈善主體之間的平等。那些以為捐贈多少決定慈善主體享有多少尊重和榮譽的觀念是徹底錯誤的。毫無疑問,只有遵循了平等原則,慈善事業才有可能健康發展。反之,就會引發施助者與受助者、施助者與施助者、受助者與受助者以及施助者與社會大眾之間的矛盾,影響社會的和諧。

　　具體而言,「平等相待」作為慈善主體的行為規範,要求做到:第一,慈善主體要認識到慈善人的尊嚴原本就來自於對受助對象的尊重和平等對待的道德高度。第二,要注意傾聽弱勢群體的聲音,時刻設身處地的為受助者著想,而不是懷著一種救世主的心態,以一種居高臨下的姿態面對受助者。第三,要切實注意慈善方式的轉變,努力做到用一種適合受助者且易於他們接受的慈善方式進行施助。切不可片面宣傳、強化弱勢群體的價值觀,給弱勢群體打上「標籤」,以導致現代意義上的「種族隔離」現象的出現。第四,施助者之間也要用一種「平等」的倫理要求來看待各自的行善活動,而不是因為誰捐的善款善物多,誰就高高在上。相反應認識到金錢有價而愛心無價,經濟能力有高低之分但愛心無大小之別。捐多捐少均為愛心的體現與表達,再小的捐贈也彌足珍貴,只有共同的愛心才能匯聚成慈善的巨大力量。

5、務實創新

　　創新是一個永恆的話題,也是個人和組織乃至整個民族發展的靈魂。然而,創新並不是一種完全超越於現實的天才發明創造。創新必須立足於當下的現實情況,綜合各方面的因素,做到合理性與科學性的有機統一。作為人類生活的特殊領域,慈善同樣應做到務實創新。唯有如此,才能實現慈善的昨天、今天、明天的有效結合。務實創新作為慈善行為規範,關鍵是要實現施助方式的合理性與科學性。而合理性與科學性的施助方式之所以是慈善領域的道德要求之一,就在於施助方式的合理性與科學性確保了對弱勢群體的

〔註1〕劉美玲:《當代中國慈善事業倫理原則探究》,《鄭州大學學報(哲學社會科學版)》2010年第3期。

救助與援助能達到最好的效果。在現代社會的視域中，這種實際效果卻又是衡量其慈善行為是否具有道德價值以及道德價值大小的有效依據之一。

為此，「務實創新」作為慈善主體的行為規範，甚至整個慈善領域的倫理要求，就應做到：第一，要在國家法律政策的允許下，實現符合現代經濟和社會發展的慈善捐贈模式創新。在傳統社會，慈善捐贈方式主要是通過現金與具體物資進行的。隨著中國經濟和金融市場的發展，股權和信託等新興經濟範式也隨之進入了大眾視野。因此，慈善主體創新慈善捐贈方式與模式就顯得迫在眉睫。慈善捐贈方式的創新，主要體現在包括股票在內的有價證券捐贈，像這樣新穎的捐贈方式理應成為未來慈善主體捐贈的重要方式。第二，從公民個體參與慈善的方式來說，要實現慈善具體參與模式、方式的創新。2011 年，民間公益慈善借助新媒體如火如荼地開展起來。「微博打拐」、「免費午餐」、「衣加衣」、「一個雞蛋的暴走」、「鉛筆換校舍」等公益慈善行動在社會上掀起了一波又一波的高潮，贏得了社會各界的喝彩。這些慈善參與模式、方式都有一個共同的名字——「微公益」。「微公益」即利用新媒體，諸如微博、微信等，使個人能夠將自己的點點滴滴關懷融入社會整體之中的一種公益慈善行動。﹝註2﹞總之，以「微公益」等為代表的新興慈善參與模式實現了中國慈善從傳統的動員模式、保守的資源聚合模式，向全民自主參與模式和開放的資源組織模式轉變。因此，「微公益」等是一種公益慈善方式的創新，個體和慈善組織應積極採納，齊心協力創造公益慈善的廣闊天空。第三，從公民個人與慈善組織具體的施助方式來說，也要立足於慈善各方面的實際，實現慈善方式的創新。比如讓人們評頭論足的「陳光標」慈善方式，他的亮點在於慈善方式的創新——個性慈善。陳先生的個性慈善方式之所以讓人詬病，原因在於沒有立足於慈善作為人類特殊道德社會現象的本質，沒有充分認識到「尊嚴、平等」等倫理價值在慈善過程中的重要意義。他的個性慈善方式反被認為效率低下，缺乏專業性。與之不同，華民慈善基金會的慈善施助方式，則是通過與合作高校的科學規劃實現施助者與受助者的分離，充分體現了尊嚴慈善的道德價值意蘊。總而言之，慈善施助者應根據慈善現有的政策、法律法規、受助者能夠接受的方式以及社會大眾的道德價值判斷標準與合理社會期待，積極創新慈善方式，且自然而然地將這種創新內化為一種倫理自覺。

﹝註2﹞王振耀：《「微公益」是一場革命》，《中國青年報》2012 年 2 月 20 日，第三版。

二、慈善客體的行爲規範

正如前文所述，慈善是由施助方和受助方，亦即慈善主體和慈善客體共同參與完成的活動。由於在慈善活動中各方的角色不同，因此，各自就有著不同的倫理規範與要求。亦即參與慈善活動的各方應遵守一系列倫理規範。筆者認爲，慈善客體的行爲規範應重點表現爲「感恩圖報、自立自強、誠實守信、珍惜關愛、回報社會」五個方面。

1、感恩圖報

感恩圖報是人類道德生活的重要信條，也是處理人際交往關係的重要藝術。在中國古代，先哲們對「感恩圖報」思想多有深刻論述。宋人袁采說：「居鄉及在旅，不可輕受人恩。方吾未達之時，受人之恩，常在吾懷，每見其人，常懷敬意，而其人亦以有恩在我，常有德色。及吾榮達之後，遍報則有所不及，不報則爲虧義。」〔註3〕慈善作爲一種特殊的道德活動，對於慈善主體來說，其本意是不應求感恩和回報的。然感恩圖報作爲人類生活的高尚道德品質是不容小覷的，尤其在現實生活中，人的感情是雙向流動的，施助方從事慈善活動渴望得到來自受助方精神層面的回報也是人之常情。其實，受助方善意的回應和對施助方的感激與報答，尤其是精神、靈魂層面的報答無疑是對慈善者的道德價值的最高評價與心靈慰藉。導致的結果便是慈善者對自己所從事的慈善活動心裏感到無比快樂，進而更加積極從事慈善活動。其實，從中西文化來看，「滴水之恩、必當湧泉相報」以及千百年來西方一直倡導的「感恩節」活動，也可知感恩圖報與現代慈善的發展並行不悖。感恩圖報在現代慈善活動大力開展的今天，理應成爲慈善客體的行爲規範之要義。爲此，慈善客體在受到慈善救助與援助時一是要心存感激與感恩，二是要鼓勵自己適時採取多種渠道、多種方式力所能及地向慈善主體進行回報，尤其是精神回報。

2、自立自強

古語云：「君子求諸己，小人求諸人。」這句話的意思是指人不僅要有完善自己的意願，更要有完善自己的能力，通過內因去完善和發展自我，做到自立自強。毋庸置疑，自立自強的精神同樣適用於慈善活動中的受助方。在慈善活動中，慈善主體的救助與援助對於幫助弱勢群體走出困境無疑是十分

〔註 3〕《袁氏世範》卷二《處己》。

必要的。然這種救助與援助終究是一種外在因素，只能盡微薄之力期望增強弱勢群體改變其弱勢能力和地位的作用。因而，這種外在因素能不能發揮作用以及發揮作用的程度如何，最終還得取決於弱勢群體是否有一種自立自強的精神。由此看來，自立自強是弱勢群體亦即慈善客體最終擺脫困境的決定性因素。須知輸血最終的意義在於接受血液者能否通過自己的努力恢復造血功能。在現實生活中，慈善客體自立自強的例子比比皆是。感動中國 2005 年度新聞人物洪戰輝就是一個鮮明的例子，他在個人生活極其困難的情況下，仍攜撿來的妹妹一起求學 12 載，並最終以優異的成績完成大學學業且順利考上研究生，詮釋了自立自強的有價值人生。因此，自立自強當屬慈善客體參與慈善活動的行為規範與倫理要求。這就要求慈善客體在接受慈善救助與援助後一是要有一種自立自強的積極心態，二是要充分利用好善款善物，由「輸血」變為「造血」，努力使自己擺脫困境，走向自救與救人的理想道路。

3、誠實守信

誠實守信是人類重要的道德品質之一。上一小節已重點論述了誠實守信的道德內涵以及作為慈善主體的行為規範的意義。作為參與慈善活動的慈善客體同樣應遵守誠實守信的行為規範與倫理要求。為此，把誠實守信作為慈善客體的行為規範，慈善客體應做到：第一，遵守受助者個人信息真實的原則。即慈善客體要真實有效地提供自己的信息，做到讓施助方及時瞭解自己的真實困境，而不是弄虛作假，通過偽造證明騙取善款善物。當然，某些屬於個人隱私的信息，或提供出來有可能給自己帶來不利後果的信息除外。第二，嚴格遵循施助方的意旨。即慈善客體要嚴格按照施助方當初的捐助本意來使用善款善物，而不是違背施助方的初衷，私自把善款善物用於它途，做一些傷害施助方情感的事情。第三，慈善客體在通過慈善救助與援助擺脫困難，過上幸福生活後，應及時告知施助方，主動退出接受慈善救助與援助的一方，而不是繼續享受著慈善組織或捐贈人給予的慈善幫助。只有這樣才能防止其他處於困境中的人或組織因慈善資源被佔用而未能得到及時有效的幫助。

4、珍惜關愛

珍惜關愛與感恩圖報、自立自強、誠實守信有著一種內在的聯繫。如果沒有珍惜關愛的心態，那麼一些慈善救助與援助就都會顯得無謂多餘。我們也很難想像一個不懂得珍惜關愛的人，會從內心深處認同慈善這一神聖而光

榮的事業。舉例來說，2007 年 7 月，北大貧困研究生段霖夏將資助者的善款用於經商；湖南女孩用善款購買奢侈品；山西女孩郭曉娟被指責攜善款潛逃等。以上事件的結果就是受助者被告上法庭或是受到嚴厲的道德批評，同時也使慈善陷入一種尷尬的境地。事實上，無數真實的慈善事例告訴我們，作為參與慈善活動中的受助方一定要珍惜他人的關愛，以一種自足的心態要求獲得與自己現實困境相符合的數量適當的善款善物，並且嚴格按照施助方要求妥善使用善款善物，完全實現施助方的善良慈善意願而不是濫用施助方的愛心，傷害施助方的情感。總而言之，受助者在慈善活動中應做到不卑不亢與珍惜關愛有機結合。

5、回報社會

前面已經提及感恩圖報的行為規範，彼時所言感恩圖報的對象是施助方，其目的是讓施助方得到道德上的快意與滿足感從而激起人們投入慈善的熱情。事實上，在現代社會，弱勢群體接受社會救助與援助是他們應有的基本道德權利，感恩圖報更多的應體現在一種回報社會的層面上來。慈善就是今天有能力的人幫助沒能力的人，而這些受到幫助的人日後也應積極回報社會，幫助其他更多需要幫助的人，使人們的「愛心接力」能夠不斷持續下去。所幸的是，在慈善活動中受到慈善救助與幫助的人條件改善後積極回報社會的例子比比皆是。又譬如，已成為公眾人物的洪戰輝，2006 年以來，又將愛心灑向了社會。為資助貧困學生，他在學校和政府的幫助下建立了「教育助學責任基金」；為推動青少年思想教育，他應邀在全國各地作了 150 多場勵志報告，並欣然出任「中國宋慶齡基金會青少年生命教育愛心大使」；2008 年 11 月，創立「德益教育服務有限責任公司」的項目等等。洪戰輝所有的愛心行動正體現了他內心的真實願望：「我要力所能及地幫助需要幫助的人。」這些事例使人們看到了參與慈善的社會意義，這種社會價值有力地提高了社會的溫情度，促進了社會的和諧發展。毋庸置疑，「回報社會」理應是慈善客體的行為規範與倫理要求。

第二節　中國現代慈善倫理構建的制度保障

構建中國現代慈善倫理還必須營造一種優良的制度環境。因為，一切慈善倫理理念和行為規範都必須依託於「善」的慈善制度，才能獲得基本的有

效意義；有效的慈善制度無疑也是現代慈善事業發展的重要保障。論及慈善制度，首先要對其基本概念和設計的基本倫理原則有一個清晰的認識。因爲倘若缺乏對慈善制度的基本概念的認識，缺少對慈善制度設計的基本倫理原則論證，則構建中國現代慈善制度就會在邏輯層面上淪爲不可能。

論及慈善制度的基本概念，從概念的層級性來看，首先涉及的是制度的含義。對制度的認知，古今中外的人們眾說紛紜、莫衷一是。早在中國的《說文解字》中，就對制度一詞做出了解釋。《說文解字》認爲，「制」就是裁的意思，而「度」就是法制的意思。由此可見，「制」是會意字，意指裁衣服；而「度」是形聲字，指的是度量衡制。從《說文解字》的古典意義出發，人們在此後也逐步地將制度的意義引申爲人們行爲的標準以及限定等。到了現代社會，人們對制度一詞的理解更爲深刻。道格拉斯·諾斯首先揭示了制度一詞的基本的系統性的內涵。他認爲，制度一詞包含著人們對事物的倫理道德規範的追求。因爲它本身就是一系列的規則、守法的程序等制約性的規範。同時，制度的目的在於對處在追求自己利益過程中的人們做出相應的約束。〔註4〕

從人們對制度內涵的探索過程來看，雖然無法確切地得出統一的制度的基本定義。但是，人們不可否認制度一詞的基本含義應當包含兩個方面的內容。其一，它應當包含對人們的具體的行爲做出的規定與規範；其二，制度如同法律一樣具有相當的強制性。當然，由於漢語詞義的複雜性與豐富性，制度一詞也有廣義和狹義之分。在廣義上，制度一詞可以是指在效力範圍內社會成員必須共同遵守的行事規則和原則，其創設主體包括國家和特定的社會組織等。而在狹義上，制度一詞是指國家在一定的歷史條件下，按照其全體成員的共同意志所形成的對全體社會成員都具有強制性約束力的政治、經濟、文化以及社會等方面的規範體系總和，其創設主體只有國家。本文中的慈善制度則採用了廣義的概念。

所謂慈善制度，從廣義上來說，就是指處理慈善實踐中的各種關係的規章、制度、法規的總和。從狹義上來說，慈善制度往往是指處理慈善實踐中的慈善主客體之間的權利和義務關係的規則與法律的綜合體。然慈善制度並非憑空產生的，它必須依託於一定的價值目標。爲了構建這一有效的制度，必須遵循一定的基本倫理原則。論及構建中國現代慈善制度所應當遵循的基

〔註4〕諾斯：《經濟史中的結構域變遷》，陳聽、陳郁譯，上海：上海人民出版社1994年版，第225～226頁。

本倫理原則，本文將引用英國知名教授阿克頓所講述的分粥故事來說明：

　　從前，有一個 7 個人組成的小團隊，每個個體身份平凡且在團隊裏地位平等。團隊必須通過製定制度來解決每天的吃飯問題——分食一鍋粥，而現實中卻沒有稱量用具。剛開始，團隊指定一個人負責分粥事宜，然大家很快就發現，這個人爲自己分的粥最多。於是團隊決定換一個人，但不管怎麼換，結果總是主持分粥的人碗裏的粥最多最好。在個人主持分粥的條件下，得到的唯一結論便是權力必然會導致腐敗，而絕對的權力必然會導致絕對的腐敗。此後，人們吸取上述教訓採取了七人輪流分粥的制度安排，但結果卻是這七人僅有一天吃的過飽，而其餘的六天都得挨餓。如此一來，輪流分粥的制度雖然保障了機會的平等，但卻造成了資源的浪費。於是大家決定推選一位德高望重的人擔任分粥的任務。然而，這位品行高尚的人剛開始還能公平分配，但其後逐漸地給那些溜鬚拍馬之輩多分一些粥。道德精英分粥的制度安排表明，全然地依靠個人德行的自覺而忽視制度的監督，任何精英都不能完成公平的分粥任務。不得已，這七人決定成立分粥委員會和監督委員會，期望這樣能夠實現保證公正和民主的價值觀念，同時能形成有效的監督機制。然不料，雖然分粥委員會能夠提出各種各樣的分粥方案，但是監督委員會往往又會提出不同的意見，於是兩者便常常處於僵持不下的局面。好不容易把粥分完，而粥已變涼、人已餓昏了。根據權力制衡原則建立的分粥委員會和監督委員會雖然實現了公平公正，但效率極其低下且制度成本又較爲昂貴，實在不屬良策。爲此，人們必須選擇和建立高效率、低成本的分粥制度。思前想後，這七人決定他們輪流分粥，但是只有等其他六人領完粥之後，值日分粥之人才能領取剩下的最後一碗粥。人們驚奇的發現，分粥之人最後領粥的制度安排極爲高效。由於分粥之人最後領粥，因此他就不得不盡力確保把七份粥最大程度均等分到碗中，否則，一旦這七份粥的分量不同，則前面先領粥的六人就會先後把當中分量較多的粥碗拿走，值日分粥之人領到的粥便是七份中最少的一份。實踐證明，分粥之人最後領粥的制度安排既保證了公平、民主，又確保了高效率，因此是最佳的制度選擇與安排。

　　從阿克頓所講的分粥故事中可以看出，建立一個良好的制度必須具備諸多優質因素。人們可以簡單地遞進式地甄別其制度設置進程的優劣。在個人主持分粥的條件下，這種制度一開始本身已埋下了腐敗的種子，因而毫無可嘉許之處。在輪流主持分粥的制度下，雖然確保了公平因素的貫徹，但並不

能夠保證人人喝好粥的良性結果。在道德精英分粥的制度設計中，雖然設計包含了民主的因素，但僅具有民主的成分卻缺乏有效的監督制度，這從根本上來說不能算是有效率的制度。在民主和監督機制都具備的制度設計中，民主、公平等理念雖得到了有效的貫徹，但卻不能保證效率，不能促使分粥工作及時、順利且圓滿完成。而只有在分粥者最後領粥的制度中，既踐行了公平、正義、民主等理念，又促使了效率極高的分配製度的產生，因而是最佳的制度選擇和制度安排。

阿克頓分粥的故事發人深省，它生動形象地表明了一個良好的制度設計必須遵循一定的基本倫理原則。筆者認為，構建中國現代慈善制度必須借鑒阿克頓分粥故事中的基本價值觀，並且把它和慈善這種特殊的道德活動結合起來，從而完成慈善制度的設計。總體而言，本文認為構建中國現代慈善制度必須遵循「正義、民主、高效、人道」的基本倫理原則。構建中國現代慈善倫理的制度保障主要包括建立國家層面的慈善制度和現代慈善組織制度，後者又集中表現為建立現代慈善基金會制度。

一、建立國家層面的慈善制度

在社會轉型的當今中國，建立國家層面的慈善制度所包含的內容也極其複雜。從宏觀層面上來說，應建立國家慈善委員會的政府監管制度；從微觀層面上來說，應建立公平的慈善組織准入制度、公正的慈善資源獲取競爭制度、積極鼓勵慈善捐贈的稅收制度以及慈善組織回歸民間的機制等。

（一）建立國家慈善委員會的政府監管制度

根據目前中國的慈善體制，名義上將慈善組織統一歸口到民政部的民間組織登記管理局。而事實上，因為不合理的業務主管單位的設置，所以其它相關部門又都對慈善組織具有一定的管理和監督職能。這便產生了通過民間局來協調其他部委存在級別不對等的中國特色狀況，從而導致各部門無法順利溝通、協調。除此之外，民政部內部又設立了社會福利與慈善事業促進司，來扶持、管理和推動慈善事業的發展。因此，民間局和社會福利與慈善事業促進司兩者在慈善事業管理中的角色和定位有待理順。確切而言，在公益慈善領域，政府缺位與錯位的地方還相當多。我們也完全沒有類似於英國國家慈善委員會這樣專業化的管理體制，以至於要通過全國人民代表大會來討論

公益慈善發展情況難於上青天。由此可見，此種不健全、不明確的慈善管理體制是造成管理混亂的根源所在。

鑒於以上情況，本文建議在結合當代中國實際國情的基礎上，借鑒英國關於慈善事業管理的經驗 —— 設立一個半獨立的國家慈善委員會。具體而言，此制度設計要求如下：第一，改革現行的雙重管理體制，將業務主管單位以及其他各相關部門行使的對於各類民間組織的監管職能都劃歸於慈善委員會。同時，慈善委員會將統一協調國稅、財政部、國家發改委、民政部等部門，將中國境內的所有慈善組織置於國家統一的相關政策和行政監管的框架內，即由當前多重管理統一到單一的國家慈善委員會管理中來。第二，組建科學合理且易於監督的領導體制。此委員會的領導由國務院分管領導直接擔任，委員會的成員由政府和民間社會組織各提名 50%組成，且規定任期爲 5年，連任不得超過兩屆。根據中國現有政府組成部門的實際，政府推選的成員應來自財政、稅務、教育、監察、衛生、民政等與公益慈善業務相關的部門；而民間社會組織推選的成員應主要來自在民政部門依法登記註冊的各類大型的資助型、運作型基金會和各類在一線直接從事公益慈善活動的草根組織。這樣的半獨立的國家慈善委員會職能清晰，目標明確，易於相互監督，有利於形成一種民主且高效的慈善活動參與模式，形成慈善事業發展的合力。

（二）建立政策放開的公平競爭制度

毋庸置疑，「公平」是人類孜孜不倦所追求的美好價值，是創造一個人人嚮往且各方力量有序競爭提升的美好社會環境的基礎。「公平」同樣是慈善領域追求的重要價值，公平、寬鬆的競爭機制對於慈善事業發展而言具有舉足輕重的推動作用。從倫理學的視域來考慮國家慈善制度的構建，筆者認爲，建立公平的競爭制度主要需做到以下兩方面：

第一，建立政策放開的慈善組織准入制度。根據 1998 年頒佈的《社會團體登記管理條例》，涵蓋慈善組織在內的任何社會性質的團體，若想得以建立則必須掛靠一個官方的業務主管單位，同時還得有較大數額的註冊資金。否則，任何社會團體都將不能取得合法的建立資格。應當指出，這種雙重審批、雙重管理以及較高註冊資金的准入制度具有極大的局限性。一方面它導致了成立慈善組織申請難的現實困境，另一方面也導致了對慈善組織監管責任上的推諉問題。嚴重妨礙了中國現代慈善制度的建立，嚴重阻礙了中國慈善事業的發展。

　　事實上，也正是因爲這種不科學的慈善組織准入制度的存在，導致了各類慈善組織在准入這個門檻上就形成了不公平的競爭狀態。具體表現爲，中國很多官辦慈善機構很容易且本身就有主管機關；而對於民間個人或團體來說，若想成立慈善組織，則需先找一家政府部門做業務主管單位——俗稱找「婆婆」，然後才有資格到民政部門申請登記註冊。而就算是找「婆婆」也已屬一件不易之事，更何況後面的繁雜手續。由此看來，現有的准入制度實際上是限制民間慈善組織發展的制度。

　　因此，放寬政策，構建高效率的慈善組織准入機制就顯得尤爲重要且迫在眉睫。國際上對慈善組織的規制程序主要是「追懲制」和「預防制」。所謂「追懲制」，主要是指任何社會性團體的成立都無需經過審核與批准。但是，一旦發現該團體從事違法犯罪活動，則政府有權即刻加以禁止或解散。而所謂「預防制」，就是指只有經過政府審核與批准的社會性團體才能得以成立，否則將不能受到政府與法律的保護。〔註5〕在目前的資本主義社會，「追懲制」逐步得到了大面積的運用。就中國目前的慈善組織發展實況而言，宜採用「追懲制」，以避免雙重管理制度下的低效率。具體而言，一是應取消業務主管單位，放寬慈善組織類社會組織登記註冊的限制，實行慈善組織到登記機關直接進行註冊或備案的政策，同時將對慈善組織的事後監管作爲工作的重點。二是鑒於慈善組織的非營利性，慈善組織的成立無須要求大數額的註冊資金，而以低門檻的資金要求來鼓勵更多慈善組織的成立。

　　第二，建立慈善資源獲取的公平競爭制度。由於中國官辦慈善的歷史緣故，慈善資源的獲取形成了少數慈善組織壟斷的格局。雖然，2008 年出臺了《中華人民共和國企業所得稅法》及其《實施條例》，以及財政部、國家稅務總局出臺《關於公益性捐贈稅前扣除有關問題的通知》，使得免稅資格的慈善組織範圍有所擴大。但從總體數量來看，還有大部分慈善組織無法獲得公益性捐贈稅前扣除資格。因此，企業向這些慈善機構捐贈則無法享有免稅政策。這無疑導致了慈善資源在官辦和非官辦、公募和非公募慈善組織之間得不到公平的流轉與分配，毫無良性競爭的可能。換言之，無論這些慈善組織的運行機制如何高效透明，仍然很難吸引各類個人和企業的捐贈。因爲施助者捐了錢還得交稅，故相比之下就更趨向於對國家規定的那部分慈善機構進行捐

〔註 5〕范寶俊：《結社立法與社團管理》，北京：光明日報出版社 1989 年版，第 337～338 頁。

贈。這種少數慈善組織壟斷慈善資源的格局導致了捐贈主體失去自主、自由的權利，也導致了官方慈善組織與非官方慈善組織之間不公平的競爭格局。

為此，本文建議，從國家層面來說，應該放寬政策，打破慈善資源現有的壟斷局面，擴大享受稅收優惠政策的慈善組織的選拔範圍，形成官方與非官方、公募與非公募之間公平競爭的慈善資源獲取機制；甚至只要符合慈善公益組織定義的慈善組織就應當獲得免稅資格。唯有如此，才能讓個人和企業獲得更多自主、自由選擇自己所認可的慈善組織進行捐贈的空間。

具體操作如下：一是建立慈善組織免稅資格認證制度。即針對免稅資格認證確定統一的考核評估標準。這就要求能夠獲得減免稅資格的慈善組織首先必須是合法註冊的；其次是該慈善組織要向稅務部門提出申請，若其符合條件，則申請過後即可獲得免稅優惠資格。凡符合免稅資格的慈善組織，均有權利開具抵扣稅款憑證。二是廢除減免稅的資格終身制。慈善組織應每年接受稅務部門的審查，以確定其是否繼續滿足免稅的合法條件。同時，還要嚴格將基於慈善目的的經營活動和非慈善目的的經營活動區分開來，以防止慈善組織濫用免稅特權的情況發生。此外，一旦稅務機關或慈善主管部門接到舉報慈善組織的不法行為，則在調查該組織同時便立即暫停其免稅資格。如果確實證明慈善組織存在違法行為，則取消其三年以內申請免稅資格的權利。

綜上所述，只有放寬慈善組織的註冊限制，以及建立公平的獲取慈善資源的競爭制度，才能為慈善組織提供一個能夠在公平、公正競爭環境下發展的平臺，也才能引入多方力量積極參與慈善事業。倘若這個基礎不存在，則其它任何政策的出臺都不能從根本上推動慈善組織的成長發展。

（三）建立有利於慈善捐贈的稅收制度

第三章已分析過，2008 年出臺的《中華人民共和國企業所得稅》及其《實施條例》；2011 年出臺的《中華人民共和國個人所得稅法實施條例》；〔註 6〕

〔註 6〕《企業所得稅法》第九條規定：「企業發生的公益性捐贈支出，在年度利潤總額 12%以內的部分，准予在計算應納稅所得額時扣除。」《中華人民共和國個人所得稅法實施條例》第二十四條規定：「個人將其所得對教育事業和其他公益事業的捐贈，捐贈額未超過納稅義務人申報的應納稅所得額 30%的部分，可以從其應納稅所得額中扣除。」關於上述規定的免稅政策，實際上在具體辦理免稅、退稅程序時是極其複雜的，這導致了一些企業尤其是個人因嫌麻煩而不去稅務機構辦理免稅、退稅手續。

2009 年，財政部和國家稅務總局先後公佈的《關於非營利組織企業所得稅免稅收入問題的通知》（財稅〔2009〕122 號）和《關於非營利組織免稅資格認定管理有關問題的通知》（財稅〔2009〕123 號）的具體規定，其實是阻礙了慈善組織的發展，實不具有鼓勵個人和企業積極捐贈的作用。具體而言，我國目前關於公益慈善方面的稅收政策法規存在以下幾點問題：第一，接受捐贈時具有免稅資格的慈善組織還不夠多，各地以及慈善組織在接收捐贈時開具的票據不統一、不規範，甚至有些慈善組織都不能提供此類票據。第二，對於除現金以外的有價證券及實物捐贈，比如股票、房產等捐贈能否免稅沒有具體規定。第三，所得稅捐贈扣除制度還存在很多不科學的地方，其規定得不夠具體，尤其對捐贈時間和所得稅稅期二者之間的關係規定得不明確，從而帶來實際操作上的不方便。此外，對於推動慈善事業起重要作用的鉅額捐贈是否可以在以後年度抵扣中享有現行優惠政策，也沒有明確的規定，即對鉅額捐贈沒有行一扇方便之門等。毋庸諱言，上述種種問題阻礙了宏觀層面的慈善捐贈稅收優惠政策的落實，阻礙了慈善組織發展，影響了民眾和企業參與慈善的積極性。

正如前面所強調的「高效」是慈善制度構建的基本原則，因此，建立高效的鼓勵慈善捐贈的和有利於慈善組織發展的稅收政策法規就無疑是現代慈善制度的應有之義。筆者認為，就慈善捐贈稅收制度的建立而言，應做到以下幾點：

第一，建立有利於慈善組織資產保值增值的政策法規。任何政策法規的出臺都應該有利於所要規範的領域效益最大化，實現其發展的目標。然而，在當前中國慈善領域一些政策法規卻適得其反。要改變這些不合理的制度，尤須切實改變《關於非營利組織企業所得稅免稅收入問題的通知》（財稅〔2009〕122 號）中非營利組織所能享受的免稅範圍比其上位法《企業所得稅法》和實施條例規定的適用範圍還小的不合理規定。〔註 7〕具體而言，對於非營利組織只要做到從事商業活動不危害該組織的屬性，不模糊和削弱公益組

〔註 7〕2008 年 1 月 1 日實施的《中華人民共和國企業所得稅法》及其《實施條例》中明確規定「符合條件的非營利組織的收入」是免稅收入；而 2009 年財政部、國家稅務總局下發的《關於非營利組織企業所得稅免稅收入問題的通知》新規定中只有「不徵稅收入和免稅收入衍生的銀行存款利息收入」是免稅收入，但非營利組織的保值增值收入將納稅，民辦非企業單位的經營性收入也須納稅。這樣的規定比原有條例中對基金會利息不收稅的規定更加嚴格。

織的宗旨和使命；同時通過商業等方式獲得的收入又遵循了「禁止利益分配原則」，並把這些收入繼續用於該組織章程所規定的公益事業方面就應該實行免稅政策，比如在美國、新加坡，如果從事的活動與該組織的宗旨和章程是一致的，就可享受免稅，否則就不行。這樣既有利於消除人們對慈善組織從事商業活動導致與商業部門不正當競爭的看法，又有利於實現慈善組織的可持續發展，不斷壯大目標。

　　第二，建立簡化規範的個人與企業慈善公益捐贈免稅的制度。沒有效率的制度規範將影響制度的效力。我國應積極規範和簡化個人與企業慈善公益捐贈免稅制度，提高免稅、退稅工作效率，進而起到推動個人與企業積極捐贈的作用。爲此，筆者建議：一是設制統一規範的慈善捐贈票據。建議國家稅務總局發行專門的慈善組織捐贈票據。該票據在慈善組織接受捐贈時使用，且捐贈收據是享受捐贈稅前扣除收入免稅的唯一憑證。二是統一免稅與稅前扣除資格，多方配合簡化申請流程與捐贈免稅程序。對非營利組織來說，所得稅免稅資格和公益性捐贈稅前扣除資格兩者缺一不可。目前，這兩種資格申請均需要分別向登記管理機關和財稅管理部門遞交申請，且申請手續比較繁雜。建議將兩種資格合併，改變民政部不參與非營利組織自身免稅資格認定這一職能缺位情況，由民政、財政、國稅和地稅統一進行資格認定和監管，並適當簡化申請流程，降低成本。而多方配合簡化捐贈免稅程序，5.12汶川地震捐贈免稅、退稅程序就是一個成功的事例。2008年6月26日民政部救災救濟司公佈了以網上提交、電話提交、郵寄提交、傳真提交等多種方式收集前期向災區捐贈財物的個人和企業的郵寄地址，以便及時寄送捐贈收據。而稅務機關也通過多種渠道接收捐贈收據以辦理免稅手續。這樣一來，捐贈人在家便可收到捐贈收據，且通過自己認爲合適的方式向稅務機關提交捐贈收據後，只需坐等稅務機關寄來退稅發票。故先前十多道免稅、退稅程序簡化爲兩步：第一步，捐贈者向有免稅資格的慈善組織捐贈，慈善組織開具獨立的捐贈收據；第二步，捐贈者將捐贈收據寄給稅務部門進行核定認可，爾後等待免稅、退稅結果即可。如此一來，便簡單快捷地完成了個人與企業的捐贈免稅操作。便利的程序也更大程度地發揮了免稅政策促進個人和企業進行捐贈的積極作用。

　　第三，建立增加實物捐贈免稅，實施捐贈結轉的制度。當前，我國僅對金錢捐贈部分實施免稅，而對實物捐贈部分卻缺乏相應的免稅制度安排。爲

此，筆者建議：一是增加實物捐贈免稅這一免稅項目。捐贈實物涉及具體市價評估，具體而言，僅建議給予諸如汽車、房屋等市價易於評估的實物捐贈稅收優惠。同時，稅務機構和評估機構要嚴格把關、密切配合，以科學的標準對非現金捐贈的實物價值作出評估。當然，參與其中的評估機構應該具有很高的資質才行。唯有如此，方能實現民眾、企業的積極捐贈和防止納稅人虛報實物捐贈資產的價值相結合。二是以法律形式確認企業捐贈稅前抵扣結轉制度。2013 年 2 月，國務院批轉發展改革委等部門共同製定的《關於深化收入分配製度改革若干意見的通知》第 20 條規定：「落實並完善慈善捐贈稅收優惠政策，對企業公益性捐贈支出超過年度利潤總額 12%的部分，允許結轉以後年度扣除。」結轉制度的確立將極大地提高企業捐贈的實質性稅收優惠幅度，鼓勵企業捐贈。建議財政部和國家稅務總局盡快出臺部門規章，將結轉制度以法律的形式予以確定，明確結轉需要履行的手續等。在結轉年限上，參考美國等慈善事業發展較好國家的經驗，將年限界定爲五年內有效。三是允許個人慈善捐贈抵扣在一年內結轉。現實中，捐贈者的捐贈額度常常會超過當月收入的 30%。而無法全額抵扣，就有可能抑制捐贈人的捐贈熱情。因此，建議個人捐贈抵扣在當年有效，同時建立個人捐贈年內結轉機制，允許超過應納稅額 30%部分順延到本年度內進行抵扣。

第四，建立徵收遺產稅以及贈與稅等與富人相關的稅收制度。在現代社會，開徵遺產稅和贈與稅已經成爲調節社會收入差距，協調社會各階層之間關係的重要手段之一。在這一點上，西方發達資本主義國家已走在前頭。因此，筆者建議，慈善捐贈稅收制度的建立應借鑒西方發達國家的方法，逐步建立徵收遺產稅、贈與稅、高消費稅、物業管理稅等的制度。適時地開徵遺產稅和贈與稅，積極鼓勵個人和企業把財富捐給社會，而不是留給子孫後代。在這一慈善捐贈制度下，徵收高額的遺產稅和贈與稅便成了富人們將財產留給子孫後代的壓力。而逐步建立徵收高消費稅、物業管理稅等稅則對富人所過的奢侈生活方式形成了壓力。敲響了警鐘提醒他們去思考人生的價值與目的，引導他們深思熟慮後認爲把財富捐出來用於偉大的公益事業才是最好的選擇，從而拓寬了慈善捐贈的來源。

第五，建立有效的防止納稅人濫用慈善捐贈避稅的制度。任何事物在產生一定的利益時，必已潛在地包含著相關的弊端。這在慈善捐贈免稅的問題上也不例外。當前一些個人和企業假以行慈善捐贈之名，實是爲沽名釣譽，

欺世盜名。於是引起了人們對納稅人利用慈善捐贈逃稅、避稅的關注和質疑。這些現象顯然不利於慈善捐贈的稅收政策法規的建設，不利於慈善事業的發展。對於這一問題的解決，要積極地在制度和法律的層面上確保納稅人利用慈善免稅進行逃稅的行為不再發生。具體而言，應從國家層面出發，建立公開透明的慈善捐贈稅收制度，堅決有效地將納稅人想通過慈善捐贈進行避稅的惡劣目的扼殺在襁褓中。

實際上，構建國家層面的慈善制度的根本要義就是要使公益慈善真正回歸民間，形成一個「小政府」、「大社會」的現代社會治理結構。改革開放已經過去三十多年，慈善組織官辦色彩卻依舊濃厚，慈善資源由民間流向政府的趨勢有增無減。長期以來，為了保證慈善組織的可靠性與持續性，政府通常傾向於直接辦慈善機構，或者政府派人到社會組織裏工作，參與重要活動，承擔直接管理事務。由此而導致的結果是造成了政府與社會組織職能不明，政社不清，管辦不分。不可否認，一部分慈善組織實際上已成為有政府背景的機構，因而有著多方面的特殊權利和優勢。而其他民辦慈善組織則不具備這樣的優勢，造成了慈善組織之間的實際不平等，干擾了慈善組織的專業化發展和行業化管理。然按照通俗的國際慣例，慈善組織應該完全具有民間性的特點，體現「民有、民治、民享」的原則。為此，構建國家層面的慈善制度，就要完善慈善事業監管體系，重點加強慈善組織去行政化，加速立法切實做到統一登記管理；建立公平、公正的競爭機制與高效的慈善捐贈稅收政策法規等制度。促進慈善組織回歸民間，改變當前我國官辦慈善的格局，最終真正建立符合當代中國慈善發展實際的國家慈善制度。

二、建立現代慈善基金會制度

從當代中國慈善組織發展來看，還沒有現成的現代慈善組織制度建設模板與經驗可借鑒。放眼西方發達國家成熟先進的慈善事業運作機制與發展經驗，筆者認為，學習西方慈善事業發展的先進經驗，建立現代慈善基金會制度是構建現代慈善組織制度〔註8〕的集中體現和發展中國現代慈善事業的應有之途。

〔註8〕慈善基金會是慈善組織的典型代表，故本節中所談及的建立現代慈善基金會制度亦可以理解為是建立現代慈善組織制度，在行文中可能會把慈善基金會和慈善組織交互使用，甚至理解為同一概念。

（一）慈善基金會的含義

社會是一個由多部門組成的複雜系統。美國學者弗斯頓伯格把社會分成三大部門：第一部門即政府部門，包括所有屬於政府系統的各種服務機構；第二部門即營利部門，包括各種生產經營的企業、工廠、公司等；第三部門即非營利部門，包括各種社會團體、民辦非企業單位等，其中有一部分稱爲「獨立部門」，即按美國有關的稅收政策給予不同免稅資格的各類慈善組織、社會福利團體和宗教組織。〔註9〕以此可知，慈善基金會屬於第三部門，屬於非營利組織。中國由於特殊的政治、經濟、文化等原因，對非營利組織的界定也呈現出相對的特殊性，界定甚是寬泛。在政策法規層面，主要是依據《社會團體登記管理條例》、《民辦非企業單位登記管理暫行條例》、《基金會管理條例》來把非營利組織分爲：社會團體、基金會、民辦非企業。而現實中，又有很多非營利組織因各種原因無法依據前面三部法規獲得登記註冊，成爲「法外」的非營利組織。因此，對於界定社會組織是否爲非營利組織，還是依據該組織宗旨和所從事的實際活動爲標準的好。筆者認爲，一個組織只要是依據該組織章程和宗旨從事非營利性活動，且具有不同程度的獨立性和自治性，並滿足了民眾的志願性和社會的公益性的要求，便可稱爲「中國的非營利組織」。

既然明確了非營利組織的概念，那麼接下來就有必要對慈善基金會的概念作一個清晰的界定。不同的國度，對某一事物的具體概念有著各自的差異。基金會是一個覆蓋面很廣，甚至容易使人混淆的概念。然究竟該如何給「慈善基金會」一個清晰的界定。對於這一棘手的問題，曾經擔任美國基金會中心主席的弗蘭克・埃默森・安德魯斯給出了一個令人滿意的回答。他在 1956 年出版的《慈善基金會》（Philanthropic Foundations）中認爲：「慈善基金會是一種非政府、非營利性的組織，擁有自己的資本金，由自己的受託管人或理事負責管理，其設立之目的是爲了維護或資助那些服務於公共福利的社會、教育、慈善、宗教活動，或其他類似的活動」。〔註10〕安德魯斯所給出的這一定義清晰地闡明了慈善基金會的宗旨、性質、管理方式、以及清楚地劃定了捐贈的目標範圍。這是有關慈善基金會的一個最確切的、也是最權威的定義，

〔註 9〕 〔美〕P.B.弗斯頓伯格：《非營利機構的生財之道》，朱進寧等譯，北京：科學出版社 1991 年版，第 12 頁。

〔註10〕 Frank Emerson Andrews, *philanthropic foundations*, New York: Russell sage Foundation, 1956, p11.

因而這一定義被廣泛接受和採用。依此定義，人們便更易於區分何種組織是慈善基金會，何種組織不是慈善基金會，而不是依據這些組織的名稱中是否有「基金會」三個字來界定。比如皮尤慈善托拉斯（Pew Charitable Trusts）、莉莉捐贈公司（Lilly Endowment Inc.）等，它們的名字中沒有「基金會」三個字，但實際上卻是慈善基金會；而美國國家科學基金會，雖有「基金會」三個字，且儘管它也從事與公益有關的活動，然並不是慈善基金會，因爲它屬於美國政府的一個獨立的分支機構，具有政府的某些特點。〔註11〕鑒於此，本文對「慈善基金會」的定義也採用安德魯斯的觀點。

　　明瞭慈善基金會概念後，下面有必要對慈善基金會的類型作一個說明。當前，世界上最爲常見且被廣泛採用的分類方法是根據美國基金會中心編輯的美國《基金會目錄》的分類標準，依據慈善基金會資金來源和運作方式的不同分爲：獨立基金會（Independent Foundations）、公司基金會（Company Foundations）、運作型基金會（Operating Foundations）和社區基金會（Community Foundations）四類。〔註12〕

1、獨立基金會（Independent Foundations）

　　此類基金會通常是爲管理好某個人或某家族成員捐贈或遺贈的一大筆財產而創立的，一般以其創立者或這個家族的姓氏命名。比如，洛克菲勒基金會、卡內基基金會、福特基金會等，故又被稱作「家族基金會」。此類基金會創立之初，基金會的創立者或其家族成員通常會出任董事會或理事會的領導職務。但隨著時間的推移，此類基金會便會逐步與創立者、家族成員乃至家族旗下的公司脫離關係，轉由專業人士和獨立的託管機構負責管理。此類基金會因爲是由個人或家族中幾個成員創立，個人色彩比較明顯卻又具有較強的獨立性，難於受外界影響和控制，且有自己專業的資助領域，在形式上與政府和企業關係最遠。

2、公司基金會（Company Sponsored Foundations）

　　此類基金會是由企業或公司捐贈創立的，其捐贈形式靈活多樣，可以直接現金捐贈，亦可以「實物」捐贈。比如，捐贈辦公場地、辦公設施、附屬

〔註11〕有關美國國家科學基金會的內容請見其網站，網址爲：NSF〈National Science Foundation Creation and Mission〉http://www.nsf.gov/home/about/creation.htm

〔註12〕Joseph C. kiger, *philanthropic foundations in the twentieth century Westport*, Connecticut: Gree Wood Press, 2000, pp2-10.

設施、甚至員工的工時等。此類基金會理事會成員可以是發起企業或公司的管理人員，也可以是與之無關的人員；在決定捐贈時會考慮發起企業或公司的經營利益，但在財物和管理上卻是與之相互獨立的。此外，由於美國公司很多是以其創辦人的姓氏來命名的，而多數的獨立基金會也是以創辦人的姓氏來命名的，因此在名稱上容易使人混淆。例如，在美國既有著名的福特基金會，還有福特汽車公司基金會。前者是獨立基金會，後者才是公司基金會。此類基金會與獨立基金會不同，與其同名的企業或公司在經濟上關係密切，其捐贈的多少與發起企業或公司的經營收益狀況直接有關；發起企業或公司對其所創立的基金會的捐贈也是長期的、不間斷的。

3、運作型基金會（Operating Foundations）

此類基金會是指由捐贈人創立，並組成工作團隊，由自己的工作人員直接參與項目設計與具體運作的基金會，比如凱特林基金會。此類基金會與上述兩類基金會的主要區別在於：前兩類基金會是以資助其他機構為主，自己不具體參與慈善項目的設計與實施，屬於資助型基金會；而運作型基金會則主要是自己團隊自行設計公益慈善項目並組織實施到項目的結束。譬如，在項目的具體實施上，它會直接負責建博物館、圖書館、美術館、以及學校等，而不是提供資金由他人去建。此類基金會偶而也會資助其他機構實施一些公益慈善項目，有時也接受其他資助型基金會的資助。

4、社區基金會（Community Foundations）

此類基金會是出自於社區又服務於社區的草根慈善組織，通常由本社區內具有一定威望且思想開明的人士發起創設的；由本社區內各界人物或這些人的代理人所組成的董事會以及聘請的工作團隊加以管理和具體實施的一種運作型基金會。此類基金會資金來源渠道廣泛、形式多樣，主要是通過向本社區內的個人、企業、團體募集資金，接受捐贈。此類基金會有著強烈的社區意識和地域觀念，其籌款和資助一般都在本社區內進行，大部分善款都用在本社區的公益事業上，故深受社區內的個人、團體、公司等的歡迎和支持。

然中國國情與西方有所不同，長期以來，中國基金會都帶有很強的「官辦」色彩，政府或其授權部門較容易設立基金會，個人或企業若要成立基金會往往會因為政策法規的一些障礙，而導致困難重重。2004 年頒佈的《基金會管理條例》規定，對基金會實行分類管理，根據基金來源方式不同，把基金會分為公募和非公募兩種類型。即規定可以面向公眾募捐的基金會為公募

基金會，比如中國扶貧基金會、中國青少年發展基金會等；不得面向公眾募捐的基金會爲非公募基金會，比如南都公益基金會、華民慈善基金會、友成企業家扶貧基金會等。公募基金會一般具有「官辦」色彩，但 2011 年 1 月，深圳市民政局批准成立的民間興辦的公募性質的深圳「壹基金」公益基金會是對現有政策法規的一個巨大突破；而非公募基金會一般是由個人或企業捐贈設立的，它們就如同美國的家族基金會、公司基金會、運作型基金會、社區基金會等一樣具有多種慈善基金會類型，且具有完全的民間屬性。因此，消除「公募和非公募」的政策制度性障礙，確立慈善事業眞正回歸民間的方向，發展以上述四種基金會爲代表的民間性現代慈善基金會無疑是中國公益基金會未來的發展方向。

（二）現代慈善基金會的特點及其運作的倫理原則

建立現代慈善基金會制度，從制度倫理的角度來說，應對中國要建立的現代慈善基金會的特點及其運作的倫理原則有一個清晰的界定。

1、現代慈善基金會的特點

第一，公益性。即指慈善基金會設立是以推動社會福利，救助弱勢群體等公益性的事業爲目的，而不是像企業或公司一樣以營利爲目的。當然，這並不排除慈善與商業行爲相結合的情況，並不代表著慈善基金會不能進行任何形式的商業活動；只是在使用通過投資等商業行爲所獲得的收益時必須與該組織的宗旨和章程一致，而不是歸該組織創立者所有或工作人員分配，亦即遵循「禁止利益分配原則」，做到完全體現其公益性特點。

第二，獨立性。即指慈善基金會既不是政府的延伸部分，也不是企業的服務機構，而是由獨立的董事會或理事會以及受託管人負責管理，從組織機構上分離於企業、政府以及捐贈人。其獨立性具體表現爲基金會的董事會或理事會可以意志自主、自由地設計慈善項目以符合基金會的宗旨與使命，以及決定捐還是不捐、捐給誰、捐多少的自由，而不受政府、企業和捐贈人意志的控制或操縱，從而建立起一套科學獨立的內部管理制度。

第三，組織性。即指慈善基金會首先是一個合法組織，是依據國家相關政策法律登記註冊成立，且有在以董事會或理事會領導下設置科學合理的多個部門組成。此類基金會可以通過自己設置的不同部門去調研，去設計不同的慈善資助項目；也可以由不同部門的工作人員直接負責項目的具體實施，體現其組織性。

　　第四，穩定性。即指慈善基金會在成立時必須有較大的資金投入，且在以後的運行中能夠獲得源源不斷的捐贈。同時，基金會應該利用本金進行科學有效的商業投資計劃，以彌補每年的對外捐贈和自身的管理費用，實現其保值增值的目標，保證基金會的資金穩定性，為基金會的發展壯大提供堅實的後盾。

2、現代慈善基金會運作的倫理原則

　　基金會運作遵循什麼樣的倫理原則，對於實現慈善事業的倫理價值目標具有十分重要的意義。筆者認為，現代慈善基金會運作應遵循如下的基本倫理原則：〔註 13〕

　　第一，誠信原則。誠信是慈善事業的生命。所謂誠信原則：一是要求慈善組織本著對捐贈方負責的態度，盡力做到將其所捐贈的錢物用於真正需要幫助的社會弱者和弱勢組織上，對受助者進行監督並跟蹤調查善款善物的使用情況以及有效地向捐贈者反饋信息。二是慈善組織言行一致，注重提升服務質量。應按照捐贈人的意旨，做到「專款專用」、「專物專用」，從而避免捐贈的錢物挪為他用。三是保證對決定了的資助項目資金必須及時到位。

　　第二，專業原則。專業化對於現代慈善基金會而言也尤為重要。專業化原則主要體現為以下兩層含義：一是指基金會要有一套專業、獨立的運作機制，造就一大批專業從事慈善事業的人員。以慈善從業人員的敬業精神和專業素養帶動慈善質量和水平的不斷提升。二是指捐贈領域的專業化。即指現代慈善基金會都應有自己資助的專業領域，形成各種慈善基金會在不同專業領域進行資助的格局。比如華民慈善基金會的「大學生就業扶助項目」；南都公益基金會的「新公民學校計劃」等。

　　第三，規範原則。現代社會是一個規則性的社會，慈善領域也不例外。作為現代慈善基金會而言，無論是官方的還是民間的基金會都必須是操作管理規範的機構。規範化具體表現為現代慈善基金會的所有工作流程都應有相關的制度安排，即一切慈善項目運作都需遵照基金會相關的制度規範，用一套完善的制度來保證項目得以高效、順利地實施。

　　第四，透明原則。現代社會是一個開放性的社會，公開透明無疑是其顯著特點，同時也是廣大群眾的要求。因而在慈善領域，做到公開、透明是慈

〔註 13〕 參見盧德之：《資本精神》，北京：中國社會科學出版社 2007 年版，第 212～221 頁。

善組織進行慈善活動的關鍵。它要求慈善基金會的項目資助、資金使用、財務情況等信息一定要公開透明，且必須自覺接受社會和政府的監督。具體表現爲捐款能否得到公正、公開的公示與監控，善款、善物的來源、流向、使用情況能否及時且準確地告知捐贈方和公眾等。

　　第五，高效原則。在全球化的當今時代，高效是現代社會的重要標誌。同理，現代慈善基金會的高效原則也就顯得頗爲重要。高效原則就是要求慈善基金會能最迅速、最快捷的使受助者得到質量較高的救助與援助。也就是在最短的時間內，以最小的代價實現慈善項目最大的社會效益與倫理價值。

（三）現代慈善基金會的制度設計

　　現代慈善基金會的制度設計是構建中國現代慈善倫理的重要制度保障。現代慈善基金會制度主要包括建立以理事會爲最高權力機構的內部治理、獨立民主高效的慈善項目資助、高度自覺的行業自律、有利於公眾進行監督的信息公開等制度建設。

1、建立以理事會為最高權力機構的內部治理制度

　　就目前而言，中國慈善基金會的內部治理問題主要體現爲以下幾個方面：第一，基金會的理事來源較爲單一，那些能夠引入資金的人往往決定著理事的名單。第二，秘書處往往形同虛設，和理事會之間存在著職權分工不清的問題。第三，理事會存在著決策形式化和程序化的弊病。第四，監事所能夠發揮的監督作用十分有限，並不能起到眞正意義上的監督作用。鑒於上述諸多問題，建立科學民主獨立的內部治理制度應採取類似於公司治理結構的治理方式。

　　以美國爲借鑒，美國關於非營利法人的制度一般由各州根據自身情況具體規定，但是由美國律師協會起草的《美國非營利法人法》目前已爲各州所採納。美國的非營利組織的治理模式主要借鑒了公司治理結構模式，由成員大會、董事會和高層經營人員（首席執行官）組成的執行管理機構和獨立會計師等三部分組成。其中，成員大會是非營利法人的最高權力機構；董事會是公司的法定代表機關和最高決策機關；非營利法人內部沒有監事會，但是聘請由獨立會計師組成的審計事務所承擔審計監督職能。對管理層進行制約和監督在很大程度上並不是由所有人來完成的，而是借助了其它制度和因素。如嚴格的會計制度、全面的強制披露制度、禁止內幕交易制度、鼓勵派生訴訟的程序規則及發達的新聞監督制度等。爲了塡補這些制度在組織上存

在的缺陷，獨立董事的概念被提了出來。〔註14〕就目前中國民間組織現狀而言，建議改變慈善基金會「能人效應」和「家庭式管理」的運作模式，設立以理事會為最高權力機構的內部治理結構，真正實現決策、監督和執行的具體權限相互分開的制度體系，實現權責統一的完美效果。

具體而言，應做到：第一，設立獨立超然的理事會。根據中國慈善發展環境的現狀，第一屆理事會應由該組織發起人擔任或者推選。當然，具有近親屬關係或者其它利益關係的董事要被控制在一定的比例範圍之內。對於連任的理事及擔任過破產慈善組織的理事的任職要有一定的限制。即理事來源要多元化，既要考慮理事的專業背景、管理經驗、議事能力等，又要考慮理事的道德品質和個人熱情；同時還要細化議事規則，強化監事職責；真正體現理事、監事的獨立性，最大程度地發揮其應有的作用。第二，在配備科學的理事會的前提下，聘用專職的秘書長和專業的執行團隊，使基金會能夠獨立且高效地運轉。即慈善基金會需建立嚴格的專業人員資格准入制度，做到寧缺勿濫，提升慈善基金會從業人員的整體素質。第三，建立審計與獨立的財物檢查制度。一方面慈善基金會要加強項目管理體系建設，通過項目來整合社會的資金流向。另一方面，要建立年度報表制度，實施每個項目獨立核算，羅列清單確定資金的具體流向、支出細節等，建立科學的內部財務制度與審計制度。多管齊下，實現基金會內部日常管理制度化，真正建立科學民主獨立的內部治理制度。

2、建立獨立民主高效的慈善項目資助制度

獨立民主決定了慈善基金會的生命力，而高效則決定了慈善基金會的競爭力。然當前中國的慈善組織正是由於民主的缺乏，導致了慈善項目設計事與願違、不盡人意的事況時有發生。因而，建立獨立民主高效的慈善項目資助制度成為了當務之急。其具體要求如下：第一，確立「獨立」的理念，基金會要意志自由地按照基金會章程與宗旨從事慈善活動。為此要做到獨立自主的設計慈善項目、資助流程，體現決定捐還是不捐、捐給誰、捐多少的自由；從組織機構上分離於企業、政府以及捐贈人，而不受其他人和組織意志的控制或操縱。第二，確立「民主」理念，就是要建立公平、公正、合理的項目資助制度。為此應規範制度，力爭做到所有資助與援助項目要經過實地

〔註14〕參見金錦萍：《非營利法人治理結構研究》，北京：北京大學出版社 2005 年版，第 87 頁。

調研和科學論證並經過基金會理事會成員及其相關工作人員民主投票才能決定立項，而不是隨意設計慈善資助項目或僅憑慈善組織內部領導人的個人喜好來設計慈善項目，防止善款善物未能眞正用到刀刃上。第三，確立「高效」的理念，其實質就是要建立高效透明的慈善項目運作機制。爲此應做到以下三點：一是任何慈善基金會要選擇自己所熟悉與擅長的領域進行資助，體現資助領域的專業化。二是所有慈善項目的實施要有專業機構和專業人士去具體執行。三是要建立慈善項目完成進度報告制度，在項目具體的執行過程中，形成環環相扣，步步爲贏的良好慈善工作局面。

3、建立高度自覺的行業自律制度

慈善基金會效率的提高，不僅有賴於建立科學、民主和獨立的內部管理制度，而且有賴於慈善組織行業內部高度自覺的行業自律。不可否認，在慈善事業飛速發展的今天，提高慈善組織的行業自律，對於慈善組織的健康發展而言具有不可忽視的重要意義。此外，慈善組織的行業規制也必須通過慈善組織人員高度的事業心和虔誠的敬業心來得以貫徹和執行。毋庸置疑，高度自覺的行業自律，將有利於促進慈善組織的高度透明化，也將有利於慈善組織建立和提高自身的公信力。既然行業自律對於慈善組織的發展具有如此重要的意義，那麼，提高慈善行業的行業自律無疑就成爲了慈善組織制度中不可或缺的重要內容。

在當前世界，關於高度的行業自覺的實行，國際上通行的模式主要有以下三種：其一，行業認可制度；其二，行業贊許制度；其三，行業規制。〔註15〕以超級大國美國爲例，美國慈善行業作爲慈善組織行業自律極爲自覺和嚴格的國度，其行業自覺發揮了極其重要的意義。據有關數據表明，美國社會具有對非營利性組織進行評價的專業機構。而作爲專業性的慈善信息局，這一評估機構每年都要對全國慈善基金會機構進行四次嚴格的評估，且隨後公佈評價數據。而美國公民也正是參照這些數據決定選擇哪些慈善基金會進行捐贈。〔註16〕除了美國之外，德國也存在著類似的情況。早在 1993 年，德國就成立了德國募款協會。這一機構的職能在於爲社會公民提供相關的培訓、

〔註15〕吳忠洋、李勇、刑軍：《發達國家非政府組織管理制度》，北京：時事出版社 2001 年版，第 179～180 頁。

〔註16〕徐麟：《中國慈善事業發展研究》，北京：中國社會出版社 2005 年版，第 237 頁。

認證和溝通的服務。正是由於這一機構的盡心竭力的服務，德國社會的慈善募捐始終沒有越出道德和法律範疇之外，始終都能夠取得巨大的社會效益。更重要的是德國民眾對社會慈善的信心也愈發堅定。

在充分學習和借鑒西方發達國家經驗的基礎上，聯繫中國社會慈善發展的現有實際，致力於提高本國慈善行業的高度自律，則需做到：第一，制訂本行業的自律條款，提出比法律要求更高的行業標準，並要求每個會員組織按照這些規定加強相互間的監督。比如，2009 年 7 月，舉行國內 110 家非公募基金會參與的「中國非公募基金會發展論壇」，會上發佈了《中國非公募基金會自律宣言》和製定的《非公募基金會自律準則》就是一個很好舉措。第二，建議中國社會引入第三方的評估機制，評估確定慈善組織是否符合入會標準以及入會條件；對會員組織進行監督與評估，並將評估結果公佈於眾，引導大眾踴躍捐贈；對不遵守行業規範的會員組織予以制裁，甚至開除其會員資格。第三，建立信息相互交流的平臺，包括捐助和受助信息的交流，也包括慈善基金會發展經驗的交流等。比如，2010 年 7 月，30 多家公募基金會和非公募基金會發起成立的「中國基金會中心網」，這對於推動行業自律具有積極意義。上述具體措施體現了現代慈善基金會制度的應有之義。

4、建立有利於公眾進行監督的信息公開制度

信息公開制度是建立現代慈善基金會制度的重要制度之一。通過把基金會相關信息公開也是監督慈善基金會行之有效的方式。慈善組織必須進行信息公開的理由就在於其本身具有的公共性和公眾因此而享有的知情權。眾所周知，慈善基金會的收入來源主要是個人和企業的捐贈，所享受的免稅政策也是來自於其所從事活動的公益性。故慈善基金會這種公共性特點，賦予了社會大眾瞭解和監督慈善基金會項目運作與財物收支狀況的權利。與此同時，和營利部門不同，慈善基金會的收入、支出、管理人員的薪酬等不應當被認為是商業秘密。因此，建立有利於公眾進行監督的信息公開制度是慈善組織制度倫理規範的應有要求。信息公開也可以依據是否由公眾提出申請劃分為：主動公開和被動公開兩類。第一，主動公開。是指慈善基金會不待公眾申請，根據相關法律法規主動公開特定信息。從技術層面出發，則要求慈善基金會必須建立全面的信息發佈平臺。具體而言，依據 2012 年 7 月民政部印發《關於規範基金會行為的若干規定（試行）》，基金會必須積極主動、及時通過網站等方式公開信息：一是主動公開基金會的發起人、主要捐贈人、

理事主要來源單位、基金會投資的被投資方、其他與基金會存在控制、共同控制或者重大影響關係的個人或組織、基金會與上述個人或組織發生的交易等。二是主動公開基金會的名稱、章程、管理機構、主要管理人員、收入與支出的財務狀況；資助項目以及項目運作狀況等。第二，被動公開。是指慈善基金會依照公眾申請公開有關信息。慈善基金會應以書面形式保存相關檔案，並選擇具有公信力的檔案單位備置相關檔案複本，盡其所能做到當應對社會公眾申請時能及時提供相關信息。譬如，基金會應盡力保存好捐贈協議、募捐公告、具體的成本列支計劃等向捐贈人或相關人士報告。總而言之，信息公開制度能發揮「陽光是最好的防腐劑」的作用，形成無形卻有力的預防制約力量。也只有建立起公開透明的信息披露制度才能消除公眾對慈善組織的誤解，不斷提升慈善組織的公信力。

結　語

　　所謂「結語」，顧名思義就是總結全篇的基本觀點，提示本文的價值以及指出本文的不足之處，並說明需進一步研究之問題的語段。筆者同樣基於這樣的一個邏輯來對本文進行一個較爲全面的總結與展望。本文從倫理學的視角出發，按照提出問題、分析問題、解決問題的思路對當代中國慈善事業進行了深入的倫理思考。

　　本文首先交代了當代中國慈善倫理研究的背景。即在中國慈善亂象與慈善醜聞橫生的當今時代 —— 慈善呼喚倫理。緊接著，重點論證了慈善倫理何以可能。從慈善的基本概念出發引申出慈善倫理的概念，並從學理和實踐兩個層面論證了慈善倫理的成立。其次，通過對中西方慈善倫理的思想資源進行歷史考察與比較，理清了慈善倫理思想資源的發展脈絡、主要內容、基本特徵；得出了對構建中國現代慈善倫理的有益啓示。再次，分析了當代中國慈善事業發展狀況和倫理缺失。通過對當代中國慈善事業的倫理缺失的剖析，充分證明了慈善倫理研究的必要性。最後，提出了構建中國現代慈善倫理體系。具體而言，該體系由現代慈善倫理的基本理念、現代慈善倫理倡導的行爲規範和現代慈善倫理構建的制度保障三個方面構成，是一個集「理念、行爲、制度」三位於一體的理論體系。

　　實際上，加強當代中國慈善倫理研究，構建中國現代慈善倫理體系，根本的出發點與落腳點還是爲了更好地推動中國現代慈善事業的發展，實現中國現代慈善事業發展的三大願景 —— 純粹慈善、尊嚴慈善、幸福慈善的倫理價值目標。爲了實現這一目標，本文認爲關鍵是要使中國現代慈善符合倫理之要義，達到現代慈善倫理的要求。即中國現代慈善應樹立「資本精神、大

愛無疆、契約精神、責權結合」的四大基本理念；確立現代慈善「動機單純、誠實守信、平等相待、自立自強」等的慈善主體和客體的行為規範；確立符合「正義、民主、高效、人道」基本原則的國家層面的慈善制度和現代慈善組織制度。

需在結語中再次強調的是，若要使中國現代慈善事業實現上述所提出的三大發展願景，真正構建起促進中國現代慈善事業健康、快速發展的現代慈善倫理體系，則至關重要的就是要不斷深化慈善體制改革，建立慈善事業回歸民間的機制。其中最關鍵的就是要建立完全具有民間屬性的制度——現代慈善基金會制度。為此，中國慈善完美藍圖的實現需要政府、慈善組織以及社會各方力量多管齊下、共同推進。第一，在政府層面：一是推動慈善立法，確立慈善的民間屬性；二是設立半獨立的國家慈善工作委員會，重塑政府對慈善組織的監管權威，使慈善組織獲得獨立主體的地位；三是建立公平公正的競爭機制，推動「官辦」慈善組織去行政化，打破慈善資源的壟斷局面；四是實施普惠的慈善捐贈稅收優惠政策，建立利於慈善捐贈的稅收政策法規。第二，在慈善組織層面：一是建立以理事會為最高權力機構的公共治理結構，形成科學民主獨立的內部治理制度；二是建立獨立民主高效的慈善項目資助制度；三是建立公開透明的信息披露制度，自覺接受社會各界的監督；四是建立和完善慈善行業自律制度，形成形式多樣的行業自律聯盟。第三，在社會層面：一是公民個人不但要樹立正確的現代慈善理念，而且要積極參與慈善，把參與慈善變為個人生活中的一種習慣，甚至可以是一種愛好，形成參與慈善的道德自覺，營造「人人皆可慈善」的良好社會氛圍；二是公民和企業要正確行使慈善的權利和義務，自主自由的決定捐還是不捐、捐給誰以及採取什麼樣的慈善模式等，做到自願捐贈；三是企業和公民還要樹立自覺監督善款善物具體使用情況的責任意識，積極要求慈善機構開具捐贈發票和享受捐贈免稅待遇的權利。

慈善倫理是一個博大精深的理論體系。筆者雖在本文中對當代中國慈善倫理進行了較為深刻透徹的分析與探討，提出了許多新穎且又富有建設性意義的理論成果。然不可否認，慈善倫理研究還具有十分廣闊的探索空間。筆者亦深知，由於受自身理論與思維水平所限，本文所作的些許探討顯然還不完善，甚至有膚淺之嫌，離理論學術界要求還相差甚遠。但筆者依舊希望能以本研究為契機，引起理論學術界對慈善倫理之中國研究的高度重視與廣泛

討論，將慈善倫理這一道德難題的研究深入下去，以適應我國慈善事業發展以及社會主義和諧社會構建的客觀需要。

參考文獻

一、國內部分

（一）馬克思主義經典著作類

1.《馬克思恩格斯選集》（第 1 卷），北京：人民出版社 1995 年版。

2.《馬克思恩格斯選集》（第 2 卷），北京：人民出版社 1995 年版。

3.《馬克思恩格斯全集》（第 3 卷），北京：人民出版社 2002 年版。

4. 馬克思：《1844 年經濟學哲學手稿》，北京：人民出版社 2002 年版。

5. 馬克思：《資本論》（第 3 卷），北京：人民出版社 2004 年版。

6. 馬克思：《雇傭勞動與資本》，北京：人民出版社 1961 年版。

7.《列寧全集》，北京：人民出版社 1972 年版。

8.《毛澤東選集》（第 3 卷），北京：人民出版社 1991 年版。

9.《毛澤東文集》（第 7 卷），北京：人民出版社 1999 年版。

10.《鄧小平文選》（第 3 卷），北京：人民出版社 1993 年版。

（二）古籍類

1. 班固：《漢書》，北京：中華書局 1962 年版。

2. 葛洪：《抱朴子》，上海：上海古籍出版社 1990 年版。

3.《韓非子》，《韓非子淺解》，北京：中華書局 1960 年版。

4.《論語》，《論語譯注》，北京：中華書局 1958 年版。

5.《老子》，《老子校釋》，北京：中華書局 1984 年版。

6.《禮記》，《十三經注疏》，北京：中華書局 1983 年版。

7.《孟子》，《孟子譯注》，北京：中華書局 1960 年版。

8.《尚書》，《十三經注疏》，北京：中華書局 1983 年版。

9. 孫希旦：《禮記集解》，北京：中華書局 1989 年版。

10. 王夫之：《張子正蒙注》，北京：中華書局 1998 年版。

11. 吳毓江：《墨子校注》，北京：中華書局 1993 年版。

12. 《荀子》，《荀子集解》，北京：中華書局 1992 年版。

13. 許慎：《說文解字》，北京：中華書局 1963 年版。

14. 袁采：《袁氏世範》，《叢書集成（初編）》，北京：中華書局 1985 年版。

15. 《莊子》，《莊子集解》，北京：中華書局 1961 年版。

16. 朱熹：《四書章句集住》，北京：中華書局 1983 年版。

（三）中文學術著作類

1. 北京大學哲學系：《古希臘羅馬哲學》，上海：三聯書店 1957 年版。

2. 北京師範大學中國公益研究院：《2011 年中國公益事業年度發展報告 —— 走向現代慈善》，北京：北京師範大學出版社 2012 年版。

3. 陳瑛：《中國倫理思想史》，長沙：湖南教育出版社 2004 年版。

4. 范寶俊：《結社立法與社團管理》，北京：光明日報出版社 1989 年版。

5. 方長春、陳友華等編著：《向死？向生？—— 中國公益觀察 2012》，北京：中國社會科學出版社 2012 年版。

6. 費孝通：《鄉土中國》，北京：人民出版社 2008 年版。

7. 甘紹平、余湧：《應用倫理學教程》，北京：中國社會科學出版社 2008 年版。

8. 黃偉合：《歐洲傳統倫理思想史》，上海：華東師大出版社 1991 年版。

9. 金錦萍：《非營利法人治理結構研究》，北京：北京大學出版社 2005 年版。

10. 劉太剛：《非營利組織及其法律規制》，北京：中國法制出版社 2009 版。

11. 盧德之：《資本精神》，北京：中國社會科學出版社 2007 年版。

12. 盧風：《應用倫理學 —— 現代生活方式的哲學反思》，北京：中央編譯出版社 2004 年版。

13. 厲以寧：《超越市場與超越政府 —— 論道德力量在經濟中的作用》，北京：經濟科學出版社 1999 年版。

14. 李銀河：《窮人和富人》，上海：華東師大出版社 2004 年版。

15. 孟令君：《中國慈善工作概論》，北京：北京大學出版社 2008 年版。

16. 莫文秀、鄒平、宋立英：《中華慈善事業思想、實踐與演進》，北京：人民出版社 2010 年版。

17. 馬伊里、楊團：《公司與社會公益》，北京：華夏出版社 2002 年版。

18. 孟志強、彭建梅、劉佑平：《2011 年中國慈善捐助報告》，北京：中國社

會出版社 2012 年版。

19. 彭柏林、盧先明、李彬：《當代中國公益倫理》，北京：人民出版社 2010 年版。

20. 施昌奎：《轉型時期慈善事業運營管理模式》，北京：中國經濟出版社 2009 年版。

21. 宋希仁：《西方倫理思想史》，北京：中國人民大學出版社 2004 年版。

22. 唐凱麟：《倫理學》，北京：高等教育出版社 2001 年版。

23. 田凱：《非協調約束與組織運作》，北京：商務印書局 2004 年版。

24. 萬俊人：《現代西方倫理學史》，北京：北京大學出版社 1990 年版。

25. 萬俊人主編：《現代公共管理倫理導論》，北京：人民出版社 2005 年版。

26. 王名：《中國民間組織 30 年：走向公民社會》，北京：社會科學出版社 2008 年版。

27. 王名：《中國 NGO 口述史第一輯》，北京：社會科學文獻出版社 2012 年版。

28. 王正平、周中之：《現代倫理學》，北京：中國社會科學出版社 2001 年版。

29. 武曉峰：《倫理視域中的當代中國慈善》，北京：中國財政經濟出版社 2010 年版。

30. 吳忠洋、李勇、刑軍：《發達國家非政府組織管理制度》，北京：時事出版社 2001 年版。

31. 吳東民、董西明：《非營利組織管理》，北京：中國人民大學出版社 2003 年版。

32. 魏禮群主編：《社會管理創新案例選編》，北京：人民出版社 2011 年版。

33. 韋煒：《中國慈善基金會法人制度研究》，北京：中國政法大學出版社 2010 年版。

34. 蕭雪慧等：《守望良知——新倫理的文化視野》，瀋陽：遼寧人民出版社 1998 年版。

35. 徐麟：《中國慈善事業發展研究》，北京：中國社會出版社 2005 年版。

36. 謝志平：《關係、限度、制度：轉型中國的政府與慈善組織》，北京：北京師範大學出版社 2011 年版。

37. 楊團主編：《中國慈善發展報告（2010 年）》慈善藍皮書，北京：社會科學文獻出版社 2010 年版。

38. 楊團主編：《中國慈善發展報告（2011 年）》慈善藍皮書，北京：社會科學文獻出版社 2011 年版。

39. 楊團主編：《中國慈善發展報告（2012 年）》慈善藍皮書，北京：社會科學文獻出版社 2012 年版。

40. 余湧：《道德權利研究》，北京：中央編譯出版社 2001 年版。

41. 周輔成：《西方倫理學名著選輯》，北京：商務印書館 1964 年版。

42. 周秋光、曾桂林：《中國慈善簡史》，北京：人民出版社 2006 年版。

43. 朱貽庭：《倫理學大辭典》，上海：上海辭書出版社 2002 年版。

44. 資中筠：《散財之道》，上海：上海人民出版社 2003 年版。

45. 資中筠：《財富的歸宿：美國現代公益基金會述評》，上海：三聯書店 2011 年版。

46. 鄭功成等：《當代中國慈善事業》，北京：人民出版社 2010 年版。

47. 鄧國勝：《非營利組織評估》，北京：社會科學文獻出版社 2001 年版。

48. 中國社會科學院語言研究所詞典編輯室：《現代漢語詞典》（修訂本），北京：商務印書館 1996 年版。

（四）中文論文類

1. 畢索華：《義、利、愛：企業家慈善行為的倫理考察》，《南京社會科學》2009 年第 3 期。

2. 畢索華：《論基督教的慈善觀》，《南京社會科學》2006 年第 12 期。

3. 程立濤：《愛心實現與慈善救助的現代意義》，《河南師範大學學報（哲學社會科學版）》2006 年第 3 期。

4. 陳東利、邵龍寶：《當下中國慈善文化困境與原因探析》，《蘭州學刊》2011 年第 11 期。

5. 陳凱鵬：《試論中古基督教的慈善觀念》，《黑龍江史志》2009 年第 22 期。

6. 陳繼紅、辛曉紅：《從「親親」之愛到路人之愛——儒家「親親」思想與現代慈善倫理通約的可能性進路》，《江漢論壇》2012 年第 3 期。

7. 《曹德旺捐贈股票考驗政府智慧》，《京華時報》2011 年 5 月 9 日。

8. 《從權利倫理到公益倫理》，《學習時報》2000 年 10 月 16 日。

9. 譁娟：《當代中國道教慈善事業研究——以成都道教為樣本》，《青海社會科學》2012 年第 1 期。

10. 譁娟：《齊同慈愛，濟世利人——成都道教界的慈善事業》，《中國宗教》2012 年第 1 期。

11. 董必榮：《財富：社會存在本體論追問——全國財富哲學高級研討會述評》，《哲學研究》2011 年第 1 期。

12. 《對話華民慈善基金會理事長盧德之》，《中國慈善家》2011 年第 10 期。

13. 鄧國勝：《政府以及相關群體在慈善事業中的角色與責任》，《國家行政學院學報》2010 年第 5 期。

14. 范寶俊：《慈善組織建設和慈善事業的發展》，《慈善雜誌》2010 年第 3 期。

15. 顧駿：《慈善文化現代化的「門檻」》，《人民論壇》2006 年第 9 期。

16. 葛慧華、王衛平：《儒、佛、道思想與中國傳統慈善事業》，《文化學刊》2007 年第 5 期。

17. 何建明：《中國佛教慈善思想的現代傳統》，《中國哲學史》2009 年第 3 期。

18. 何增科：《公民社會與第三部門研究導論》，《馬克思主義與現實》2005 年第 1 期。

19. 《江蘇力聯集團老總被指責侵佔員工地震捐款》，《中國青年報》2009 年 4 月 24 日。

20. 盧德之：《試論中國特色現代慈善事業》，《倫理學研究》2009 年第 1 期。

21. 劉美玲：《感恩與責任：慈善事業的倫理困境解析》，《鄭州大學學報（哲學社會科學版）》2009 年第 5 期。

22. 劉美玲：《當代中國慈善事業倫理原則探究》，《鄭州大學學報（哲學社會科學版）》2010 年第 3 期。

23. 劉國翰：《非營利部門的界定》，《南京社會科學》2001 年第 5 期。

24. 李怡心：《關於國外慈善事業研究綜述》，《道德與文明》2006 年第 2 期。

25. 李占樂：《我國慈善組織公信力建設中的政府角色探析》，《湖北社會科學》2012 年第 5 期。

26. 李玉用：《論道教參與公益慈善事業的歷史傳統與現代實踐 —— 以江蘇茅山道院參與公益慈善事業爲中心》，《中國道教》2012 年第 5 期。

27. 李永華：《構建基於個人德性和社會正義的現代慈善倫理》，《廣州大學學報（社會科學版）》2012 年第 8 期。

28. 呂鑫、王淩皞：《論慈善與正義》，《社會科學戰線》，2011 年第 9 期。

29. 《美國 2010 年慈善再創新高》，《華爾街日報》2011 年 7 月 3 日。

30. 彭定光：《論制度設計倫理》，《道德與文明》2007 年第 2 期。

31. 彭定光：《論制度倫理的立論基礎》，《倫理學研究》2011 年第 2 期。

32. 史竟豔：《人本價值 —— 現代慈善事業的倫理基石》，《理論界》2011 年第 4 期。

33. 陶海洋：《慈善事業及其社會功能》，《社會科學家》2008 年第 2 期。

34. 陶海洋：《慈善、慈善事業及其「現代困境」》，《浙江學刊》2008 年第 4 期。

35. 萬俊人：《人爲什麼要有道德》，《現代哲學》2001 年第 1 期。

36. 王采玲：《保護弱勢群體：現代倫理秩序建構的一個重要環節》，《現代哲學》2001 年第 3 期。

37. 王銀春：《「21 世紀中國慈善事業與慈善倫理」研討會綜述》，《探索與爭鳴》2011 年第 1 期。

38. 王兆斌：《美國慈善基金會的嬗變及其社會功能》，《世界經濟與政治論壇》2011 年第 4 期。

39. 王嬰、唐鈞：《有中國特色的現代慈善事業》，《蘇州大學學報》2011 年第 5 期。

40. 王衛平：《論中國古代慈善事業的思想基礎》，《江蘇社會科學》1999 年第 2 期。

41. 武曉峰：《情感、理性、責任：個人慈善行爲的倫理動因》，《道德與文明》2011 年第 2 期。

42. 《無錫尚德「詐捐門」：假捐款眞騙稅？》，《中國經營報》2011 年 8 月 5 日。

43. 《微公益，匯聚草根慈善之力》，《光明日報》2012 年 3 月 22 日。

44. 《「微公益」折射的社會管理之道》，《人民日報》2011 年 10 月 11 日。

45. 《「微公益」是一場革命》，《中國青年報》2012 年 2 月 20 日。

46. 蕭國飛、任春曉：《論慈善文化的道德意蘊》，《中州學刊》2007 年第 1 期。

47. 許琳：《論中國當代慈善事業參與主體》，《西北大學學報（哲學社會科學版）》2000 年第 3 期。

48. 徐永光：《走出困境回歸民間 —— 關於中國慈善體制改革》，《中國黨政幹部論壇》2011 年第 12 期。

49. 楊團：《關於基金會研究的初步解析》，《湖南社會科學》2010 年第 1 期。

50. 楊龍波：《康德慈善倫理思想探微》，《學術界》2011 年第 10 期。

51. 楊勝良：《論儒家慈善倫理的現代轉化》，《道德與文明》2010 年第 1 期。

52. 余日昌：《佛教慈善的理論支撐》，《南京工業大學學報》2009 年第 3 期。

53. 姚儉建、Janet Collin：《美國慈善事業的現狀分析：一種比較視角》，《上海交通大學學報（社科版）》2003 年第 1 期。

54. 鄭雄飛：《慈善事業的倫理根基和理性建構研究》，《學術研究》2011 年第 12 期。

55. 鄭碧強：《佛教慈善思想的內涵》，《中國宗教》2007 年第 6 期。

56. 朱健剛：《公益創新：中國社會轉型的公民道路》，《21 世紀經濟報導》2012 年 7 月 16 日。

57. 周秋光、曾桂林：《道家、佛家文化中的慈善思想》，《道德與文明》2006

年第 2 期。

58. 周秋光、曾桂林：《儒家文化中的慈善思想》，《道德與文明》2005 年第 1 期。

59. 周中之：《慈善倫理教育：德育新的增長點》，《思想教育研究》2011 年 9 月上期。

60. 周中之：《倫理學視閾中的當代中國慈善事業》，《江西社會科學》2008 年第 3 期。

61. 周中之：《當代中國慈善倫理的理想與現實》，《河北大學學報（哲學社會科學版）》2011 年第 3 期。

62. 張國剛：《〈佛説諸德福田經〉與中國慈善事業》，《史學集刊》2003 年第 2 期。

63. 張曉玲：《論弱勢群體權利保障》，《人權》2005 年第 5 期。

64. 張齊林：《美國的慈善立法及其啓示》，《法學評論（雙月刊）》2007 年第 4 期。

65. 《中國慈善現象調查》，《法制日報》2007 年 4 月 29 日。

（五）其他類

1. 《基金會管理條例》（2004 年 6 月 1 日）。

2. 《民辦非企業單位登記管理暫行條例》（1998 年 10 月 25 日）。

3. 《社會團體登記管理條例》（1998 年 10 月 25 日）。

4. 《中華人民共和國公益事業捐贈法》（1999 年 9 月 1 日）。

5. 《中華人民共和國企業所得稅法》（2008 年 1 月 1 日）。

6. 《中華人民共和國企業所得稅法實施條例》（2008 年 1 月 1 日）。

7. 《中華人民共和國個人所得稅法》（2011 年 9 月 1 日）。

8. 《中華人民共和國個人所得稅實施條例》（2011 年 9 月 1 日）。

9. 國家稅務總局《關於公益性捐贈稅前扣除有關問題的通知》（財稅〔2008〕160 號）。

10. 國家稅務總局《關於非營利組織企業所得稅免稅收入問題的通知》（財稅〔2009〕122 號）。

11. 國家稅務總局《關於非營利組織免稅資格認定管理有關問題的通知》（財稅〔2009〕123 號）。

12. 基金會中心網：http://www.foundationcenter.org.cn/

13. 盧德之搜狐博客：http://www.hmludezhi.i.sohu.com/

14. 美國國家科學基金會網：NSF〈National Science Foundation Creationand Mission〉http://www.nsf.gov/home/about/creation.htm

15. 中國社會組織網：http://jjh.chinanpo.gov.cn/index.html

二、國外部分

（一）譯著類

1. 〔德〕加里・貝克爾：《人類行爲的經濟分析》，王業宇、陳琪譯，上海：三聯書店 1995 年版。

2. 〔德〕康德：《道德形而上學原理》，苗力田譯，上海：上海人民出版社 2005 年版。

3. 〔德〕馬克斯・韋伯：《新教倫理與資本主義精神》，於曉、陳維綱譯，上海：三聯書店 1987 年版。

4. 〔德〕馬丁・路德：《路德選集》（下冊），香港：基督教輔僑出版社 1957 年版。

5. 〔俄〕克魯泡特金：《互助論》，李平漚譯，北京：商務印書館 1963 年版。

6. 〔法〕阿爾貝特・史懷澤：《敬畏生命》，陳澤環譯，上海：上海社會科學院出版社 1992 年版。

7. 〔法〕盧梭：《論人類不平等的起源和基礎》，李常山譯，北京：紅旗出版社 1997 年版。

8. 〔法〕盧梭：《社會契約論》，何兆武譯，北京：商務印書館 2003 年版。

9. 〔法〕加爾文：《基督教要義》，徐慶譽、謝秉德譯，香港：基督教輔僑出版社 1955 年版。

10. 〔古希臘〕柏拉圖：《理想國》，郭斌和等譯，北京：商務印書館 2002 年版。

11. 〔古希臘〕亞里士多德：《政治學》，顏一、秦典華譯，北京：中國人民大學出版社 2003 年版。

12. 〔古希臘〕亞里士多德：《尼各馬可倫理學》，廖申白譯，北京：商務印書館 2003 年版。

13. 〔古希臘〕色諾芬：《經濟論・雅典的收入》，張柏健、陸大年譯，北京：商務印書館 1961 年版。

14. 〔古希臘〕克萊門：《勸勉希臘人》，王來法譯，上海：三聯書店 2002 年版。

15. 〔美〕劉易斯：《發展計劃》，何寶玉譯，北京：北京經濟學院出版社 1988 年版。

16. 〔美〕阿德勒著：《美國慈善法指南》，NPD 信息咨詢中心譯，北京：中國社會科學出版社 2002 年版。

17. 〔美〕保羅・庫爾茲：《21 世紀人道主義》，蕭峰譯，北京：東方出版社 1998 年版。

18. 〔美〕P.B.弗斯頓伯格:《非營利機構的生財之道》,朱進寧等譯,北京:科學出版社 1991 年版。

19. 〔美〕夏洛特·托爾:《社會救助學》,鄰慶華等譯,上海:三聯書店 1992 年版。

20. 〔美〕米爾頓·弗里德曼、羅斯·弗里德曼:《自由選擇》,胡騎等譯,北京:商務印書館 1982 年版。

21. 〔美〕諾斯:《經濟史中的結構域變遷》,陳聽、陳郁譯,上海:上海人民出版社 1994 年版。

22. 〔美〕羅納德·德沃金:《至上的美德——平等的理論與實踐》,馮克利譯,南京:江蘇人民出版社 2003 年版。

23. 〔美〕麥金太爾:《誰之正義?何種合理性?》,萬俊人等譯,北京:當代中國出版社 1996 年版。

24. 〔美〕邁克爾·沃爾澤:《正義諸領域:爲多元主義與平等一辯》,褚松燕譯,南京:譯林出版社 2002 年版。

25. 〔美〕邁克爾·J·桑德爾:《自由主義與正義的局限》,萬俊人等譯,南京:譯林出版社 2001 年版。

26. 〔美〕羅爾斯:《正義論》,何懷宏等譯,北京:中國社會科學出版社 2003 年版。

27. 〔美〕羅爾斯:《作爲公平的正義——正義新論》,姚大志譯,上海:三聯書店 2002 年版。

28. 〔美〕布魯克斯:《誰會眞正關心慈善:保守主義令人稱奇的富於同情心的眞相》,王青山譯,北京:社會科學文獻出版社 2008 年版。

29. 〔美〕邁克爾·謝若登:《資産與窮人——一項新的美國福利政策》,高鑒國譯,北京:商務印書館 2005 年版。

30. 〔日〕留剛幸助:《慈善問題》,東京:警醒書社 1898 年版。

31. 〔英〕休謨:《道德原則研究》,曾曉平譯,北京:商務印書館 2001 年版。

32. 〔英〕休謨:《人性論》,關文運譯,北京:商務印書館 1980 年版。

33. 〔英〕齊格蒙特·鮑曼:《後現代性及其缺憾》,郁建立、李靜韜譯,上海:學林出版社 2002 年版。

34. 〔英〕A.J.M.米爾恩:《人的權利與人的多樣性》,夏勇、張誌銘譯,北京:中國大百科全書出版社 1995 年版。

35. 〔英〕邊沁:《道德與立法原理導論》,時殷弘譯,北京:商務印書館 2000 年版。

36. 〔英〕約翰·穆勒:《功用主義》,唐鉞譯,北京:商務印書館 1957 年版。

37. 〔英〕托馬斯·莫爾:《烏托邦》,戴鎦齡譯,上海:三聯書店 1956 年版。

38. 〔英〕安東尼·吉登斯:《第三條道路——社會民主主義的復興》,鄭戈等譯,北京:北京大學出版社 2000 年版。

39. 〔英〕哈耶克:《自由秩序原理》,鄧正來譯,上海:三聯書店 1997 年版。

40. 〔英〕亞當·斯密:《道德情操論》,蔣自強等譯,北京:商務印書館 1997 年版。

41. 〔英〕阿克頓:《自由與權力》,侯健、范亞峰譯,北京:商務印書館 2001 年版。

42. 〔印〕阿馬蒂亞·森:《貧困與饑荒》,王宇、王文玉譯,北京:商務印書館 2001 年版。

43. 中國基督教協會:《聖經·新約》,南京:南京愛德印刷有限公司 2006 年版。

(二)英文原著類

1. Alfred North Whitehead, *Process and Reality*, New York: Simon & Schuster, 1929.

2. Anthony Giddens, *The Consequences of Modernity*, Cambridge: Polity Press, 1990.

3. Boorstin, D.J., *"From Charity to Philanthropy." In B.O'Connell (Ed.), America's voluntary spirit*, New York: Foundation Center,1963.

4. Dwight F. Burlingame, *The Responsibilities of Wealth: 2nd Annual Symposium on Philanthropy: Papers*, Bloomington: Indiana University Press, 1992.

5. David H. Smith, *Good Intentions: Moral Obstacles and Opportunities*, Bloomington: Indiana University Press, 2010.

6. David Wagner, *What's love Got to Do It with?: A Critical Look at American Charity*, New York: New Press, 2000.

7. Frank Emerson Andrews, *philanthropic foundations*, New York: Russell sage Foundation,1956.

8. Herber Spencer, *Principle of Ethics, Volumes (2)*, New York: Oxford University Press, 1896.

9. J.A.Stewart, *Notes on the Nicomachean Ethics of Aristotle,Vol.1*, Oxford: Clarendon Press,1892.

10. Kelly, K., *Effective Fund-Rasing Management*, New Jersey: Lawrence Erlbaum Associates, Publishers,1998.

11. Marilyn Fischer, *Ethical Decision Making in Fund Raising*, NJ: John Wiley & Sons Inc, 2000.

12. Payton R.L., *Philanthropy: Voluntary Action for the Public Good*, New York: Macmillan, 1988.

13. Robert L.Payton, Michael P.Moody, *Understanding Philanthropy: Its Meaning and Mission*, Bloomington: Indiana University Press,2008.

14. Robert S.Ogilvie,*Voluntarism, Community Life, and the American Ethic*, Bloomington: Indiana University Press, 2004.

15. Robert H. Bremner, *American Philanthropy*, Chicago: University of Chicago Press, 1988.

16. Schneewind. J.B (Ed.), *Gving: Western Ideas of Philanthropy*, Bloomington: Indiana University Press: 1996.

17. Thomas Adam, *Buying Respectability: Philanthropy and Urban Society in Transnational Perspective, 1840s to 1930s*, Bloomington: Indiana University Press, 2010.

18. *The Encyclopedia of Judaism*, New York: Oxford University press, 1995.

19. *The Charities Act 2006: A Practitioner's Guide*, Bloomington: Legalease, 2007.

20. Taylor Charles, *Philosophy and the Human Science: Philosophical Papers II*, Cambridge: University Press,1985.

21. Wolpert. J., *Patterns of Generosity in America*, New York: The Twentieth Century Press, 1993.

後　記

　　與讀者見面的這部拙著，是在對本人的博士論文進行修改和加工之後形成的。這部作品能夠得以出版，首先感謝我的導師唐凱麟先生和盧德之先生。我的求學之路上的每一步成長都凝結著他們辛勤的汗水，兩位老師的諄諄教誨和舐犢之情拳拳之心伴我一路前行。

　　唐先生是著名的倫理學家，博古通今，學貫中西，治學嚴謹，學識淵博，思想深邃，視野雄闊，他的指導為我的學習營造了一種良好的精神氛圍。我的這本書從觀點的確立、提綱的起草到內容的撰寫，先生都給予了精心的指導。他的每次教導，總能畫龍點睛，常使我有「山重水複疑無路，柳暗花明又一村」之感。

　　盧先生是我國著名的企業家、慈善家。他為人謙和，德才兼備；桑梓縈懷，至誠博愛；殷殷深情，廣濟故土。他作為華民慈善基金會理事長，事務繁忙，但卻從未忽略對學生在學習與生活上的關心和幫助。是他將我領入「慈善研究」的大門，並自始至終指導本書的寫作。從選題到擬定提綱，再到觀點提煉，他都細心指導，關心備至。

　　我還要深深感謝我的博士後導師萬俊人先生。萬先生是著名的倫理學家、中國倫理學會會長、清華大學人文學院院長。萬先生的一句「道德千秋追至善，文章一世致中和」，成為了我選擇到清華大學做博士後，回歸學術之路的精神動力。能到清華拜師於萬先生，我何其有幸啊！先生學術事務繁忙，在百忙之中仍仔細審閱書稿，並提出許多修改意見，使我受到了全新思想觀念的洗滌，進而樹立了更為宏偉的學術目標。

　　正所謂「經師易得，人師難求」。在本書的寫作與修改過程中，我十分榮

幸得到了眾多專家學者和領導的大力支持、學術指導、無私幫助。他們分別是：湖南省人民政府副省長戴道晉先生，中宣部思想政治工作研究所副所長戴木才教授，中共中央黨校副教育長韓慶祥教授、哲學教研部靳鳳林教授、孫向軍教授，清華大學張豈之教授、鄒廣文教授、黃裕生教授、蕭鷹教授，北京師範大學中國公益研究院院長王振耀教授，「希望工程」創始人徐永光先生，湖南省委黨校常務副校長張國驥教授，湖南師範大學劉湘溶校長、張懷承教授、李培超教授、彭定光教授、李桂梅教授、鄧名瑛教授、李倫教授、向玉喬教授等。諸先生的師恩山高水長，寥寥文字無法盡表我的感恩之心！我深知，唯有不斷開拓進取，才不會辜負大家對我的關愛與厚望。

此外，在本書撰寫過程中，借鑒了國內外許多專家學者研究成果，在此表示深深的謝意！但受篇幅所限，如有遺漏，還望各位專家學者給予諒解。本書能在臺灣出版，要特別感謝臺灣花木蘭文化出版社和湖南師範大學王澤應教授給予的支持與幫助。

最後，真誠地感謝和祝福中國公益慈善界的朋友們。祝願中國現代慈善事業蓬勃發展！

郭祖炎

擲筆於 2015 年 4 月 15 日深夜，北京清華園新齋